AF561854

L'ÉTHIQUE AU FIL DE LA RELIANCE

Le système et l'outil

Ouverture philosophique

Collection dirigée par Jean-Marc Lachaud et Bruno Péquignot

Une collection d'ouvrages qui se propose d'accueillir des travaux originaux sans exclusive d'écoles ou de thématiques.

Il s'agit de favoriser la confrontation de recherches et des réflexions, qu'elles soient le fait de philosophes « professionnels » ou non. On n'y confondra donc pas la philosophie avec une discipline académique ; elle est réputée être le fait de tous ceux qu'habite la passion de penser, qu'ils soient professeurs de philosophie, spécialistes des sciences humaines, sociales ou naturelles, ou... polisseurs de verres de lunettes astronomiques.

Dernières parutions

Gilles R. CADRIN, *L'être humain face à lui-même. L'animal autoréférent.* Nouvelle édition, 2020.

Alexandra IBANES, *La philo à l'école primaire, Témoignage d'une enseignante*, 2020

Seyedvahid YAGHOUBI, *L'esthétique de la courbe dans la poésie surréaliste*, 2020.

David PERETZ, *L'effroi du mal. La philosophie religieuse d'Emmanuel Levinas*, 2020.

Nikos FOUFAS, *De l'aliénation chez Rousseau. Genèse et dualité d'un concept*, 2020.

Yvon QUINIOU et Nikos FOUFAS, *Le matérialisme en question. Dialogue critique*, 2020.

Issoufou Soulé MOUCHILI NJIMOM et Lucien Alain MANGA NOMO (dir.), *La nature humaine. Des débats métaphysiques aux technosciences du vivant et des postulats de la modernité politique et étatique*, 2020.

Fatié OUATTARA, *Éduquer, c'est humaniser. Dignité, intégrité, laïcité et violence*, 2020.

Xavier LAMBERT, *Les enjeux cognitifs de l'artefact esthétique*, Tome 2, 2019.

Xavier LAMBERT, *Émotion, cognition et création artistique*, Tome 1, 2019.

Pierre PEYRÉ

L'ÉTHIQUE AU FIL DE LA RELIANCE

Le système et l'outil

Du même auteur

– *Le projet de formation en milieu psychiatrique. Vers l'hôpital formateur*. Préface de J.P. Benoit, Paris, Privat, 1991, 304 pages.

– *Projet professionnel, formation et alternance. Essai de sociopédagogie appliquée en milieu sanitaire et social.* Paris, L'Harmattan (Alternances, développements), 1995. 253 pages.

– *Compétences sociales et relations à autrui. Une approche complexe.* Préface d'André de Peretti. Paris, L'Harmattan (Cognition et formation), 2000. 229 pages.

– *Joseph Peyré, Le Béarn pour racines, l'horizon pour destin.* Essai de psychobiographie. Biarritz, Atlantica, 2018. 689 pages.

© 2020, L'Harmattan
5-7, rue de l'École-Polytechnique – 75005 Paris
www.editions-harmattan.fr
ISBN : 978-2-343-20607-3
EAN : 9782343206073

Agis uniquement d'après la maxime
dont tu peux vouloir en même temps
qu'elle devienne universelle

E. Kant,
Fondements de la métaphysique des mœurs

Ne pas réussir à vivre la dynamique constituée par l'interaction dialectique du présent, passé et futur ainsi que par celle de la synchronisation avec d'autres temps environnementaux est une forme sinon la forme fondamentale de la schizo-chronie, de l'aliénation, de la réification de l'existence et de la conscience malheureuse.

Gaston Pineau,
Temps et contretemps en formation permanente

PROLÉGOMÈNES SYSTÉMIQUES

Pour vivre et survivre, individuellement et en société, physiquement et moralement, l'homme a besoin de se soigner, de soigner et d'être soigné. Soigner est l'art de promouvoir la vie, et l'éthique, en nourrissant l'âme assure la santé du corps et à travers lui, celle de l'esprit. L'éthique aide à vivre bien et à bien penser surtout, pour peu que l'on connaisse ses principes et applique ses valeurs, qui sont le prix de toute chose au regard du droit et du devoir. Espace de rigueur et de liberté, l'éthique est un art, une aptitude à bien faire et articuler les choses de la vie. Du point de vue de la rhétorique d'Aristote, elle articule *l'ethos* au *pathos* et au *logos*.

Omniprésent, l'univers de l'éthique est au cœur de la civilisation où « chaque homme porte la forme entière de l'humaine condition » (Montaigne). Entre nature et culture, l'éthique est multidimensionnelle, multifactorielle et donc complexe. Mais, comment la saisir, remonter à ses sources, suivre les lignes de force qui l'animent et comprendre ses fondements pour nous adapter à ses pratiques, dès lors que le terme est savant et se complique de sa synonymie avec *la morale* qui n'est pas, elle non plus, un concept accessible d'emblée à l'entendement ? À commencer par les questions récurrentes que se posent les philosophes depuis l'Antiquité, en mélangeant les termes entre deux traductions grecque et latine. Toutes les valeurs sont-elles morales ? Les mêmes valeurs sont-elles morales et/ou éthiques ? L'idée de pardon est-elle plus éthique que celle de vengeance ; celle de vérité, plus morale que celle de mensonge ? L'idée du devoir, du bien et du juste correspond-elle avec une même objectivité à la visée de toutes les valeurs éthiques et/ou morales ? Toujours et partout, chez les uns et chez les autres ?

Entre littérature et philosophie Milan Kundera pense, que la vérité échappe à l'homme : « Plus les hommes pensent, plus la pensée de l'un s'éloigne de la pensée de l'autre. [...] parce que l'homme n'est jamais ce qu'il pense être ». D'autres, aux frontières de la vie biologique et de la vie en société évoluent vers des problématiques où les poussées conjuguées de l'individualisme, du progrès scientifique et de l'argent font de la révolution biomédicale et de la *bioéthique*, notamment, un entre-deux déconnecté où l'éthique a du mal à trouver sa voix quand il s'agit d'émettre des avis. Des avis, bien sûr, où les notions d'humanité, de personne, de respect et de dignité sont au centre de la réflexion, mais soumis au poids des forces dominantes où la pensée se voudrait exacte, à défaut de pouvoir être linéaire[1].

Certes « la complexité n'est pas la complication » (E. Morin : *La Méthode*, T.1., 1977, p. 37), mais l'éthique en soi est déjà hypercomplexe avant même de se compliquer dans ses rapports avec la morale. Aussi l'éthique est-elle un défi permanent au savoir et à la compréhension. Un défi qu'il nous faut affronter pourtant chaque jour, pour toujours mieux réussir à passer du discours de la *morale théorique* générale (les savoirs sur la morale) à la réflexion délibérée sur la *morale pratique* (la morale en actes). C'est dans cette voie de la *pensée complexe* qu'E. Morin engage la réflexion, lorsque traitant de « l'incertitude éthique », il nous montre le chemin : « Il y a certes distinction, mais aussi lien entre la connaissance (savoir) et l'éthique (devoir). Ce lien apparaît quand on considère, non pas isolément l'acte moral, mais son insertion et ses conséquences dans le monde » (*La Méthode* 6, 2004, p. 39). De fait, « Si la complexité est non pas la clé du monde, mais le défi à affronter, la pensée complexe est non pas ce qui évite ou supprime le défi, mais ce qui aide à le relever, et parfois même à le surmonter. » (E. Morin, 1992, p. 13).

I. LE SUJET ET L'OBJET

De tout temps, j'ai joué à la marelle[2]. Et je pense continuer aujourd'hui, où l'on parle d'éthique plutôt que de morale. A cloche-pied entre la terre et le ciel et le ciel et la terre, j'ai visé les plus beaux horizons. Avec la morale, à l'école, j'ai appris l'équilibre en appliquant ses règles. Cultivé mon adresse et appris à me connaître. Avec parfois, je dois le dire, l'air un peu embarrassé de me livrer à ce

---

[1] L'œuvre de Lucien Sève est significative en ce sens où elle interroge l'éthique dans toute sa complexité philosophique et épistémologique avec, entre autres : *Pour une critique de la raison bioéthique,* 1994 ; *Émergence, complexité et dialectique, sur les systèmes dynamiques non linéaires*, 2005 ; Qu'est-ce *que la personne humaine?: bioéthique et démocratie*. Ed. La Dispute, 2006.

[2] La marelle est un jeu pratiqué dès le moyen âge, et devenu très populaire dans les cours de récréation des écoles de la République. Il se joue sur le sol où le dessin du parcours à franchir ressemble à celui d'une église.

jeu de filles. Mais c'est peut-être là que j'ai bâti mes premières relations, trouvé des amitiés. La cour de récréation était un paradis. Ce qui n'excluait pas les voleurs de billes, les bagarreurs et les menteurs. Mais nous étions ensemble. Et en classe, nous récitions les fables de Jean de La Fontaine : *La mort et le bûcheron, Les animaux malades de la peste, le loup et l'agneau...* C'était l'école de la vie, en somme, avec ses leçons de morale, ses bons points et ses punitions. Elle le demeure encore aujourd'hui, cette école d'autrefois, ouverte à toutes les aventures, aux autres et aux choses, car nous continuons tous à jouer à la marelle. Adultes l'école n'est plus la même, certes. La prime de salaire et la retraite ont remplacé les bons points. Mais la constante reste, invariable et fragile : entre la terre et le ciel, on vise tous la case du *bonheur* et de la *bonne conscience*, en même temps que l'on se risque à des expériences plus ou moins nécessaires et utiles, sincères ou équivoques, conformes aux bonnes mœurs ou corrompues.

On se lie. On se délie. On se relie.

Dans ce propos sur l'éthique – le seul terme de « propos » me fait penser à Alain[3] –, je me sens impliqué car je sais par expérience que l'éthique est difficile à saisir. Intuitive et incertaine, c'est un véritable défi pour l'esprit. Les philosophes eux-mêmes n'en viennent pas à bout ! Je n'ai donc pas d'autre ambition en écrivant ce livre, que de me mettre face à moi-même, en essayant de « travailler à bien penser », comme disait Pascal[4]. A faire mon « devoir », en quelque sorte. A commencer par ne rien vouloir affirmer d'autre que les questions que je me pose d'un bord à l'autre de la morale et de l'éthique, en prenant la liberté de chercher à expliquer pourquoi je me

---

[3] La philosophie d'Alain (*Les Propos*, 1920) ne forme pas un système, mais une méthode intellectuelle selon laquelle il s'agit de soumettre le réel et l'existence à l'ordre de la réflexion et de la pensée. Une méthode que je retrouve dans les principes de la « systémographie » de J.L. Le Moigne (1984) où le modélisateur s'interroge sur son rapport à l'objet qu'il observe (*cybernétique* d'ordre Deux*). Méthode inspirante pour écrire sur l'éthique puisqu'on ne peut pas la concevoir sans s'interroger sur soi-même.

[4] « Toute notre dignité consiste donc en la pensée. C'est de là qu'il faut nous relever et non de l'espace et de la durée, que nous ne saurions remplir. Travaillons donc à bien penser : voilà le principe de la morale. » : B. Pascal, *Transition*.

les pose, et comment j'essaye d'y répondre[5]. En jouant à la marelle, en quelque sorte, où tout un chacun s'exerce à ne pas sortir des lignes du jeu en respectant ses règles et ses rituels. Mais l'éthique n'est pas un jeu. Elle a d'autres formes et un autre langage. C'est un *système vivant-social* capable de s'autoréguler et de s'autogénérer.

Pour expliciter ma posture épistémologique face à l'éthique, je dois à la vérité de dire que je retrouve aujourd'hui un livre que j'ai écrit il y a 20 ans. Un livre de la même veine, intitulé : *Compétences sociales et relations à autrui* [6], et où, malgré le lien étroit avec mon propos d'aujourd'hui, le sujet que j'y traite n'aborde à aucun moment la question de l'éthique. Je n'y parle pas d'éthique, ni même de morale. Pourtant elles sont là, omniprésentes l'une et l'autre et d'une page à l'autre, entre les lignes du texte. Filigrane de la vie relationnelle, l'éthique est une *compétence transversale* que je (re)découvre en effet sous d'autres auspices thématiques.

Ce constat n'a rien de contrariant pour moi. Il m'interroge, au contraire : l'éthique dont le mot est à la mode, ne serait-elle pas tout simplement la première et la plus générale des compétences sociales ? Une *métacompétence sociale* ? Celle à laquelle on peut subsumer toutes les autres compétences de la classe car l'éthique c'est *faire*, c'est-à-dire chercher à être efficace en pensée et efficace en action. Aussi, l'éthique est-elle pour moi, quand je la regarde aujourd'hui, une compétence où *le lien social* et *la reliance,* entre le monde connu et le monde imaginaire, sont la marque de l'intervention humaine dans ses environnements : social, culturel, technico-économique, politique,

---

[5] C'est là toute la démarche de ce livre où, l'éthique n'étant pas réductible à un modèle explicatif fini, « prêt-à-porter », elle est néanmoins *intelligible*, c'est-à-dire représentable dans sa complexité en concevant « des modèles eux-mêmes potentiellement complexes » (J.L. Le Moigne, *La modélisation des systèmes complexes*, 1990, p. 4) selon une méthodologie qui exige du modélisateur faisant de l'objet qu'il observe *un système* à la *ressemblance de l'objet*, qu'il commence par se perçevoir et se concevoir lui-même comme un système au clair avec sa problématique, selon le principe de la « systémographie ».

[6] *Compétences sociales et relations à autrui. Une approche complexe.* Préface d'André de Peretti, Paris, L'Harmattan, 2000.

* L'astérisque invite le lecteur à se reporter au chapitre VII des « mots-clés commentés » pour de plus amples développements.

organisationnel, etc. Une compétence qui donne à l'humanité sa capacité à exister individuellement et collectivement.

L'éthique relève de *l'écologie de l'action** et s'inscrit dans le courant des *épistémologies constructivistes* qui tentent d'expliquer, « chemin faisant », pourquoi et comment l'homme prend soin de lui-même et des autres dans le monde où il vit. Bref, du microcosme cérébral au macrocosme social, l'éthique exerce une fonction ancestrale de gouvernance des liens sociaux, qui sont des liens de causalité réciproque entre l'homme et la société appelés, ensemble, à être raisonnables. Des liens qui sont « réseau-nables », dirait Lionel Naccache, pour qui « les réseaux sociaux et sociétaux dans lesquels nous vivons sont le fruit de l'activité conjuguée de cerveaux humains en interaction dans le temps et dans l'espace. Et, symétriquement, le fonctionnement de ces cerveaux est affecté par les relations interindividuelles rendues possibles grâce aux structures sociales»[7]. Raisonnable parce qu'elle rassemble pour les justes causes de la vie en société, et « réseau-nable » parce qu'elle relie, de la biosphère à la noosphère, les composantes essentielles de la vie, l'éthique est un système de valeurs qui dresse ses propres lignes de conduite pour peu qu'on l'intègre et la respecte.

Système, on peut se représenter l'éthique comme un ensemble d'éléments en interaction dynamique, qui concourent au contrôle que chacun est conduit à *vouloir-devoir-pouvoir* exercer sur soi-même, sur les autres et sur les choses. *Outil*, l'éthique est le plus sûr moyen pour apprendre et réussir à être libre, tout en étant dépendant.

II. UNE QUESTION UNIVERSELLE

Pour Aristote et les philosophies antiques, les éléments visibles du monde ont un sens qui s'ordonne selon quatre niveaux : la lettre enseigne les faits, l'allégorie, ce en quoi on croit, la morale, ce que l'on fait et l'*anagogie*[8], ce vers quoi on tend. Classé parmi *les maximalistes*, c'est tout un art de connaître et de vivre que le philosophe recommande ainsi aux citoyens sous le sceau de la morale,

---

[7] *L'homme réseau-nable, Du microcosme cérébral au macrocosme social*, Odile-Jacob (Sciences), 2015, p. 13.

[8] L'anagogie est une forme d'ascétisme qui désigne l'élévation de l'âme vers les choses célestes. En théologie, elle correspond à l'interprétation d'un texte qui cherche à passer du sens littéral vers un sens spirituel ou mystique.

et pas seulement un code de bonne conduite en société. Au Moyen Âge, observe Emanuele Coccia, « tous les savoirs moraux ainsi que toutes les théories éthiques partagent [...] une matrice épistémologique commune, et doivent s'inscrire dans le lieu ultime et suprême de toute doctrine et donc de toute vérité, l'Écriture sainte. »[9]. Chez Spinoza, au XVIIe siècle, l'éthique a un sens déjà bien séparé de celui de la morale ; elle apporte l'idée d'une « spiritualité laïque »[10] attachée à la vie bonne au-delà de la question du juste, du bien et du mal. Et chez Kant, pour qui nous avons des devoirs moraux à l'égard d'autrui comme de nous-même, la morale dite *déontologique* se précise avec les droits de l'homme au XVIIIe siècle comme une réflexion sur les principes, alors que l'éthique a pour objet leur application.

Depuis, bien des choses ont changé et la société est celle d'un monde dans lequel on peut être jugé « immoral » pour ses actions, non seulement à l'égard des autres, mais aussi de soi-même. L'emprise du phénomène est telle que chacun, dans la contrainte, a le sentiment que ce qu'il pense ou ressent n'échappera pas au jugement moral qui le guette, comme dans la crainte d'un retour aux principes maximalistes d'Aristote. Si bien que l'éthique semble se reconstruire aujourd'hui sur les bases alternatives d'une morale moins envahissante, voire *minimaliste*, qui pose la question de savoir si l'on ne s'évertue pas à déplacer le curseur du problème en cachant leurs vérités communes entre égoïsme, altruisme et utilitarisme.

Du plus individuel au plus collectif, le problème est global et local à fois. Entre la passion des sentiments et les raisons du bon sens et de la justice, dans quel ordre et comment l'aborder ?

— Ce 19 Août 2019, je m'arrête sur le journal *La Croix*, où la page *Moyen Orient* m'interpelle : « Je façonne ma colère pour qu'elle devienne un moteur », titre J.C. Ploquin, dans un entretien avec l'universitaire syrienne Bassma Kodmani à propos de la dimension spirituelle des hommes et des évènements. Sa colère, explique la spécialiste de politique internationale, on ne la voit pas : « Je n'élève pas le ton, c'est rare. Très vite, j'ai constaté que lorsque la colère

---

[9] Coccia E. : « Tératologie de la morale, ou de l'éthique au Moyen Âge », *Médiévales*, 63, 2012, pp. 13-26.

[10] Luc Ferry : *Dictionnaire amoureux de la philosophie*. Paris, Plon, 2018, p. 626.

s'exprimait de façon directe, primaire, elle était mal perçue. Surtout, je l'assimile, je la façonne de sorte qu'elle devienne un moteur. C'est elle qui est à l'origine de mes initiatives, de tous mes efforts. Il y a des foules, des militants, des manifestants pour extérioriser la révolte. Mon rôle est de savoir qu'en faire. En tout cas, je m'interdis d'avoir une vie tranquille, routinière, de profiter des petites choses de la vie. Le monde est beaucoup trop injuste, la situation beaucoup trop urgente. »

Acteur chercheur de liberté, ou chercheur acteur de rationalité, peut-on mieux dire les postures de l'éthique dans ces jeux d'acteurs et de systèmes, que partagent les hommes entre l'idéal et la réalité ? De fait, l'action collective, stratégique et organisée, est un *construit social* analysent Michel Crozier et Erhard Friedberg : « Les effets pervers ou inattendus sont dus au décalage voire l'opposition qu'il y a entre les intuitions des acteurs et l'effet d'ensemble de leurs comportements dans le temps. L'effet du système peut être que les résultats de l'action collective sont contraires aux volontés des acteurs. » (*L'acteur et le système*, op. cit, 1977, p. 11).

— Ce même jour, je lis *Sud-Ouest* à propos du *Sommet des chefs d'État* à Biarritz, le *G7,* dans la double page qui lui est consacrée. Et m'attarde sur l'encadré des décisions qu'il faut en attendre : « La France veut rassembler autour de la lutte contre les inégalités. Avec la présence de nouveaux partenaires : démocraties influentes (Inde, Afrique du Sud, Australie, Chili), pays africains (Egypte, Sénégal, Burkina Faso, Rwanda), acteurs de la société civile. On parlera environnement, politique commerciales et fiscales équitables… Et on travaillera à l'approche éthique du numérique et de l'intelligence artificielle. »

Qui cherche ? Pourquoi ? Que cherche-t-on, au juste ? Comment, avec quels moyens et pour quels résultats ?

III. PEUT-ON MODÉLISER L'ÉTHIQUE ?

La phénoménologie, étude des objets dont la structure se fonde sur l'analyse directe et qualitative de l'expérience vécue par un sujet (recherche le sens de l'expérience chez un sujet qui rend compte de cette expérience) est l'une des voies privilégiées pour étudier l'éthique aux niveaux de la conscience et du comportement. Elle se classe dans le *paradigme constructiviste* en retenant une vision du monde où la réalité est multiple et où le chercheur reconnaît dans sa poursuite d'une vérité vérifiable qu'il n'y a pas une vérité, mais des vérités selon la situation et le point de vue du sujet. De plus, cette méthode demande au chercheur de rendre compte de la réalité sans chercher à l'interpréter. Mais la phénoménologie est une approche qui, bien qu'elle se veuille la plus itérative possible met le chercheur, dans sa réitération même, dans une posture où il fait preuve d'une interprétation.

Tout aussi apte à rompre avec les systèmes non linéaires où émerge la complexité, le chaos, l'ouverture sur l'environnement et l'auto-organisation, « l'approche systémique »*, au sens large, et *La Théorie du Système Général,* en particulier, rentrent elles aussi dans le champ paradigmatique du constructivisme, et c'est cette théorie, *Théorie de la modélisation* (J.L. Le Moigne, 1977) que j'ai choisi comme voie d'analyse et de réflexion pour essayer de répondre aux questions que nous pose globalement l'éthique, parce que la méthode s'appuie ici sur *la systémographie* au sens où concevoir c'est modéliser, et connaître se représenter en vue de quelque finalité portée par un projet : « Le mot clef de la connaissance était hier : l'analyse ; il devient aujourd'hui la conception. Concevoir, donc modéliser (ou représenter).» (J.L. Le Moigne, 1984, pp. 72-73).

Quel outil*, l'auteur de la *Théorie de la modélisation* nous offre-t-il donc pour concevoir que nous pouvons « modéliser » l'éthique ? Cet outil, très sollicité pour son pragmatisme dans de nombreux domaines comme celui de la pédagogie, de la thérapeutique ou des organisations, nous le trouvons décrit dans le chapitre où J.L. Le Moigne présente *la systémographie* en tant que « mode de représentation » (*op. cit.* 1984, pp. 75-86), et où l'analogie et le graphisme respectent la loi des relations hiérarchiques entre *iso, homo et poymorphisme*, de façon à ce que le modèle* que construit l'observateur soit à la fois : 1) isomorphe du Système Général, et 2) homomorphe de l'objet à représenter. Selon cette démarche générale de la méthode systémique, se représenter l'éthique comme un système procède d'une « intentionnalité »* particulière, que la méthode indique au modélisateur de clarifier en se concevant lui-même comme un *système général* qui s'informe, mémorise, décide, coordonne et opère des transformations de données en s'autorégulant ; c'est-à-dire en procédant selon une mise en problème de l'objet, « la problématique » (dimension objectivante de la conduite méthodique du projet), et non pas selon une perception plus ou moins intuitive d'un « problème » (dimension subjectivante de la finalité du projet).

En permettant de contrôler les interprétations grâce à *la systémographie*, la méthode ne réduit pas le phénomène au modèle. Elle exige du modélisteur qu'il se perçoive lui-même comme *un système* [11], et prend la précaution de faire la différence entre la production systémographique en tant qu'objet de connaissance, et le monde dans lequel se construit cette opération. Elle procède du réalisme de *la pensée complexe* : complexe est un « mot problème et non pas mot solution » (E. Morin, 1992, p. 10). Regroupement de l'information et la communication, la systémique qualitative permet de faire apparaître le système étudié dans sa structure et ses relations avec l'environnement. Elle montre, plus qu'elle ne démontre. Mais montrer est une étape incontournable vers la connaissance après la description et l'explication, qui, à des niveaux supérieurs, peuvent ouvrir sur des interprétations contrôlables en fonction du projet délibéré du modélisateur. Autrement dit, s'agissant de l'éthique ou de tout autre objet complexe : « Connaître ne consiste pas à copier le réel, mais à agir sur lui et à le transformer, aux moyens d'actions manifestes ou intériorisées… connaître c'est agir sur l'objet en l'assimilant à un schéma » (C. Florès, 1972, p. 33).

IV. LA MÉTHODE POUR CONNAÎTRE

Dans son ouvrage, *La modélisation des systèmes complexes*, J.L. Le Moigne analyse l'organisation dans un rapport à la complexité d'où il tire le modèle canonique de « l'organis-action (1990, p. 73) : « Le système complexe est la représentation active sur laquelle on va raisonner pour anticiper les conséquences des projets d'action à entreprendre… dans la réalité ou le territoire. Il n'est sans doute pas cette réalité, mais nous convenons qu'il est la connaissance que nous construisons de cette réalité (qu'elle soit donnée, ou construite, naturelle ou artificielle). »

---

[11] « Modéliser, c'est concevoir puis dessiner une image à la ressemblance de l'objet. » (J.L. Le Moigne, 1984, p. 75). Mais encore, faut-il contrôler l'analogie pour que cette ressemblance soit fidèle. Aussi, la *systémographie* doit-elle répondre au précepte de J. Mélèse (1972, p. 79) : « L'intervention sur un système doit, elle-même, être conçue comme un système ».

Des plus classiques et rationnelles aux plus récentes et moins pures, il y a, de nombreuses voies pour connaître et apprendre à connaître. D'une manière générale, on met en perspective, plus qu'on ne les oppose, l'analyse classique et l'analyse systémique. L'approche rationaliste classique procède de l'analyse traditionnelle, qui isole. Elle se concentre sur les éléments et se limite souvent à la description de la nature de leurs interactions, en s'appuyant sur la précision des détails, là où l'approche systémique (méthode d'analyse et de modélisation des systèmes) cherche à faire le lien entre les interactions qu'elle rapproche au lieu de les séparer, c'est-à-dire s'intéresse aux effets de ces interactions autant qu'à leur nature, dans une démarche de perception globale du réel.

Ainsi, quand l'approche rationaliste ne modifie qu'une variable à la fois et opère indépendamment de la durée du processus observé en mettant l'accent sur la théorie, l'approche systémique intervient sur des groupes de variables simultanément. Elle intègre la durée des phénomènes observés à la problématique de son action, et met l'accent sur la comparaison du fonctionnement des modèles avec la réalité. Aussi, quand la première nous livre des modèles précis et détaillés mais difficilement utilisables dans l'action, la seconde produit des modèles moins rigoureux, mais servant de base à la connaissance et facilement utilisables dans l'action. *L'approche rationaliste* est efficace lorsque les interactions sont linéaires et faibles. Elle conduit en général à un enseignement par discipline, et son action est programmée dans le détail. *L'approche systémique* est efficace lorsque les interactions sont multipolaires et fortes, d'où son ouverture à des enseignements pluri et interdisciplinaires, qui propagent une culture d'action négociable par objectifs.

Ces perspectives éclairent la relation entre le modélisateur et l'objet modélisé, telle qu'elle se construit au cours de la *systémographie*, qui est cette *démarche téléologique** où l'observateur analyse le système qu'il conçoit, tout en se représentant lui-même comme un système aux prises avec la réalité dont il est un élément actif. On voit là se dégager, au rendez-vous du savoir et de l'action, une *praxis* de la recherche sur l'éthique* avec en point de mire une *praxis de l'éthique*.

IV.1. Au cœur de l'un et du multiple

De l'alternance des situations individuelles à la permanence de la vie collective, l'éthique est universelle. Et tout un chacun fait partie de cet *écosystème** où *la reliance** est « création de lien entre une personne et soit un système dont elle fait partie, soit l'un de ses sous-systèmes » (M. Bolle de Bal, 1996, p. 289). Du psychologique au social c'est ainsi la complexité de *l'unitas multiplex*[12], qui nous interroge à propos de l'éthique vue sous l'angle de son unité organisée, la question des liens qui la tissent d'un bout à l'autre de la chaîne des causes évolutives qui la génèrent, et celle des effets qu'elle produit en se reproduisant et s'autorégulant.

De la structure au système, comment donc remonter aux sources de l'éthique et de la morale, quand on se heurte aux divergences paradoxales de la synonymie originelle des deux termes ? Partant d'une synonymie bien comprise et établie aux temps d'Aristote autrefois, la morale signifiait de façon universelle la voie à suivre (la morale : ce que l'on fait, ce qu'il faut faire), l'éthique est moins univoque aujourd'hui, qui est une réflexion argumentée en vue du bien-agir de façon plus singulière (ce qu'il convient de faire et comment pour agir au mieux). Autrement dit, l'usage du terme d'*éthique* évolue et prend de nouveaux sens (*éthiques téléologique, déontologique, conséquentialiste*, etc.), qui transforment les représentations de la morale et de l'éthique traditionnelles et se coulent dans de nouvelles pratiques co-fondées et confondantes. On veut dire la même chose… tout en générant autre chose, comme pour dépoussiérer la morale des effets de son âge et l'alléger du jugement d'un pesant absolu. Autre chose de flou, si l'on n'y prête pas attention. De flou et de dangereux, car, le processus de mutation sémantique étant avancé à ce carrefour du probable et de l'improbable qu'est l'éthique, ne risque-t-on pas de déconstruire la morale pour

---

12 Selon A. Agyal (*Foundations for a science of personnality*, 1941), tout système se présente d'abord comme *unitas multiplex*, c'est-à-dire, précise E. Morin, « paradoxe » où : « considéré sous l'angle du Tout » chaque système est homogène sous l'angle de ce Tout, et divers et hétérogène sous l'angle des constituants (*La Méthode*, *La Nature de la Nature* I, 1981, p. 105). Selon Atlan, le caractère organisationnel de ce paradoxe, poursuit E. Morin (*ibid.*), signifie que « l'organisation est un complexe de variété et d'ordre répétitif (redondance) ; elle peut même être considérée comme un compromis, ou une organisation entre le maximum de variété et le maximum de redondance (« On a formal definition of organization », *Journal of Theorical Biologie*, 45, 1974, pp. 1-9).

reconstruire l'éthique, en réinventant l'éthique dans l'oubli de la morale ?

Comme la morale, sa sœur siamoise, l'éthique doit affronter les incertitudes de leur langage commun dans le champ social, et compenser l'incomplétude[13] des mots dans l'enchevêtrement* sans fin des sens qui les gouvernent ensemble et partout. Dans ses relations intimes avec la morale, l'éthique relève du langage et de la langue à la fois. Comme chez Saussure, où *le langage* correspond à la capacité et *la langue* à l'outil, la dualité morale-éthique procède à la fois de leur *langage commun* (la capacité de savoir ce qu'est l'éthique et de pouvoir l'utiliser), et de l'*outil commun* au service de cette capacité (les moyens qui permettent de communiquer et donc d'agir, par la parole, conformément aux principes et valeurs éponymes). C'est à cette source métaphorique du langage, de la langue et de l'outil, que nous irons chercher le concept d'*éthique-système*, en prenant soin de ne pas le séparer de celui d'*éthique-outil,* tels que ces deux systèmes composent ensemble le *système langage-langue-parole-action* auquel on peut assimiler l'éthique pour dessiner une image à la ressemblance de l'objet.

Étique et /ou morale, système et/ou outil, tel est le sujet de ce livre.

IV.2. La relation morale-éthique

En matière d'éthique, deux ordres de relations structurelles et systémiques, posent la question de l'un et du multiple, du global et du local, du tout et des parties. Le tout, celui que composent ensemble la morale et l'éthique, peut être plus ou moins que la somme des parties, selon les circonstances et l'équilibre des relations du système avec son environnement. Ainsi, quand l'éthique est morale et la morale éthique, nul doute que le tout est supérieur à la somme de ses parties. Par contre, quand on ne sait plus ce qui est moral et ce qui ne l'est pas, c'est-à-dire lorsque le tout est inférieur à la somme de ses parties et que l'on se pose donc des questions pour distinguer ce qui est *moral* de ce qui est *éthique*, alors, on risque de perdre le fil des justes équilibres et d'aboutir à des situations paradoxales, telles que celle

---

[13] Nous savons l'incomplétude du savoir et le tragique inhérent à tout projet de connaissance, c'est-à-dire l'épuisement sans fin du paradoxe et de la contradiction.

évoquée par E. Morin : « les conséquences d'un acte d'intention morale peuvent être immorales »[14].

Il y a peu encore, on enseignait la *morale* à l'école. Le mot pénétrait tous les foyers, se répercutant alentour, et on lisait la morale comme une loi universelle. Depuis, le monde a évolué, la croissance démographique s'est accélérée et les infrastructures se sont multipliées au ryhtme du progrès. L'éthique, aujourd'hui, n'a plus le même caractère universel que la morale d'autrefois. D'un lieu à l'autre où elle se disperse et d'un lien à l'autre qui relie les éléments du *système*, elle intervient et cherche à étendre sa toile pour s'adapter en se transformant. On parle plus systématiquement d'*éthique* que de morale. Sans que le mot n'évoque, d'ailleurs, l'idée de système complexe en lui donnant, de ce fait, des allures plus précieuses qu'appropriées. Des accents qui semblent impressionner certains, et permettre à d'autres de libres interprétations : l'éthique est « en quelque sorte une morale distinguée, la première étant appréciée chez le médecin, la seconde étant souhaitée chez l'épicier », observe J.P. Obin [15] . Ce que confirme Luc Ferry pour qui : « Parler d'éthique plutôt que de morale fait en général plus chic » [16] . Changement de codes[17] ? changement de paradigmes [18] ? Changement de mœurs ? L'avenir nous le dira car, comme l'analyse E. Morin qui mesure le défi, « l'éthique n'est jamais acquise, elle n'est pas un bien dont on est propriétaire, elle doit sans cesse se régénérer et elle se régénère dans la boucle. »[19]

Certes, il existe une *Académie des sciences morales et politiques*, qui est est la plus ancienne institution française couvrant le champ des sciences humaines et sociales, là où, de la philosophie à l'histoire

---

[14] *Op. cit.*, 2004, p. 40.qq

[15] « Pour les professions de l'éducation nationale : morale, éthique ou déontologie ? » *Education et devenir*, 1994, n° 33, p. 9.

[16] *Ibid., p. 625.*

[17] S'agissant de code on peut penser à la théorie du malentendu linguistique de Basil Bernstein (distinction entre *codes élaborés* et *codes restreints*).

[18] *Paradigme* : principe supra logique de représentation du monde, sans que nous en ayons conscience ; manière de voir les choses selon un modèle cohérent basé sur un fondement défini (matrice disciplinaire, modèle théorique, courant de pensée).

[19] *La Méthode 6. Éthique.* Seuil, 2004, p. 224.

et à la géographie humaine, en passant par le droit et l'économie, siège précisément une *Section morale et sociologie* attachée aux rapports de la morale avec l'éthique. De leur côté, les sciences du comportement s'ouvrent désormais à la recherche sur l'éthique[20].

La morale et l'éthique partagent une origine commune et une histoire tissée de liens, tels qu'il est difficile de distinguer la part du général qui les relie de celle du particulier qui les distingue ; elles procèdent l'une envers l'autre de davantage de sources analogues et de fondements communs, que de causes premières qui les opposent. Bref, les deux termes sont équivalents :
— morale vient du latin *moralis*, relatif aux mœurs ; et *éthique* du grec *ethikos,* relatif aux (mêmes) mœurs.
L'identité terminologique semble si parfaite que l'on trouve des définitions courantes telles que :
— « L'éthique est la science de la morale », ou
— « L'éthique c'est ce qui concerne la morale, les valeurs et les règles de conduite de notre société »,
— « La moralité, dans son rapport à l'éthique, découle des valeurs qui se manifestent à travers la conduite, et relève de la conscience morale. »

Autrement dit : si la moralité, dans son rapport à l'éthique, découle des *valeurs*[21] qui se manifestent à travers la conduite, et relève de la conscience morale, à quoi cela sert-il de maintenir en usage deux termes identiques, qui comme deux aimants s'attirent autant qu'ils peuvent se repousser, au gré de leur positionnement et de de leurs polarités ? C'est là une distinction embarrassante, qui apporte à l'usage bien des nuances, à la limite parfois de l'incontournable et du contradictoire.
Plus que de simples notions, la morale et l'éthique sont des concepts universels qui désignent l'ensemble des règles ou préceptes, obligations ou interdictions relatives à la conformation de l'action humaine aux mœurs et aux usages d'une société donnée. Ce qui, depuis toujours, a fait dire que la morale est la science du devoir. Or,

---

[20] *Cf.* Caverni Jean-Paul : *L'éthique dans les sciences du comportement.* Paris, PUF, Que sais-je, 1998.

[21] Voici le maître-mot de toute réflexion sur la morale ou l'éthique : l'importance du prix de quelque chose en soi, objet, pensée ou acte pouvant accéder à l'état d'intérêt, de dignité ou de mérite selon l'idéologie des personnes, groupes ou sociétés.

si la morale est la science du devoir, l'éthique l'est aussi. Mais du devoir de qui, de quoi ? De la société qui guide la morale ou de l'individu qui se pense éthique ? Ou de l'individu qui (dés)oriente la morale en ne plus pensant qu'à « son » éthique ? De fait, l'équivalence étymologique est telle dès leur origine, que les traducteurs des philosophes antiques ont fini par les amalgamer tout en ne maîtrisant pas toujours les nuances de sens graduelles et catégorielles apportées au choix de l'un ou l'autre des deux termes, au fil des époques et de leurs applications évolutives.

Ainsi telle un nouveau Prométhée fait femme aujourd'hui, l'éthique tend-elle à se détacher progressivement de l'amalgame en devenant une réflexion sur la morale à partir de laquelle elle établirait ses propres normes, son utilité, son efficacité et ses limites. Aussi, le problème est-il récurrent, qui pose la question de savoir si, à la longue, il ne va pas finir par s'installer un *biais cognitif*[22] préjudiciable à l'une comme à l'autre, c'est-à-dire, *in fine*, une perception séparatiste des concepts défavorables aux bonnes mœurs, aux usages, aux coutumes et à la sagesse auxquelles la morale et l'éthique ont mission de contribuer et de veiller ensemble, en conscience ? Il y a trente ans, Louis Legrand s'interrogeait déjà, à propos de l'enseignement de la morale à l'école, à la question de l'éthique : « Si l'on parle aujourd'hui d'éthique et non de morale, c'est peut-être parce que nul n'est aujourd'hui assuré des valeurs à vivre et à affirmer comme régulateurs de la vie quotidienne. »[23]

Morale ou éthique, la posture est critique dès lors que l'éducation est assujettie aux valeurs de la société, qui repose elle-même, engage et s'engage, sur les valeurs pragmatiques de *la socialisation**. De l'universel au singulier, du global au local, du général au particulier, *la complexité* est au cœur du débat. Plus que tout ce qui différencie la morale et l'éthique aujourd'hui, plus que tout ce qui les sépare (la *déliance)*, le moment est venu de se pencher sur ce qui les relie en

[22] Selon le sociologue Gérald Bronner (*cf. Déchéance de rationalité*, Grasset, 2019), il conviendrait, dans une époque devenue folle, de définir une méthode pour recouvrer la raison car le rationalisme est un humanisme, rappelle-t-il. À commencer par éviter les *biais cognitifs*, ces mécanismes qui distordent le raisonnement (confondre causalité et corrélation, surestimer le spectaculaire, se méfier des croyances, etc.).

[23] « Enseigner la morale aujourd'hui ? », *Revue française de pédagogie*, 1991, n° 97, pp. 53-64.

profondeur (*la reliance)*, car « l'éthique est reliance et la reliance est éthique » [24] . Avancer ainsi *la reliance* comme axe de réflexion agrégative, c'est certes se rappeler que cette notion inventée par le sociologue Marcel Bolle de Bal comble un vide conceptuel dans le champ des sciences humaines. Mais c'est comprendre aussi que l'on peut mettre à contribution la notion de *lien* pour opérer à l'interface *sémantique* (ce dont on parle et que l'on veut énoncer) de la morale et de l'éthique, c'est-à-dire apprendre à les distinguer par la pensée sans les séparer. L'idée est que cette *interface* étant le lieu d'échanges, de communication et d'interactions où se nouent les relations du couple contrainte/obligation entre les deux concepts (interface : « ce qui rompt le face-à-face »[25]), le choix d'un terme générique unifié pour gommer (ou atténuer) l'ambiguïté binomiale de l'ambi-système morale-éthique , semble conventionnellement justifiable en l'état du contexte actuel de la modernité où la dialectique des termes tend à s'autoréguler au sein d'un environnement troublé par des crises et catastrophes naturelles récurrentes. Sans que l'on sache exactement, comment cela évoluera.

En optant pour le terme d'éthique, tout aussi moderne qu'ancien, sans récuser l'importance de celui de morale, « antique et solennelle », qui, des siècles durant, a imprégné les esprits, la présente démarche de réflexion s'inscrit dans le courant de la *pensée complexe*, qui relie et « dissipe les brouillards et les obscurités [pour] mettre de l'ordre et de la clarté dans le réel »[26]. Toutes choses qui conduisent à postuler que l'univers de l'éthique s'ordonne dans sa profondeur. Et que, si l'on en croît l'adage attribué à René Dubos : « Penser globalement, agir localement »[27], l'exercice s'impose, non seulement d'interroger tout

---

[24] E. Morin : *op. cit.,* p. 37.

[25] J.P. Dupuy et J. Robert : *La trahison de l'opulence*. Paris, PUF, 1976, p. 18.

[26] E. Morin : *Introduction à la pensée complexe*. Paris, ESF (Communication et complexité), 1992, p. 9.

[27] *« Penser global, agir local »* : la formule a été prononcée pour la première fois par R. Dubos, lors du premier sommet sur l'environnement en 1972. Elle résume l'esprit du développement durable et les applications écologiques que l'on peut en attendre. Elle s'est étendue au domaine de l'éducation et de la santé, où elle s'impose comme obligation technique et morale dans toute perspective de contrat social.

ce qui relie la morale et l'éthique, mais encore d'aller voir ce qui se passe entre elles, là où les propriétés de l'une se soudent aux propriétés de l'autre dans leurs différences comme dans leurs complémentarités. C'est-à-dire là où ces propriétés intégrées faisant système, les effets socialisateurs, moraux et/ou éthiques produits par le système unifié ainsi conçu, deviennent eux-mêmes producteurs des causes qui le perpétuent dans son environnement, en se transformant de l'intérieur pour maintenir son homéostasie.

V. LE SYSTÉME ET L'OUTIL

A quelles conditions et au prix de quelles contraintes, l'éthique, action humaine organisée pour agir selon des valeurs en société, est-elle possible ? Car, c'est un fait, l'éthique n'est pas un phénomène naturel mais un *construit social* qui pose problème : l'éthique est produite par les individus qui créent la société, qui produit les individus qui produisent l'éthique. Autrement dit, l'éthique est un phénomène *bio-psycho-anthropo-social* qui se construit, *chemin faisant*, au fil des situations à l'image de la parabole du poète Antonio Machado (« Caminante, no hay camino [...] se hace camino al andar »). Le processus échappe donc au *positivisme*[28] hérité du XIXe siècle qui perd prise sur elle, ses codes et sa méthode, car la réalité immanente que l'éthique donne à voir ne peut être que consécutive à l'acte d'observation du processus sans jamais le précéder. Ce qui n'interdit pas d'approcher l'éthique, de la concevoir et de la représenter, en fonction du regard *auto* et *alloréférentiel*[29] que l'on projette de porter sur elle, en la modélisant.

---

[28] *Le positivisme*, avec le test de l'empirie et de la falsificabilité comme critère de vérité d'une affirmation (K. Popper), procède à une réduction arbitraire de la réalité, conformément à ses exigences méthodologiques ne retenant que les aspects quantifiables des phénomènes observés et traduit dans un langage linéaire.

[29] Dans la mesure où *l'autoréférence* est simultanément référence à soi-même et à autre que soi-même, l'*autoréférence* et *l'alloréférence* relèvent d'un seul et même mécanisme, où la première correspond à l'expression d'une familiarisation directe du sujet à l'objet, et la seconde est typique d'un apprentissage.

Protection des bonnes mœurs, du droit à la liberté et au respect de chacun, l'éthique est un rempart contre la barbarie. C'est ce qui la rend universelle en termes de valeurs. Mais comment peut-elle être efficace, jusqu'où, et quel est son moteur ? Comme tout système, l'éthique est composée de multiples organes en interaction, et son identité et ses fonctionnalités se structurent suivant le modèle du Système Général. Dans sa *boîte noire*, l'éthique dit je : « je veux, je peux et je dois ». Mais elle n'existe pas dans la nature. Elle est dans l'esprit de l'homme. C'est un système de pensée et d'action qui, en chacun d'entre nous qui l'activons et sommes activés par lui, obéit aux lois de la systémique. De l'individu à la société, de l'acteur au système, de l'émotion (*pathos*) à la raison (*logos*), du désir à la volonté (*ethos*), bref, de l'intention au résultat, l'éthique, vue à travers le prisme des épistémologies constructivistes, est un système auto et alloréférentiel qui porte en lui son propre outil : *le système opérant*, tel que J.L. Le Moigne (1984, p.143) décrit ce *sous-système* du Système Général.

Des flux d'informations, de matière et d'énergie entrent dans le système (*intrants* : besoins, désirs, sollicitations, contraintes, obligations, etc.), et en sortent transformés (*extrants* : réponses aux besoins, désirs satisfaits, etc.). Les processus qui transportent ces flux sont ordonnés et hiérarchisés. Du dehors au dedans, et du dedans au dehors, *Système opérant*, *Système d'information* et *système de décision*, coopèrent et se coordonnent en fonction des solllicitations du monde extérieur en empruntant des voies directes et indirectes d'informations montantes (*informations de représentation*) et descendantes (*informations de décision*).

Le *système opérant* reçoit les flux entrants, les identifie et les régule pour les orienter, par des canaux montants, vers le *système d'information* qui les trie, les classe et les mémorise. Il les transmettre alors au *système de pilotage* qui sélectionne, décide, imagine, conçoit et fait redescendre le produit de ses contrôles et décisions vers le système opérant, via le système d'information qui retransmet au système opérant, qui exécute en traitant la commande. Toutefois, le système opérant peut être empêché, court-circuité voire neutralisé volontairement ou involontairement, à l'entrée comme à la sortie, par l'information de représentation (flux montants) et de décision (flux descendants). C'est à ces niveaux d'aiguillages fiables ou incertains, vertueux ou vicieux, que les choses se jouent dans la *boîte noire* de l'éthique vouée à la dialectique permanente entre le système et l'outil.

Parler de *l'éthique* en général, c'est-à-dire du concept, en nommant le substantif et prononçant le mot, c'est faire mentalement ce parcours entre processeurs et processus, sans le savoir ou du moins sans y penser. Car l'éthique, instinct, tendance ou produit d'éducation et de socialisation affirmé par la conscience (ce qu'elle EST), est plus ou moins spontanée et délibérée au niveau de l'acte (ce qu'elle FAIT). L'éthique est un système vivant-social qui procède des liens d'altérité qui le relient à autrui dans le champ social (ce qu'elle DEVIENT). Ce qui conduit le modélisateur à retrouver les trois principes de la pensée complexe énoncés par E. Morin[30] : le *principe dialogique* (les termes à la fois complémentaires et antagonistes qui fondent des unités), le *principe de récursion* (cycle lui-même auto-constitutif, aut-organisateur et auto-producteur »), et le principe *principe hologrammatique* (« non seulement la partie est dans le tout, mais le tout est dans la partie »).

Représenter l'éthique comme un système, c'est distinguer, sans les disjoindre, la partie qui pilote (la commande) et la partie pilotée (la réponse), interconnectées par le système informationnel qui les réunit.

Nous appellerons ***éthique-système*** le tout fonctionnant, évoluant et se transformant dans son environnement en contrôlant la conception et l'exécution de ses propres finalités, et ***éthique-outil***, la partie de ce tout assurant en interne les opérations destinées à processer l'éthique, c'est-à-dire la fonction propre à exécuter les tâches synergiques programmées par le système dans son ensemble.

Cette dimension dialectique de l'éthique prise aux pièges des rapports positifs ou négatifs, telle que la pensée complexe et la systémique l'éclairent, est essentielle. Car l'éthique n'est ni une croyance (comme la morale en a plus ou moins efficacement soutenu l'idée des siècles durant), ni un outil (que l'on peut manipuler à sa guise), ni une fin en soi, mais une somme d'attitudes envers la vie, et de comportements adaptés au sein de la société où l'humanité se réalise.

Suivant ce schéma représentant une vue *macroscopique* de l'éthique en partant du concept conçu dans l'ordre de ses dimensions, composantes et indicateurs (*Fig.1*), l'éthique fonctionne sur le couple

---

30 *Introduction à la pensée complexe*, 1992, pp. 98-102.

inséparable du système et de l'outil, à la manière d'une *dialectique permanente* entre les raisons de *l'éthique-système* (le choix des valeurs et les stratégies individuelles et collectives de ce qu'il faut faire, du comment et pourquoi le faire), et les capacités de *l'éthique-outil* à réaliser (application fidèle à répondre) ou à ne pas réaliser (incapacité à filter les effets non désirés) ce que le système lui commande.

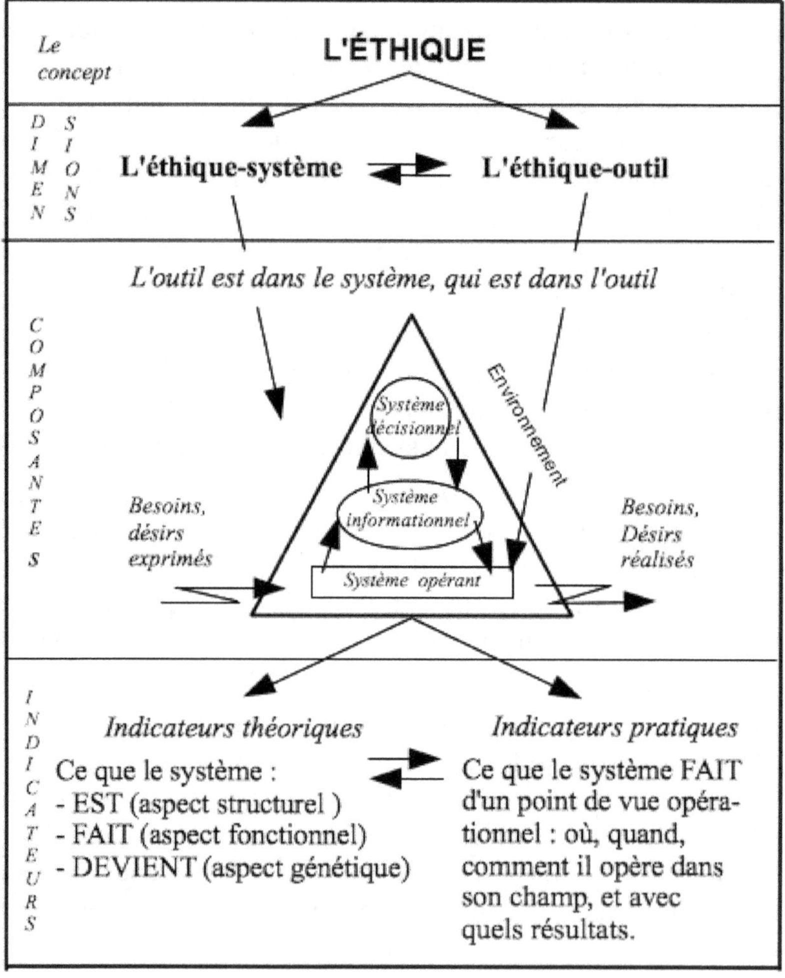

Fig. 1. L'éthique au macroscope

L'éthique ne se réduit pas à l'outil, mais le système n'est rien sans l'outil, qui n'est rien sans le système. Aussi, privilégier l'un au détriment de l'autre sera toujours aussi inefficace que nuisible.

VI. AU BOUT DU BOUT, DE L'IDENTITÉ À L'ALTÉRITÉ

Entre *épistémé* (la réflexion) et *pragmatiké* (l'action), ce livre en quête de réalisme[31] se propose d'observer l'éthique sous l'angle général d'un *système complexe*[32] où *la reliance* joue le rôle de chef d'orchestre au sens macroscopique où un système est « un ensemble d'éléments en interaction dynamique, organisés en fonction d'un but » (J. de Rosnay [33]).

Si l'on considère avec J. Maisonneuve que le propre de l'homme, c'est d'être simultanément un être *sociable* et un être *socialisé*, et que nous entendons par là qu'il est « à la fois sujet aspirant à communiquer avec ses semblables et ***membre*** d'une société qui existe préalablement, le forme et le contrôle bon gré mal gré. »[34], il sera fécond de convoquer *le* concept dynamique *reliance*, pour construire quelques modèles descriptifs et explicatifs de l'éthique. Des modèles généraux et particuliers issus de l'expérience que nous avons tous, les uns et les autres, du discernement moral, de la conscience morale, et donc de la détermination éthique et de la moralité, quel que soit le monde personnel, familial, culturel, éducatif, professionnel, technico-économique, politique, religieux, etc., dans lequel nous existons individuellement et vivons collectivement. Collectivement, c'est-à-dire ensemble, les uns avec les autres, mais aussi les uns en même temps que les autres, au sens d'une totalité d'êtres humains singuliers, exposés à des destinées communes.

– Partant de la question étymologique : *L'éthique un vieux concept neuf*, nous passerons en revue les principales définitions de la morale et de l'éthique, de manière à préciser le choix paradigmatique de notre

---

[31] La morale et l'éthique prenant des sens difficiles à discerner les uns par rapport aux autres, et le réalisme scientifique étant la position métaphysique selon laquelle le monde décrit par la science est le monde « réel » ou « véritable », l'enjeu de la réflexion sur l'éthique conçue comme un système se trouve porté par la méthode qui va permettre d'explorer le phénomène-objet et de décortiquer sa structure, son fonctionnement et sa genèse.

[32] « Système complexe », au sens défini par Jean-Louis Le Moigne dans *La théorie du système général, théorie de la modélisation, Paris, PUF, 1977, 1984*.

[33] *Le macroscope, Vers une vision globale*, Paris, Seuil, 1975, p. 91.

[34] *La psychologie sociale*. Paris, PUF, 2004, p. 25.

approche duale de l'objet à modéliser par distinction et assimilation (Chapitre I).

– Cette approche nous conduira à interroger les fondements comparés de la morale et de l'éthique pour essayer de comprendre les incertitudes des définitions en mesurant ce qui les relie en termes d'identités et de postures épistémologiques comparées (chap. II).

– Ainsi avancés au cœur du concept d'éthique, nous examinerons sa structure et analyserons son appartenance à la classe des *compétences sociales**, pour construire un modèle susceptible de représenter l'objet en exprimant sa complexité (Chap. III).

– Le modèle ainsi tracé nous permettra de concevoir globalement l'éthique comme un système unifié, composé de deux sous-systèmes : *l'éthique-système* (Chap. IV) et *l'éthique-outil* (Chap. V) dont les interconnexions internes et externes entrent en résonnance au rythme de la partition dialectique que le système et l'outil composent ensemble (Chap. VI).

– *La transversalité* étant présente d'un champ à l'autre des liens qui s'articulent entre l'éthique-système et l'éthique-outil, un septième et dernier chapitre apportera sous la forme de *mots clés commentés* un choix de *concepts trans-spécifiques*[35], faisant eux-mêmes les liaisons sémantiques entre les termes employés, tout au long de ce voyage au cœur de la complexité (Chap. VII).

Ayant parcouru l'éthique d'un point de vue structurel et ontologique (ce que l'éthique *EST*) corellativement à la morale, ayant approfondi la démarche en observant l'objet modélisé sous la forme d'un outil sur le plan fonctionnel (ce que le système *FAIT*), et prenant en ligne de mire les ses pratiques actuelles dans leur perspective génétique (ce que le système *DEVIENT*), nous aboutirons à une synthèse nous permettant de considérer qu'il est maintenant courant, là où l'on s'appliquait autrefois à observer les doctrines philosophiques de la morale théorique, de parler d'*éthiques* au pluriel, aujourd'hui. Sous le dessin de cette dialectique entre le système et l'outil, autant que sous

[35] *La trans-spécificité* d'un concept signe sa spécificité à différents niveaux. Avec la « notion source trans-spécifique », Jean Maisonneuve aborde la question pluri, inter et transdisciplinaire des termes qui ne sont pas enfermés dans une seule discipline unique.

les perspectives méthodologiques multidisciplinaires, interdisciplinaires et transdisciplinaires auxquelles cette dialectique réfère, apparaîtront ainsi les desseins de l'éthique.

Tension permanente entre l'universalité des principes qui fondent le jugement d'une part, et la réalité des situations particulières où l'éthique intervient d'autre part, le questionnement moral s'impose à tous et à chacun dès lors qu'un consensus est attendu. Dans tous les domaines d'activité de la société, nous sommes confrontés à des situations morales et/ou éthiques de plus en plus complexes et exigeantes, alors même que l'éthique est fondée sur la liberté de jugement et d'action. L'éthique est donc hypothétique et relativiste. *La bioéthique* en est un exemple emblématique dont le langage, comme l'observe Lucien Sève (*op.cit.,* 1994 et 2005) est moins précis que celui des biologistes et des juristes, mais dans laquelle les décisions qui s'imposent sont encore plus difficiles à prendre et à faire respecter car la bioéthique, dans ses applications téléologiques, déontologiques ou conséquentialistes, précède ces disciplines en amont (anticipation des actes et des produits), et les accompagne en aval (observation des résultats et jugement réflexif sur les conduites). Pour Frédéric Worms, la cause est entendue : « On appelle bioéthique en effet, l'ensemble des problèmes moraux qui surgissent des sciences et des pratiques des humains sur le vivant » (« Qui en veut à la bioéthique ?, *Le monde*, 29 janv. 2020).

Trouver la juste mesure au sein de ces équilibres pour s'adapter, cela s'illustre dans les comportements observés dans toute situation tendue entre avantages et inconvénients partagés. Des plus simples et quotidiennes de ces situations aux plus critiques (ambition, jalousie, désir de possession, besoin de domination, tentions professionnelles, conflits d'intérêts, crise sociale, économique ou politique, catastrophes écologiques ou sanitaires, etc.) ce sont toujours là des situations où les valeurs sont les ultimes repères en vue des régulations nécessaires. Et l'Histoire ne manque jamais d'y ajouter la vérité des contre-valeurs qui compliquent les perspectives. La dénonciation, le signalement et la délation par exemple sont connues en ce sens où l'égoïsme et l'altruisme se font face. Dans tous les cas, il s'agit de comportements qui imposent l'intervention de la conscience et les vertus de la mesure : des comportements qui s'apprennent et sont le fruit de la socialisation. De fait, tout commence, à ces niveaux du murissement de la personnalité, dans la petite enfance, dès le début de la construction du Surmoi qui est l'instance morale. Ce n'est pas la même chose, en effet, de dire à un enfant : « si tu voles dans un magasin, tu risques d'aller en prison », que de lui faire comprendre : « si tu voles le marchand qui a acheté ce que tu lui a dérobé, il va être alors en difficulté à cause de toi ».

Trouver la juste mesure, ce n'est pas se construire sur la peur du gendarme, c'est apprendre à se conduire par l'intégration des valeurs. Ainsi, dans les situations difficiles, ce qui n'a pas été intériorisé en termes de valeurs finit toujours par laisser la place à des comportements archaïques, que ces valeurs ont justement pour rôle de contenir. Jalousie, vengeance, désir de possession, besoin d'être reconnu comme plus fort ou meilleur citoyen que les autres, sentiment de toute puissance, etc., ne demandent alors qu'à réapparaître, faisant fi de tout discernement.

Ethique ou morale ? Morale et éthique ? La question se pose. Pas la réponse ! Car l'une ne peut pas être sans l'autre et, jamais, d'une morale en miettes où l'on perd le droit fil des conduites à observer ou à bannir, on ne fera une éthique en actes où chacun respecte l'Autre. Comme à la marelle en somme, où l'important est de garder l'équilibre, si je me laisse revenir à l'allégorie de ce jeu initiatique et innocent entre le Ciel et la Terre. Un jeu où quiconque, avant même d'avoir atteint l'âge de raison, se met librement au défi de ne pas mordre sur les lignes.

Que « l'éthique » soit. Mais toujours, la morale avec elle !

CHAPITRE I

L'ÉTHIQUE, UN VIEUX CONCEPT NEUF

« L'éthique se manifeste à nous de façon impérative, comme exigence morale. », écrit Edgar Morin[36]. Il n'y a nul doute sur le sens de cette pensée de l'auteur de *La Méthode* ! Mais, d'essence morale, l'éthique n'est-elle pas en soi, au fin fond de ses applications, l'expression de la morale ? L'éthique n'est-elle pas tout simplement la morale, aux nuances près des formes qui les différentient et les opposent... tout en les rassemblant ? D'aucuns disent que la morale désignerait une exigence universelle et irréductible, une réflexion sur les principes ; et d'autres pensent que l'éthique serait plus proche de la subjectivité individuelle, et donc réflexion appliquée à des situations particulières. Celle-ci s'incarnerait dans les valeurs, la communauté d'appartenance et l'ici et maintenant en répondant à des questionnements personnels ; celle-là serait la loi et le devoir qui s'imposent dans la transcendance (religieuse et non religieuse), au risque de la transgression.

I. ESQUISSE D'UNE PROBLÉMATIQUE

Qu'il s'agisse de *morale* ou d'*éthique*, on retrouve toujours à l'origine de ces deux concepts amalgamés des définitions enchevêtrées qui qualifient les mêmes structures et signifient la même réalité vécue, la même histoire de la moralité, c'est-à-dire l'attitude morale[37] qui se forge en conscience entre les idées de l'éthique, telles qu'on se la représente dans ses liens avec la morale et les actes qui traduisent ces idées, tels qu'on les met en œuvre. Dans les deux cas, il s'agit des mêmes principes et valeurs, des mêmes lois et libertés communes qui les fondent ensemble: privés et publics, théoriques et pratiques,

---

[36] *La méthode 6*, Ethique, Seuil, 2004, p. 13.

[37] L'attitude est l'*état d'esprit* d'un sujet ou d'un groupe vis-à-vis d'un objet, d'une action, d'un autre individu ou d'un autre groupe. Elle ressort au *savoir-être*. C'est une prédisposition mentale à agir. Elle désigne une *intention** et n'est donc pas directement observable, mais détermine une identité.

subjectifs et objectifs, psychologiques et sociaux, humains et techniques, stratégiques et organisationnels... Des aspects universels sur lesquels la logique, la paradigmatologie, la noologie, l'idéologie interrogent *la réalité humaine bio-psycho-anthropo-sociologique*[38], depuis l'élément de base que constitue l'esprit-cerveau de l'individu jusqu'aux conditions socio-culturelles dans lesquelles cet élément de l'espèce évolue.

L'éthique séparée de la morale serait-elle une nouvelle vision morale du monde ? Une nouvelle mode sans dommages pour le monde, si, en raisonnant par l'absurde[39], on l'amputait de son *alma mater*, son *alter ego* éthymologique, la morale ? Les images ne manquent pas ! De fait, l'éthique a une histoire qui, du biologique avec l'*évolutionnisme*, au psychologique et au social avec l'*altruisme*, rend compte de son caractère inséparable de la morale et des liens qui les unissent, l'une et l'autre dans les actes et la parole, et et l'une par l'autre dans leurs relations à l'imaginaire et au symbolique. La morale est consubstantielle à l'éthique. Il est impensable de concevoir l'un des termes sans se référer à l'autre.

Mais avant de s'engager dans l'analyse des terminologies actuelles, il convient de situer les choses dans leur *contexte** global et général[40] en remontant les sources de l'histoire. Des sources marquées du sceau de la *reliance*[41] tout au long d'une évolution qui fait apparaître que tout ce qui est activant en matière d'éthique est participatif et solidaire. A commencer par l'agrégation des données de la morale et de l'éthique

---

[38] E. Morin, in *Science et conscience de la complexité*, p. 75.

[39] Le raisonnement par l'absurde ou *apagogie* est un raisonnement logique, philosophique et scientifique consistant, soit à démontrer la vérité d'une proposition en prouvant l'absurdité de la proposition complémentaire (ou contraire), soit à montrer la fausseté de cette proposition en déduisant logiquement d'elle des conséquences absurdes.

[40] Par « terminologies actuelles », nous entendons le niveau *synchronique de l'analyse*, et par « contexte général » le niveau *diachronique* : le principe de synchronie s'intéresse à l'histoire à un moment donné du temps ; celui de diachronie à ses évolutions dans le temps.

[41] En première approche, la reliance a une double signification : elle représente *l'acte de relier ou de se relier* : reliance agie, réalisée, c'est-à-dire l'acte de reliance ; et *le résultat de cet acte* : la reliance vécue, c'est-à-dire l'état de reliance. *Cf.* Marcel Bolle de Bal : *Voyage au cœur des sciences humaines, De la reliance.* Tome 1, 1996, p. 68.

entre elles, pour s'opposer à la *déliance* qui serait désespérance si on les séparait.

II. L'HISTOIRE DE L'ÉTHIQUE, UN TRAJET DE LA RELIANCE

« Encore une fois, les deux termes sont parfaitement analogues de sorte que je n'éprouve pas le besoin de les distinguer », annonce L. Ferry en préambule de la rubrique qu'il consacre à l' « Éthique (histoire de l') » dans son *Dictionnaire amoureux de la philosophie*[42] lorsqu'il choisit de parler d'éthique plutôt que de morale. En sept pages, l'auteur résume les grands moments de cette histoire à travers « cinq grandes visions morales du monde », qu'il décrit en suivant l'évolution des « cinq grandes conceptions des valeurs éthiques » qui se répercutent de l'une à l'autre dans le temps et dans l'espace, en faisant de ces conceptions de véritables « créations sociales-historiques ».

Résumons donc les étapes de cette histoire de l'éthique, telle que l'auteur les présente et que l'on peut interpréter au filtre de la *reliance* qu'elles incitent à y lire quand on essaye de concevoir l'éthique et la morale dans les dimensions, composantes et indicateurs multiples et variés qui les définissent ensemble et séparément. N'est-ce pas ce genre de lecture de la complexité que pointe E. Morin lorsqu'il énonce que « tout regard sur l'éthique doit percevoir que l'acte moral est un acte individuel de reliance : reliance avec un autrui, reliance avec une communauté, reliance avec une société et, à la limite, reliance avec l'espèce humaine. » (2004, p. 16) ? Tout individu, en effet, est relié aux autres selon sa condition d'être humain inséré dans le tissu social (parents frères, sœurs, groupes, institutions, etc.) où la culture oriente son action et détermine sa *socialité**.

II.1. Le premier grand moment de l'histoire de l'éthique

L. Ferry identifie ce moment des origines, comme « **la conception cosmologique et aristocratique de l'éthique** ». De mon côté, auteur-acteur de mes propres interrogations sur l'éthique, j'y retrouve l'expression d'une forme de ***reliance métaphysique***.

Dans l'Antiquité grecque animée par l'idée d'un ordre du monde, la cité est le reflet d'un cosmos hiérarchisé et harmonieux. Cette idée

---

[42] *Dictionnaire amoureux de la philosophie*. Paris, Plon, 2018, pp. 625-632.

persiste jusqu'à la Révolution française. Elle est ce que L. Ferry appelle le « cosmologico-éthique », soit une « morale déduite d'une certaine représentation du cosmos ». De ce premier « grand moment » développé par l'auteur dans son ouvrage, on peut retenir une forme de correspondance *bijective* [43] entre le fait « cosmologico-éthique » théorique et la « reliance cosmique » pragmatique, telle que la définit M. Bolle de Bal [44] . On peut voir en effet, à travers cette correspondance des formes, la reliance existant du fait de l'activation du processus de l'éthique entre une personne et des éléments naturels. Une forme *de reliance métaphysique*, ordonnée selon une morale transcendentale, au double sens du terme : *a)* de cohérence hiérarchique des choses (l'organisation aristocratique de la cité et les bonnes mœurs) et, *b)* de contrôle normatif de ces mêmes choses (la raison et le droit romain).

C'est à travers ces liens, psycho, socio et « anthropo-logiques » que l'on rejoint certaines des expressions morales retenues par L. Ferry pour illustrer son propos : « rendre à chacun le sien » (le droit), « rien de trop » (la sagesse) et « connais-toi toi-même ! » (le défi à l'*hybris*, la démesure) qui tissent depuis toute éternité les liens de la morale comme ceux de l'éthique, selon deux types de relations fondamentales :
– *des relations conventionnelles*, prescrites par des normes sociales et hiérarchiques, plus ou moins respectées ;
– et *des relations non conventionnelles*, produites par des choix personnels inspirant une plus grande implication.

Le lien apparaît, dès l'origine, comme le trait essentiel de la *sociabilité* de l'être humain, plongé dans un champ social où il communique avec Dieu et ses semblables. L'éthique est reliance, c'est-à-dire manifestation du lien social, et *médiatisation* [45] . Elle

---

[43] Dans le langage des systémiciens : correspondance idéale, isomorphique, « telle qu'à tout élément de l'ensemble d'arrivée (le modèle) correspond une élément et un seul de l'ensemble de départ (l'objet) ; et réciproquement : la correspondance est transitive, réflexive et symétrique.(J.L. Le Moigne, 1984, p.77)

[44] *Op cit*., p. 69.

[45] M. Bolle de Bal : « La reliance ou la médiatisation sociologique d'un concept charnière », *in* Actes du XIIIe Colloque de l'AISLF, Le lien social, Genève, 1989, tome 1, pp. 598-611.

s'exprime à l'homme et à la société à travers le cosmos où celui-ci se relie à des êtres inanimés pour conduire son existence, c'est-à-dire fonctionne selon les *attitudes* qu'il peut avoir vis-à-vis d'autres individus réels et imaginaires. Toutes attitudes qui confèrent aux humains, par empreinte et imprégnation, le sens d'une altérité de l'absolu en même temps qu'elles leur dictent une direction spatio-temporelle : une conscience, un Orient.

II.2. Le deuxième grand moment de l'histoire de l'éthique

Ce moment correspond, selon L. Ferry, à « **la fondation religieuse de la morale ou le "théologico-éthique"** ». Il s'agit là d'une période de l'évolution de l'éthique au cours de laquellle on peut voir se développer une forme de ***reliance ontologique et anthropomythique*** au sens où E. Goffman et M. Bolle de Ball se rejoignent sur la question du lien social.

Toutes les « distinctions morales cardinales » (le bien et le mal, le juste et l'injuste, etc.), s'inscrivent dans les grandes religions, explique L. Ferry , en « référence à un Dieu transcendant qui, par l'intermédiaire d'un Messie, de prophètes et de scribes, délivre ses commandements aux humains » (p. 627), dans la mouvance d'une « sécularisation du christianisme » au sein de l'espace des éthiques républicaines qui séparent les morales laïques de la théologie morale. On reconnaît là un mouvement où l'éthique est l'héritière de l'idéal démocratique européen dont elle s'inspire avec ses valeurs nouvelles « d'égale dignité » des créatures devant Dieu, devenant « égalité des citoyens devant la loi » *(ibid.)*.

On peut voir dans ce contexte *l'effet de reliance existant du fait de l'activation du processus d'éthique entre une personne et l'espèce humaine*. On retrouve à cette croisée de l'herméneutique et de l'épistémologie, le sociologue et linguiste Erving Goffman (*Les rites d'interaction,* 1969), le médecin et psychanalyste Jacques Miermont (*Ecologie des liens*, 1993), et le sociologue et psychosociologue M. Bolle de Bal (*Voyage au cœur des sciences humaines, De la reliance,* 1996). On comprendra avec eux l'importance des rituels, des mythes et des épistémés qui accompagnent l'homme dans la prise de conscience de son insertion dans la longue évolution du vivant. C'est dans ce cadre théologico-éthique de la morale que l'on retrouve l'étymologie du terme de *reliance*, qui puise dans la religion sa source sémantique : *religare* signifiant relier.

L'éthique ne ferait que reprendre les mots de Cicéron et d'Augustin pour lesquels ***la religion*** est diligence, par opposition à la négligence et, donc à la *déliance*, ce mouvement de l'âme et du corps qui tranche dans l'esprit comme dans la vie matérielle.

II.3. Le troisième grand moment de l'histoire de l'éthique

Ce moment est celui de la période que L. Ferry considère être « **le premier humanisme ou l'éthique républicaine des lumières** » au regard du progrès qui « place l'homme, et non plus le comos ou la divinitié, au centre du monde » (*ibid.*). Le mouvement qui s'opère ne manque pas, lui non plus (comme les précédents) de significations corrolaires en termes de liens psychiques individuels et interpersonnels, professionnels, communautaires et sociaux, tels que les décrit M. Bolle de Bal en termes de *reliance sociale*. La raison et la liberté (*logos*), sont le fruit de ce progrès humaniste, fondateur des nouvelles valeurs essentielles de la société : « le libre arbitre, l'égale dignité morale sinon naturelle des êtres humains, la valorisation du travail et du mérite ».

On se trouve là en face de deux types de reliances : ***la reliance sociale*** proprement dite (exemple : je me rapproche de ma famille parentale, professionnelle, de mes amis ou de mes pairs) et la ***reliance psycho-sociale*** (qui commence dès la relation entre deux personnes et s'étend aux groupes et organisations). Deux formes de reliances donc, qui se complètent pour aboutir aux formes de solidarité que l'on retrouve dans les relations interpersonnelles et les relations individus-société, toutes deux à égalité dans la mise en œuvre du processus éthique.

II.4. Le quatrième grand moment de l'histoire de l'éthique

Avec « **l'éthique de l'authenticité ou le nouveau statut du bien et du mal à l'âge de la déconstruction des traditions** », on rentre dans le siècle qui annonce les grands bouleversements que nous vivons actuellement. Pour L. Ferry, « Il ne s'agit plus, après la grande destruction des valeurs et des autorités traditionnelles qui caractérise le XXe siècle et qui culmine dans les révoltes étudiantes des années 1960, de s' élever par le travail pour atteindre des normes transcendantes, morales ou culturelles, comme le voulait la méritocratie républicaine, notamment dans le cadre de l'école. » L'élan pointe désormais sa flèche vers le refus de toutes les formes d'aliénation « pour parvenir à être enfin "soi-même" en épanouissant sa personnalité à la faveur d'une authhenticité fondée sur la sincérité, alors devenue une « valeur supérieure même à la vérité ».

Cette déconstruction des valeurs, nous pouvons l'interpréter comme soumise à l'influence d'une forme de ***reliance psychologique***, telle que décrite par M. Bolle de Bal, et qui, appliquée à l'éthique rend compte du travail de ces liens, liens du dedans, liens intrapsychiques et endogènes, dont les effets s'organisent dès l'activation du processus moral entre une personne et les différentes instances de sa personnalité. Phénomène psychologique, l'*éthique* s'impose comme une notion liée à la *personne (cf. infra,* Chap. III, fig. 5*)* .

II.5. Le cinquième grand moment de l'histoire de l'éthique est celui du rendez-vous d'aujourd'hui avec le « **second humanisme » et les valeurs du XXIe siècle**, dont L. Ferry définit les premiers axes de référence dans la continuité et les transformations des précédents moments de l'histoire de l'éthique : « Après la déconstruction des traditions et la naissance d'une éthique de l'authenticité où le culte du moi désaliéné devient central, c'est l'idéal de l'amour, de la fraternité et de la sympathie, qui fait son entrée en scène. » (p. 628). Un idéal qui dépasse l'humanisme des droits et de la raison, pour devenir un humanisme « du cœur, de la solidarité et même de la fraternité », souligne L. Ferry (*ibid.*). Aussi, estime-t-il que « nous vivons aujourd'hui un évènement historique majeur, l'avènement d'une nouvelle vision morale du monde comparable en ampleur aux anciennes » (*ibid.*).

Une nouvelle vision qui englobe l'amour et l'attachement : « Cet univers ne serait pas grand chose s'il n'était pas le foyer de ceux que l'on aime » (Stephen Hawking). Posant sa réflexion *sous le signe du lien* pour traiter de l'attachement, Boris Cyrulnick (*op. cit.,* 1989) considère que « l'amour est une surprise qui nous arrache à l'insipide, [et que] l'attachement est un bien qui se tisse au quotidien ». Et E. Morin n'hésite pas à parler de foi. Il pense que « La foi éthique est amour » (2004, p. 231). Nous sommes, à ce niveau d'aboutissement actuel de la genèse de l'éthique, au carrefour de systèmes de reliances où les rapports entre les individus et la société se tendent et s'idéalisent en même temps. On atteint là, avec M. Bolle de Bal, les limites de la psychosociologie et de la sociologie en ce sens qu'avec l'éthique, il faut voir large et chercher à comprendre en profondeur les rapports de la *reliance agie* et de la *reliance vécue.* De *pluridisciplinaire* (l'étude d'un objet d'une seule et même discipline par plusieurs disciplines à la fois) et *interdisciplinaire* (le « big bang disciplinaire », transfert des méthodes d'une discipline à l'autre), la démarche gagnera à devenir *transdisciplinaire*, c'est-à-dire, comme le préfixe « trans » le signifie, une démarche qui « est à la fois entre les disciplines, à travers les disciplines et au-delà de toute discipline » (B. Nicolescu : *La transdisplinarité, op. cit.* p. 66), et dont la finalité, ainsi que le précise l'auteur, est « la compréhension du monde présent » à travers « l'unité de la connaissance », au-delà de tout dogme et de toute idéologie en vue d'un « projet d'avenir » (*cf. chap.* VI., I.3.).

III. LE JEU DES SIGNIFIANTS

La complexité de la *dialogie morale-éthique*, qui relie des représentations de soi, des autres et des choses, est prégnante dans les mouvances du monde et de la vie auxquelles Héraclite a consacré ses réflexions de *philosophie mobiliste*, bien avant le fractionnement des disciplines en logique, théologie, métaphysique, physique, biologie, anthropologie, éthique, politique et esthétique (« Tout ce qui m'anime est de chercher la beauté des choses » : Maylis de Kerangal). Des réflexions qui poussent à s'interroger pour savoir si nous ne sommes pas en train de vivre une transition cardinale entre l'ancien monde de la morale et le nouveau monde de l'éthique, tous deux entraînés dans les entrelacs du *nœud boroméen* [46] que constituent l'individu, la société, qui tissent ensemble l'éthique dans un rapport non statique où ce qui est produit rétroagit sur ce qui les a produit, au rendez-vous de l'histoire de la cybernétique* et de la systémique*.

III.1. Le sens des mots

Pourquoi parler d'éthique, plutôt que de morale ? L'usage du premier terme (l'*éthique* comme morale personnelle qu'on se fabrique soi-même selon ses principes et en fonction de ses propres valeurs), masqué jusqu'à nos jours par le second (la *morale traditionnelle* qui s'impose du dehors avec ses codes et ses règles) n'est-il pas en voie de se systématiser aujourd'hui ?

---

[46] Selon la théorie des nœuds en mathématiques (topologie), les anneaux borroméens consistent en rois cercles entrelacés qui ne peuvent pas être détachés l'un de l'autre, et que l'exclusion de l'un d'eux libère des deux autres.

Certes, ce mouvement n'est pas l'annonce d'un divorce annoncé entre la morale et l'éthique. Peut-être n'est-il que la *prophase* (première étape de la mitose en biologie) d'une vision *constructiviste* permettant d'espérer une fusion avancée de ce que l'une et l'autre de ces disciplines de la réflexion nous apportent à travers leurs différences et leurs complémentarités. Car, au-delà de toute hiérarchisation pertinente possible, tout se passerait comme s'il y avait une *éthique du dedans* (la morale personnelle), et une *éthique du dehors* (la morale traditionnelle), alors que les liens qui unissent ces deux éthiques sont insécables en tant que tout, qui est corps et nature intangible.

Aussi, ne perdons pas de vue que l'opinion commune aime la nouveauté, mais qu'elle n'apprécie pas , au fond, le changement.

III.2. Apprendre à bien penser

Bien penser, en matière de morale et d'éthique, c'est chercher à comprendre leurs fondements philosophiques communs et dérivés, tout en restant critique. C'est être capable de prendre la mesure de leur complexité et de la respecter. C'est se forger une *intentionnalité*, c'est-à-dire une attitude psychologique, affective et cognitive, propre à se donner une méthode pour les connaître en tant qu'objet et projet pour agir[47].

III.2.1. Les fondements philosophiques. Depuis l'antiquité, la réflexion est alimentée par le cheminement de la pensée, qui imprègne la société qui induit la réflexion. Pour Aristote, la vie est centrée sur la recherche du bien, des valeurs et de la vertu, qui visent à faire de

47 La méthode pour bien penser est une recherche en compréhension. Elle est portée par la façon de se poser les problèmes : la « problématique », c'est-à-dire la façon de se représenter l'objet. C'est la problématique, et non pas le problème, qui conduit l'esprit de chacun ainsi promu, en conscience, à l'état de *système de représentation* dans ses rapports au besoin de connaître pour agir : « Percevoir un objet, c'est nécessairement lui attribuer quelques nécessités (nous dirons bientôt quelques finalités) » (J.L. Le Moigne, 1984, p. 82). Pour l'auteur de *La théorie du système général*, « l'intervention sur un système doit, elle-même, être conçue comme un système. » (*ibid.* p. 84), la règle du jeu systémique résidant dans « cette boucle étrange du modélisateur modélisé » (*ibid.* p. 86), se reliant donc à lui-même autant qu'il est relié à l'objet qu'il observe. Posture épistémologique que j'ai voulu signifier dès le préambule en me percevant moi-même comme un *système de représentation*, aux prises avec ma propre subjectivité en tant qu'auteur-acteur de ma démarche de réflexion sur l'éthique.

l'homme une entité tendue vers la réalisation de soi. Une assomption au sens où les philosophies antiques sont nées du rapport de l'homme avec la nature, c'est-à-dire de l'homme poussé à la raison par une éthique de la vertu et de la sagesse pour survivre, atteindre le bonheur et être serein face à la mort (Epicure : « La mort n'est rien pour nous »). Aujourd'hui, l'homme n'est plus pensé comme un être de nature, mais tend de plus en plus à être considéré comme un être de droit. On l'a vu depuis le *Siècle des Lumières* s'affranchir du statut d'objet de Dieu et naître à lui-même comme maître de sa conscience et de ses actes. Ce qui a promu l'éthique au rang d'une construction de la raison, l*ogos* permettant à chacun d'appartenir à la société tout en maintenant son identité de personne individuelle (*cf. infra*, Chap. III, fig. 5). L'action morale n'est plus celle qui rend l'homme heureux, mais celle qui le rend digne d'être heureux.

La question pragmatique qui se pose, vers la fin du XVIIIe siècle est d'intérêt général. Elle fluctue entre l'utilité de l'action individuelle et le dévouement au bonheur d'autrui. Nietzsche, Freud, Marx sonnent le glas de la « noblesse » des motivations de nos actions qu'ils ramènent à la dimension humaine des origines intimes, inconscientes ou politiques des stratégies du pouvoir économique par rapport à l'individu. L'universalité de la transcendance morale est mise en question à mesure des avancées de la société industrielle. Comme l'observe Hans Jonas, des mutations émergent au sein des relations humaines confrontées au développement technologique. Pour lui, la réflexion éthique est fondée sur le *principe de la responsabilité* (1979) à l'égard des générations futures et de la nature. On trouve là l'ébauche du principe de précaution. Avec Emmanuel Lévinas on voit se développer la notion de responsabilité personnelle dans ses rapports à l'humanité : « C'est le visage de l'Autre qui m'oblige… ». La relation à autrui n'est plus seulement une transcendance vers l'autre, elle est l'expérience éthique par excellence dans la « rencontre essentielle » de nos vulnérabilités mutuelles, et, face à ce questionnement, « Ma responsabilité envers [l'autre], dès que son visage m'apparaît est infinie ! ».

C'est ainsi que, peu à peu, la notion de « personne » a émergé de la pensée philosophique en se différenciant de celle d'« individu ».

III.2.2. Des raisons de bien penser. L'éthique autant que la morale est complexe, et dès lors qu'on les détache l'une de l'autre, leurs complexités étant liées et nul ne pouvant établir laquelle des deux est le tout et laquelle est la partie, pas plus qu'il n'est possible de distinguer la partie du tout, le problème est donc de savoir comment appréhender ce saut dans l'évolution du langage, saut vers le futur, que d'aucuns pensent pouvoir réduire à un simple jeu de mots : « disons éthique aujourd'hui, plutôt que morale ! » : cela cadre mieux avec l'individualisme contemporain, est plus moderne et moins ringard, peut-on se flatter de penser.

Peut-on aller contre son temps, quand on sait que les mots sont d'impitoyables marqueurs des mœurs qu'ils traduisent ? Ne doit-on pas alors, plutôt que de baisser la tête, apprendre à bien penser en développant l'éducation et la formation, premiers facteurs de la socialisation et vecteurs de reliance sociale ? N'est-ce pas là le vrai début d'une morale renouvellée, nouvelle éthique qui commencerait par donner conscience à chacun et à tous de la nécessité accrue de bien penser : « Toute notre dignité consiste donc en la pensée. C'est de là qu'il faut nous relever et non de l'espace et de la durée, que nous ne saurions remplir. Travaillons donc à bien penser : voilà le principe de la morale. » (Blaise Pascal, *Transitions 6*).

IV. L'ENJEU DES SIGNIFIÉS

Comment aborder cette grande question de l'éthique, aujourd'hui, qui nous préoccupe en conscience et en action et, face aux responsabilités du présent oblige à penser des lendemains tragiques : « Pour liquider les peuples, on commence par leur enlever la mémoire. On détruit leurs livres, leur culture, leur histoire. Puis quelqu'un d'autre leur écrit d'autres livres, leur donne une autre culture, leur invente une autre histoire. Ensuite, le peuple commence lentement à oublier ce qu'il est, et ce qu'il était. Et le monde autour de lui l'oublie encore plus vite. » Milan Hübl (historien et écrivain tchèque, 1927-1989).

IV.1. À la croisée des chemins

En 1997, J. Lagarrigue et G. Lebe posaient déjà la question en termes d'éducation : « L'emploi du mot "éthique" dont la fréquence ne cesse de croître au détriment d'ailleurs du terme "morale" constitue un phénomène majeur de société qui ne peut manquer d'interpeller. » [48] Nous avons là un précieux repère attestant que le phénomène s'est

[48] « Autour des mots "éthique ou morale ?" » : INRP, Revue *Recherche et Formation,* Conscience éthique et pratiques professionnelles, 1997, pp. 121-130.

étendu en plus de deux décennies, car les auteurs partaient alors du constat que « si le mot " morale" figure dans tous les dictionnaires généraux ou philosophiques consultés, pour ce qui concerne celui d'"éthique", il n'en est pas de même. » Il nous suffit de corréler cette observation avec le titre emblématique du 6e volume de *La Méthode* d'E. Morin en 2004 : « Ethique », pour mesurer l'avancée du phénomène et évaluer l'enjeu sociétal et humain qu'il représente, éthique et morale confondues.

Comment ne pas perdre de vue à travers ce parcours dans le champ de la sémantique lexicale[49] allant de la morale d'autrefois à l'éthique d'aujourd'hui, la *morale* de cette Histoire ? La morale, au sens de conclusion attendue, mais d'enseignement aussi à en tirer, et de *moralité* à retenir : une autre façon, en somme, de revisiter l'histoire de la morale afin de mieux la penser encore, lorsqu'on assiste à ses transformations et la sent bousculée.

Comment donc se représenter « l'éthique » en général dans ses rapports à la morale, avant même de se focaliser sur tel ou tel aspect et domaine de ses applications en particulier ? Pour quel projet manifeste et conscient ! Comment penser l'éthique sans détruire la morale ni l'instrumentaliser en obérant ce qui les relie l'une et l'autre : conceptions convergentes du bien, du mal, du juste, du devoir, de la conscience, de la vertu, des valeurs et des principes de l'accomplissement humain qu'elles qualifient ensemble ? Sans prendre le risque de corrompre l'usage de l'une et de renforcer la confusion du sens de l'autre ?

Provocateur, Jacques Ellul[50] n'avait-il pas raison de juger : « Il n'y a pas d'éthique, et c'est pour cela qu'on en parle de plus en plus » ?

Si, dans ce contexte que nous donne à considérer le *pas de deux* auquel se livrent de concert la morale et l'éthique, il s'avère que l'on

---

49 « Le *champ Lexical de l'éthique* est l'ensemble des noms, des adjectifs et des verbes qui appartiennent à la même catégorie syntaxique et [sont] liés de branches par leur sémantique. Il peut être à *valeur dénotative* (au sens littéral du terme) ou être à *valeur connotative* (au sens des éléments de signification qui peuvent s'ajouter à ce sens littéral). Les champs lexicaux de l'éthique et de la morale, ont ceci en commun, qu'ils expriment des sens identiques évoqués par des mots différents.

50 *Cf.* Armand Petitjean : « Pour une éthique de la responsabilité », *Transversales, Science / Culture*, juillet-Août 1991, pp. 2-4, p. 2.

parle de plus en plus systématiquement d'éthique, c'est que les expressions langagières évoluent au rythme des mœurs et des coutumes. A voir ainsi la morale traditionnelle changée (diminuée, rabotée ?) dans et par les faits, n'est-ce pas devoir apprendre à vivre et à composer avec les changements qui s'opèrent autour de nous, en nous et avec nous au fil des mots que nous employons ? Des mots qui nous entraînent et finissent par s'imposer en nous transformant. C'est à ce phénomène que nous sommes en train de participer avec la transposition du sens traditionnel de la morale à celui d'une éthique aux allures disruptives, aux frontières. Et cela n'est neutre ni pour la morale et l'éthique, ni pour l'homme et la société. Car, la morale comme l'éthique sont des construits sociaux et non pas des acquis sociaux. Tout reste donc une question de conscience, de discernement et de volonté, là où les « us » d'autrefois semblaient être des plis indéformables.

Au-delà du moralisme comme au-delà du nihilisme, E. Morin (2004) pense l'éthique avec conscience et discernement : l'éthique se régénère dans la vie, dans la société, dans l'individu, parce que « l'humain est à la fois individu/société/espèce » [51]. Chacun de nous aujourd'hui, sur la flèche du temps et des problèmes alourdis qui s'y répercutent, est appelé à reconsidérer ses croyances, ses perceptions, ses représentations, ses connaissances et donc sa mémoire et ses espérances en matière de morale pour s'ouvrir à l'éthique. Sans renier pour autant la morale ! L'éthique est un processus immanent et émouvant d'une pensée qui naît à elle-même.

Place sera donc ainsi faite, en conscience, à l'éthique, parce que l'on juge que le temps de la morale traditionnelle dictée de l'extérieur comme une loi et vécue comme un dogme, n'est plus dans l'air du temps. Parce que l'on espère qu'en donnant à l'éthique toute la force de ses vieilles sources neuves intérieures, on sera mieux à même de gouverner la nouvelle morale : l'éthique de chacun, c'est-à-dire sa propre morale, celle que l'on se dicte à soi même. Au mieux, une éthique provenant d'un *super-moi*, celle d'un « autre soi-même » laissant dans le miroir une place à autrui. Au pire, une confusion des genres, faisant table rase de la sagesse. Le biologiste Théodore Dobszhansky ne se trompait pas de registre en assimilant nature et société :

---

[51] *Op.cit*, 4e de couverture.

« En changeant ce qu'il connaît du monde
L'homme change le monde qu'il connaît ;
En changeant le monde dans lequel il vit,
L'homme se change lui-même. »[52]

L'éthique, en ce sens serait un humanisme, un avertissement donnant une vision morale, juste et équitable pour tous et pour le monde qui nous entoure. Mais une vision qui rappelle que la sagesse ne se baigne jamais deux fois dans la même eau du fleuve. Le risque alors, ne serait-il de faire d'un cercle vertueux à l'origine un cercle vicieux au fil du temps, si l'éthique ne se laissait plus porter que par l'individualisme contemporain, c'est-dire si elle s'écartait de la morale traditionnelle et de ses fondements normatifs ?

Certes, comme le dit Confucius, « l'expérience est une lanterne que l'on porte accrochée dans son dos, mais qui n'éclaire que le chemin parcouru » ! Aussi, lorsque l'expérience est bonne – et c'est là, le prix de la morale – peut-on aller, jusqu'à l'obérer, en la faisant disparaître de la conscience collective par substitution pure et simple d'un terme au profit d'un autre ? Par jeunisme ? Par préciosité ? Inconsistance, inconscience ou fatalité ? Un peu comme on rechigne à parler de *déontologie*, terme qui semble écorcher les tenants d'une *éthique personnelle* radicalisée. Ne faut-il pas voir, au contraire, dans le *couple morale/éthique* une incroyable richesse ? Celle dont Jacques Ellul signifiait l'espérance, en disant de façon provocante qu'« il n'y a pas d'éthique », comme pour mieux appeler l'éthique à persister. A se régénérer dans ce qu'elle a de la morale, qui lui fait force ?

Autrement dit, si nous sommes condamnés à toujours re-concevoir nos représentations mentales et comportementales en général (signifiants), et celles de la morale et de l'éthique conjointes en particulier (signifiés), n'y a-t-il pas, comme l'observe E. Morin, des urgences aujourd'hui, au-delà même de la sémantique entre les signifiants et les signifiés de l'éthique et de la morale, un carrousel d'urgences qui vont de *l'éthique générale* et de ses herméneutiques, à *l'éthique de la responsabilité* en passant par *l'éthique personnelle*, *l'éthique professionnelle* et communicationnelle, la *bioéthique* et *l'écosophie**, pour ne pas toutes les citer ?

---

[52] *L'homme en évolution.* 1961 ; Trad. Franç. Paris, Flammarion, 1966, p. 391.

IV.2. Un choix responsable

Alors, pourquoi ne pas s'accorder avec raison et sans simplification réductrice, sur l'emploi du terme d'*éthique* dont la consistance conceptuelle est équivalente à celle de morale, tout autant que leur genèse est commune ? C'est là, que se situe ce pas décisif dans la complexité. Pas incontournable pour apprendre et réussir « à bien penser ». L'époque de la « belle-âme » est en effet dépassée. Et avec elle l'attitude de ces moralistes « aux mains pures, mais qui n'ont pas de mains (Péguy), ces éthiciens en chambre façon mouche du coche qui donnent des leçons aux hommes d'action sans jamais se risquer eux-mêmes à adopter si peu que ce soit les principes d'une éthique de la responsabilité » (L. Ferry[53]).

Ethique à la place de morale, sans autre explication, n'est-ce pas là un nouveau jargon ? Celui qui diviserait les sachants et ceux qui n'en sont pas. Un jargon qui serait une manière de marquer une autorité ou une hiérarchie sociale entre ceux qui utilisent un *langage élaboré* et ceux qui n'ont qu'un *langage restreint*[54]. Mais à vouloir dépoussiérer la morale en jargonnant, ne risque-t-on pas de la faire disparaître sous le tapis de l'éthique amputée de son noyau dur, la morale.

L'époque est dépassée en effet des « leçons de morale », que plus personne n'accepte de recevoir. C'est là un coup de vieux porté à la morale. C'est la signature pour certains de l'acte de déconstruction d'un terme en train de tomber en désuétude à l'ère d'internet et des médias. C'est la décadence pour d'autres, d'une morale qui se délite. Mais, tant que la morale existe, et que nous ne sommes pas définitivement à l'heure des « barbares », des valeurs effondrées et de la déliance constituée, le moment n'est-il pas encore de pouvoir et devoir veiller à la reconstruction ? À la restauration de la morale dans l'éthique, à partir de ce qu'elles ont d'essentiel et de « consanguin » à défendre et promouvoir ensemble, pour la survie de l'homme et de la société. Certains parlent de « redressement de la morale », de reprise en main de la morale, ou d'une « morale commandée plutôt que recommandée » ? Quelle sera la morale de cette histoire ?

---

[53] *Dictionnaire amoureux de la philosophie*, p.185.

[54] Au sens du rapport des codes socio-linguistiques avec le contrôle social. *Cf.* Basil Bernstein : *Langage et classes sociales. Paris,* Les Éd. de Minuit (Le Sens Commun), *1975.*

IV. 3. Aux portes du concept

Comment donc franchir ce pas entre une reconstruction impossible de la morale à l'identique de celle du passé, et une instauration raisonnable de l'éthique, telle que l'appelle le nouveau monde du bien vivre ensemble avec ses nouveaux principes, ses valeurs changeantes et ses codes évolutifs ?

Certes, il vient à l'esprit, face aux inquiétudes que peuvent inspirer certaines conceptions de l'éthique – qui, de l'universel au particulier, menacent la *reliance sociale** –, de penser à la formule de Guillaume d'Orange-Nassau : « Il n'est pas nécessaire d'espérer pour entreprendre, ni de réussir pour persévérer ». Mais cette formule n'est-elle pas déjà trop vétuste en soi, trop « leçon de morale » au sens où, stéréotypée et ringarde, elle peut être perçue comme une injonction dépassée par les esprits accrochés à des convictions par trop singulières ou particulières : des convictions personnelles individualistes compliquant le dialogue et la paix sociale, plus qu'elles ne leur apportent ?

Force est donc de s'interroger sur le sens des mots, et les voies de leur voix. Dans le prochain chapitre, l'analyse des définitions classiques de la morale et de l'éthique va tenter de nous aider à franchir l'écueil de l'intersubordination des concepts afin de justifier, autant que faire se peut, l'emploi du terme d'éthique, comme *générique*[55] du *couple morale-éthique*, dans la perspective d'un modèle dual sous la forme duquel nous pouvons les représenter conjointement l'une et l'autre et l'une par l'autre, en évitant l'*injonction paradoxale* qui consisterait à penser éthique là où certains ne veulent voir que la morale, et morale là où d'autres n'entendent que l'éthique.

Qu'elles soient savantes ou courantes, il sera aisé de consulter ces définitions pour trouver nombre d'acceptions et de considérations générales, qui n'épuisent ni les significations de la morale générale ni celles des éthiques particulières. Et ceci, depuis les considérations du philosophe et mathématicien Ludwig Wittgenstein, par exemple, qui,

---

[55] Un *terme générique* est une classe de mots qui représente un concept ou un objet dont l'étendue est plus large (terme hyperonyme) et auquel sont subordonnés un ou plusieurs termes spécifiques (termes hyponymes) dans une hiérarchie de type « genre/espèce » ou « tout/partie » (Wikipédia).

s'intéressant aux fondements de l'attitude morale, n'hésite pas à défier l'éthique en dissertant sur le fait qu'il « est impossible [d'en] parler », jusqu'à Kostas Axelos, spécialiste d'Héraclite [56], qui pousse la réflexion que provoque cette impossibilité en affirmant que « l'éthique [...] demeure problématique, c'est à dire fait problème qui donne à penser ». A penser et donc à *modéliser*, comme l'enseigne le précepte de Paul Valéry[57] : « Nous ne raisonnons que sur des modèles ».

Modéliser, conformément au paradigme épistémologique, constructiviste et systémique de la complexité, c'est développer une forme de pensée qui accepte les imbrications des domaines du réel à travers une vision affirmée de la transciplinarité, là où les théories systémiques de la modélisation de Jean-Louis Le Moigne[58]rejoignent les préoccupations philosophiques, sociologiques, politiques et méthodologiques d'E. Morin, qui apporte sa propre définition à la pensée complexe : « Est complexe ce qui ne peut se résumer en un maître-mot, ce qui ne peut se ramener à une loi, ce qui ne peut se réduire à une idée simple. La complexité est un mot problème et non un mot solution. »[59]

En raisonnant ainsi, peut-être accèderons-nous à quelque représentation approfondie de cette réalité qui veut que, si le mot *morale* a un sens connu et reconnu, celui d'*éthique* est aujourd'hui en passe de s'imposer car, conformément aux tendances de « l'éthique de l'authenticité »[60], il donne à chacun une faculté d'autonomie (que la morale traditionnelle obère) dans le pilotage de sa vie entre le bonheur perçu et recherché individuellement (« Be yourself »), et l'idée de

---

[56] Héraclite décrit un monde dans lequel l'homme de raison peine à trouver sa place (*philosophie mobiliste*), soit qu'il sache que « l'on ne se baigne jamais deux fois dans le même fleuve », soit qu'il admette que « le conflit est le père de toute chose », soit qu'il comprenne qu' « il n'y a qu'une chose sage, c'est de connaître la pensée qui peut tout gouverner partout ».

[57] Quand P. Valéry pense aux modèles et à la modélisation, il part du constat que l'« on a toujours cherché des explications, quand c'était des représentations qu'on pouvait seulement essayer d'inventer » (*Cahiers T.1*, La Pléiade, p. 837).

[58] *Cf.* J.L. Le Moigne : *La théorie du système général, théorie de la modélisation*. Paris, PUF, 1977, 1984 ; et : *Le Constructivisme, tome II : des épistémologies. Paris, ESF (Communication et Complexité),* 2003.

[59] *Introcduction à la pensée complexe, op. cit.*, 4e de couverture.

[60] *Cf.* L. Ferry : *op. cit.*, 2018, pp. 616-622.

devoir, d'humanité et de citoyenneté, telle qu'elle se structure collectivement (idéal social ou norme sociale selon le cas). D'autres formes d'éthique sont ainsi nées au fil du temps : éthique de la conviction, éthique de la responsabilité, éthique de la discussion qui signent des évolutions des besoins, du langage et des comportements.

Sensible aux questions du lien social et de l'imaginaire dans la vie quotidienne, Michel Maffesoli [61] s'interroge sur les rapports de l'actualité politique et de l'éthique : il constate que le monde politique, à la faveur de l'émergence d'une nouvelle éthique et d'une nouvelle esthétique, « a glissé du modèle rationnel de la conviction à celui de la séduction ». Il y aurait là pour le sociologue une « distinction » essentielle entre *morale* et *éthique* : « Par une sorte de tic de langage, on accole trop souvent les deux termes – "j'ai une morale, une éthique…" – le second terme revenant à une manière un peu plus chic, quasi snob, d'affirmer que l'on a une morale. […] C'est ainsi qu'une tribu a une éthique] la mafia a une éthique sans avoir forcément de morale…».

IV.4. Une pensée logique et rationnelle exposée

Si éthique et morale inclinent à penser aux « vraies valeurs », à « ce qui est bien, juste et équitable », et donc à ce qui « fait le bien, le juste et l'équitable », la réalité n'est pas toujours aussi transparente qu'on le voudrait. Discriminer ces termes n'est pas simple. Et vouloir dire ce que l'on y trouve derrière entre angélisme moralisateur et hystérie de la violence est bien plus difficile encore. La morale comme l'éthique en effet, du microcosme cérébral au macrocosme social, ne coulent pas le long d'un grand fleuve tranquille. Aussi, quand on observe tout ce qui fait obstacle aux valeurs, on en appellerait volontiers à Jean Jaurès pour qui le courage, « c'est d'aller à l'idéal et de comprendre le réel »[62].

Certes, l'éthique est partout. Et partout menacée ! Comme le bipède pensant, soumis au champ de la pesanteur, elle n'est que résistance naturelle aux pressions culturelles de la vie en société pour se tenir debout, et tenir l'homme avec elle. L'éthique est fragile. Elle est vulnérable dans la mémoire individuelle et collective, comme elle est

---

[61] M. Maffessoli : « Notre monde politique a glissé du modèle rationnel de la conviction à celui de la séduction », *Le Figaro Magazine*, Idées, 23 juin 2007.

[62] *« Discours à la Jeunesse »*, Albi, 1903.

en danger dans sa conscience et ses formes d'expressions. Sensible, l'éthique est corruptible. Comme une peau morale qui respire et transpire sur un corps dont la tête décide et coordonne les gestes pour vivre en harmonie avec les autres dans le milieu, elle a une sensorialité. Elle est vivante. Action de penser pour bien faire, l'éthique est un état d'esprit. Mais, dès qu'elle émerge à la pensée individuelle, elle est contradictoirement exposée par l'homme lui-même aux raisons du flou, de l'indécidable ou de la déraison. Or, il faut bien penser avant d'agir. Et parfois même ne rien faire si l'on a conscience d'avoir mal pensé. C'est peut-être là, le début de la sagesse ? Mais est-ce bien réaliste ? Existe-t-il une zone de l'éthique dans le cerveau ? C'est bien plus compliqué que cela. Ne serait-ce qu'au niveau du raisonnement, à ce stade des premiers pas de l'éthique en acte, les obstacles objectifs et logiques qui se pressent contre la pensée éthique sont infinis, et les problèmes qu'ils soulèvent tourbillonnants. On pense, on réfléchit, on se réfléchit. Pour décrypter et décider, on a recours à des *heuristiques de jugement**. Mais celles-ci peuvent se mettre au service de l'éthique aussi bien que se prêter à l'autojustification de comportements qui ne seraient pas éthiques.

D'autres obstacles guettent l'éthique : *pièges du langage et de la parole* qui ne sont pas toujours la musique que l'on espère (Nietsche) ; *dissonnance cognitive* et ses tensions internes quand un sujet entre en contradiction avec un autre sujet et interagit avec ses croyances, ses émotions et ses attitudes (Festinger) ; perversité des *biais cognitifs* avec leurs distorsions dans le traitement cognitif de l'information (Le Ny, Bronner) ; *doubles-liens* qui enchaînent et enferment dans leurs contradictions circulaires (Bateson) ; *hiérarchies enchevêtrées** et leurs *englobement des contraires* (Dumont). Et tout se complique encore plus, dès lors que l'on cherche à y voir clair sur le *parcours logistique* (ce qui « ravitaille » le système) et mental (ce qui construit le sens et guide la conduite) de l'agir-éthique : esprit, pensée, valeurs, raisonnement, projet, décision, stratégie, comportement, résultat, bilan, évaluation. A chaque pas, le système s'expose, et l'agent individuel et collectif qui « l'agit » s'expose avec elle. Se construit, ou se dégrade. « Peut-on envisager l'existence sans produire de valeurs ? » s'interroge François Simonet questionnant la méthode de l'évaluation des pratiques hiérarchisées au sein des organisations. Il en va, en effet, du sens de l'existence. De la condition physique et morale. (*Gestions hospitalières*, n°588, 2019, pp. 408-411).

V. UN COUPLE TRÈS MORAL, DONT L' IDENTITÉ POSE UN PROBLÈME DE CHOIX SÉMANTIQUE

La morale est éthique, autant que l'éthique est morale. Aussi, les risques et les incertitudes qui planent sur leur identité dialogique, font d'elles un colosse aux pieds d'argile qui porte toute la sagesse du monde. Leurs finalités et leurs valeurs sont exposées au danger et à la menace. Est-il donc nécessaire de se perdre en conjectures manichéennes, quasi piccrocholines, qu'un *ça* malin et un surmoi incertain entretiennent comme pour destituer le terme de morale chargé de symboles et de vérités ? L'image de l'anneau de Mœbius et le langage de l'algèbre, qui procèdent de la dialectique du couple « et/ou » à l'intersection de deux ensembles, peuvent nous aider à nous représenter cette complexité si profonde et particulière.

V.1. L'anneau de Mœbius. Si l'on tient compte du caractère indissociable des relations d'identité commune et de continuité de la morale avec l'éthique, on peut penser à propos de ce binome à la métaphore de cet *anneau* « en lequel un cheminement continu permet de passer bravement, élégamment de l'extérieur à l'intérieur de sa surface et de l'intérieur à l'extérieur, sans brisure » (André de Peretti[63]). Métaphore que nous représenterons à l'aide d'une boucle fermée (*Fig. 2*) pour illustrer l'idée que la morale et l'éthique ne cohabitent pas passivement, mais vont sans discontinuité de l'une à l'autre et s'éclairent mutuellement selon l'exposition des lieux et des temporalités.

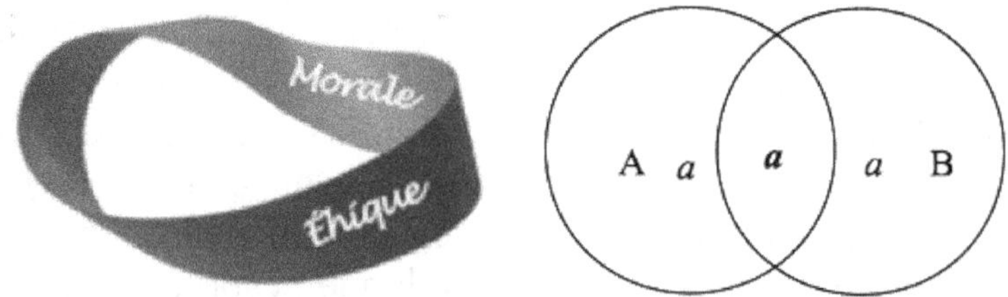

Fig. 2. La morale et l'éthique, un couple très soudé

V.2. Le couple « et/ou ». En algèbre, et en informatique, l'intersection de deux ensembles représente un couple de base contradictoire formant une unité, une « brique ». Ainsi, un élément *a*, situé à l'intersection des ensembles A et B possède les propriétés de A

---

63 Préface, *in* Peyré P. : *Compétences sociales et relations à autrui. Op. cit.*, p. VI.

et B. Ce qui signifie que *a* possède les propriétés de A ou de B, mais aussi que cet élément *a,* appartenant à A ou à B, peut posséder les propriétés de A et de B. Cette configuration scelle l'union des deux ensembles A et B, là où l'union comporte l'intersection, c'est-à-dire, comme c'est le cas entre l'éthique et la morale, le « et » et le « ou ».

V3. À L'heure du choix

Par réalisme au regard du temps présent, et par convention langagière pour avancer dans la réflexion en tranchant le *nœud gordien* (bien connu et indéfaisable) du choix du signifiant (le mot)[64], et mesurant l'emprise des figures de la dialectique sur les réalités pensées et créées, je rejoins donc le nouveau monde de l'éthique ainsi signifiée dans sa complexité et sa plasticité… Mais n'en pense pas moins, puisque je persiste à concevoir que l'éthique (la chose signifiée) est morale, tout autant que la morale est éthique. Comme chacun, poussé par le bon sens et soucieux de ne pas bégayer et faire dire aux mots ce qu'ils ne signifient pas, je conviens ainsi de prononcer et d'écrire « éthique », une bonne fois pour toutes, plutôt que morale… chaque fois que je le pourrai, en fonction du contexte et des alternatives possibles entre le « et » et le « ou ».

VI.1. La morale et l'éthique : deux concepts en un. L'éthique change, l'éthique évolue. On la voit se transformer, se reconstruire autrement qu'on ne l'a connue. Elle semble s'éloigner de la morale. N'est-elle pas en train de s'imposer comme le nouveau chef de famille dans le champ lexical originel commun qu'elle entretient avec la morale ? L'enjeu est de taille car *le simple* n'existe pas en matière d'éthique où il ne peut y avoir, si l'on s'égare, que du *simplifié*[65]. Or, la simplification est trompeuse et dangereuse quand elle délie abusivement ce qui doit être relié !

---

64 *Le signifiant*, image acoustique du mot, désigne la représentation mentale de la forme et de l'aspect matériel du signe. L*e signifié* est le concept, il désigne la représentation mentale de la chose associée au signe.

65 « Le simple n'existe pas : il n'y a que du simplifié », disait G. Bachelard pour signifier que la science n'est pas l'étude de l'univers simple, mais une simplification heuristique incontournable pour dégager certaines propriétés, voire certaines lois du réel (*cf.* E. Morin, à propos de « L'intelligence aveugle », 1990, pp. 15-24).

Complexe, l'éthique est là, précisément, pour « résister à la cruauté du monde », nous exhorte à comprendre E. Morin[66], pour qui : « La foi éthique est amour. » Ce qui le conduit à conclure le 6e volume de *La méthode* : *Éthique*, sous forme d'un avertissement particulièrement... moral : « Mais c'est un devoir éthique que de sauvegarder la rationalité au cœur de l'amour. La relation amour/rationalité doit être en *yin yang*, l'un toujours lié à l'autre et contenant toujours en lui l'autre à l'état originel. »[67]

VI.2. La morale et l'éthique sont indissociables. Elles sont liées entre elles, comme tout ce qu'elles relient à travers les causes communes et les effets intégrés qu'elles produisent ensemble, au gré des *hiérarchies enchevétrées** qui font système de l'une à l'autre et des transformations qu'elles provoquent de concert, quand elles interagissent.

1. **Les hiérarchies enchevétrées de l'éthique et de la morale.** L'éthique existe pour rassembler. En créant l'élan qu'il faut pour que la vie soit bonne, juste et équitable, elle réunit chacun au sein de communautés même les plus improbables, tissées de liens invisibles pour avancer ensemble. C'est là son questionnement, sa fonction systémique essentielle : frottement de la vie à d'autres vies, édifice à la vie à la mort, l'éthique n'est pas un fait divers. Tantôt roman, tantôt rigoureuse application du devoir et du droit, l'éthique affirme un engagement. L'éthique est reliance. Reliance structurelle, fonctionnelle, génétique : c'est là sa réponse à des besoins individuels et collectifs, et sa *néguentropie*. Mais nous vivons dans un monde où la complexité perd du terrain au bénéfice du manichéisme et de la complication. C'est pourquoi l'éthique, loin de là, n'est pas *Là* pour tordre le cou à la morale. *Intelligence de situation*, l'éthique est vigilance morale : l'éthique questionne ; la morale répond. Et le couple, suivant cette trajectoire, fonctionne au rythme des questions, des réponses et des transformations, pour lutter à deux voies contre le désordre et *l'entropie*.

Ainsi, quand l'éthique domine la morale (*S1*), les questions qu'elle lui pose en situation, l'établissent dans l'ordre synchronique des réponses attendues (*S2*). C'est là un processus d'englobement d'un contraire, qui n'est pas une opposition. Mais diachroniquement, au sens

---

66 *Op. cit.*, 24, p. 231.

67 *Ibid.*, p. 231.

dynamique où J.L. Le Moigne définit le *référentiel Temps-Espace-Forme*[68], le moment s'inverse où la morale, domine l'éthique par ses réponses qui appellent simultanément d'autres questions, et d'autres réponses en retour (*Fig. 3*).

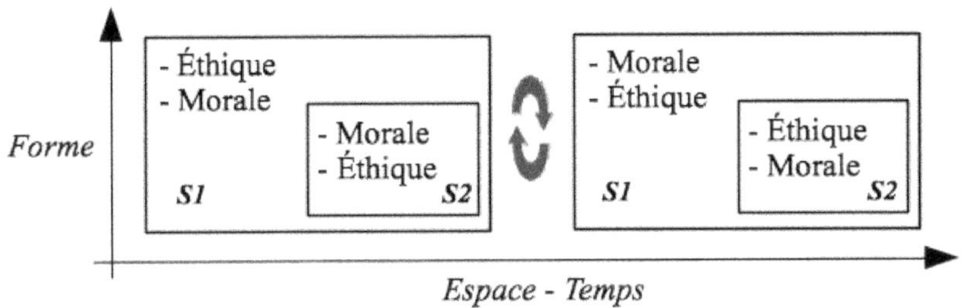

Fig.3. Un couple uni, aux hiérarchies enchevêtrées

Le projet de l'éthique est donc modélisable comme une intervention dialogique finalisante de processus éthiques <u>et</u> moraux, dans un environnement tapissé de processeurs individuels et collectifs qui déterminent ses ajustements pour se différentier, et ses coordinations pour s'adapter en s'équilibrant et s'autorégulant.

2. **La morale et l'éthique se transforment et s'organisent ensemble tout en se parasitant l'une l'autre.** Le fait que l'on conçoive que l'éthique et la morale se tissent au fil des boucles qui les interconnectent, l'une étant dans l'autre et l'une se faisant à travers l'autre dans un jeu de stimuli et de réponses conduit à se rapprocher des modèles du vivant, tels que celui du « couplage structurel » de Maturana et Varela. Selon ce modèle, fondé sur l'idée que « chaque fois que survient une histoire d'interactions récurrentes responsables d'une congruence structurelle entre deux systèmes » [69], on peut représenter la relation duale qui les unit d'un point de vue dynamique, comme étant l'expression d'un *phénomène autopoïétique* engendrant sa propre organisation/désorganisation.

---

[68] Selon la *Théorie de la modélisation* (1984, p. 90), tout changement relève d'une intervention par un objet *processeur* sur un objet donné *processé* qui affecte sa position « dans le temps toujours, puis souvent dans l'espace (le transport, la transmission) et/ou dans ses formes » et donc dans sa morphologie (la transformation).

[69] Humberto Maturana et Francisco Varela : *Autonomie et connaissance : essai sur le vivant*. Paris, Ed du Seuil, 1989.

Soit ! Faisons donc confiance à l'éthique nouvelle. Et cessons de jouer au *bonneteau* de la morale en prenant conscience que changer notre manière de parler, c'est changer notre manière de se représenter, de réfléchir et d'agir. Toute langue, en effet, est porteuse d'un système de pensée, et le langage formate l'esprit qui le prédispose à la décision, à l'action et à la raison.

CHAPITRE II

LA MORALE ET L'ÉTHIQUE

Dans le précédent chapitre, nous avons survolé l'éthique en tant qu'objet de savoir, et donc phénomène à observer dans l'ordre de la connaissance objective, confrontée aux enjeux des mutations langagières au fil des transformations de la société. Le but était d'ouvrir à l'idée que l'éthique n'est pas qu'une ***structure*** dont il suffirait de connaître les pièces pour comprendre les mécanismes et régler le fonctionnement, mais un ***système*** dont les représentations sont à soumettre à la méthode et à la critique. C'est là une démarche qui conduit à penser le processus en tant qu'***objet à modéliser*** dans toute sa complexité structurelle, fonctionnelle et génétique.

Le projet est audacieux, car l'éthique est une pensée en actes, un projet existentiel en perpétuel mouvement, une « recherche action », puisqu'on ne peut pas penser l'éthique sans se penser soi-même. Non pas un projet qui attend seulement une réflexion sur le concept, mais encore une morale attachée au concept : la *réflexion éthique*, connaissance à la fois pratique et théorique d'une situation. Une *praxis*, en somme. C'est-à-dire une démarche de l'esprit qui, du simple au compliqué et de l'implexe au complexe, appelle la morale au rendez-vous de la requalification de sa propre démarche. L'appelle de ses signifiants et de ses signifiés, la somme d'exister et la met en demeure d'advenir « moralement » à la réalité sous la forme d'un langage où la parole et la pensée se fondent dans l'action, au sens où Henri Delacroix conçoit que « le langage est, en effet, une œuvre sociale qui vient s'inscrire dans l'esprit de chaque individu »[70]. Une

[70] Delacroix Henri : *Le langage et la pensée*. Paris, Librairie Félix Alcan, 1930, p. 48)

œuvre sociale, où l'éthique participe d'une véritable « écologie de l'esprit », au sens où Gregory Bateson a forgé ce concept en postulant qu'il faut tenir compte des liens entre l'individu et les personnes avec lesquelles il est en relation, dans le milieu qui les relie.

I. LES FONDEMENTS COMPARÉS DE LA MORALE ET DE L'ÉTHIQUE

Compte tenu de leur synonymie et des liens généraux et particuliers qu'elles tissent ensemble, la morale et l'éthique présentent à la philosophie, aux sciences et aux individus comme à la société, un spectre infini de situations à observer et de savoirs enchevêtrés dont les convergences et l'homogénéité ne sont pas, du singulier à l'universel, les caractéristiques les plus immédiatement visibles. Les deux termes sont souvent utilisés l'un pour l'autre, et ne résonnent pas toujours à l'unisson. Ils entrent plutôt en *dialectique*, comme on peut entendre le terme avec Lucien Sève quand, s'agissant de la bioéthique ou de l'émancipation de l'homme, il nous entraîne à penser la non-linéarité et les rapports paradoxalement contradictoires entre le tout et les parties, les causes et les effets, le déterminisme et l'imprédictibilité.

I.1. L'objet de la morale et de l'éthique

A l'époque où le terme d'*éthique* n'était pas courant, *la morale* s'entendait comme la science des mœurs telles qu'elles doivent être, c'est-à-dire la science du bien obligatoire, ou encore la science des lois qui règlent la volonté dans la pratique du bien. Ce qui signifie que la morale n'est pas une science des faits et du réel, mais une science du droit et du devoir : la morale, c'est ce qui s'impose et doit être respecté, comme l'enseignaient autrefois la « leçon de morale » quotidienne à l'école primaire ou le cours d'instruction civique au lycée.

I.1.1. La morale relève de l'idéal par les principes qui la régissent, et y réfère par les lois qu'elle édicte. Mais, il est des cas où la morale peut être immorale. De plus, le fait moral et *la moralité* à travers lui sont des concepts subjectifs. Et cette réalité, nous la constatons d'abord en nous, qui nous s'interrogeons sur le fait de savoir si la morale est une science ou un art, ou les deux à la fois. Le fait est que sous la référence de *sciences morales* on a rassemblé un ensemble de disciplines scientifiques qui désignent l'étude des mœurs d'une société, et que, si la notion de *science morale* s'est développée au XIXe siècle, elle a évolué au XXe siècle sous la dénomination de *sciences humaines* et de *sciences sociales*.

Si la morale est une *science*, c'est parce qu'elle a pour objet une connaissance raisonnée des grands principes qui nous gouvernent et la définissent comme le bien, le bon, le devoir et la vertu sur lesquels repose le caractère objectif de sa démarche théorique ; elle est aussi un *art* en tant qu'elle indique, à travers un rapport au réel où interviennent des représentations et des interprétations personnelles, les principes théoriques et les règles à respecter pour la comprendre et réussir à l'appliquer. La morale vise donc l'action et trouve sa raison d'être dans la pratique : la science morale enseigne ce qui doit être fait. Mais la morale en tant qu'art, n'est pas immédiatement pratique en ce sens qu'elle procède d'une morale de sa propre morale : la morale naît à elle-même, car tout acte n'est bon moralement que si l'*intention* est bonne, c'est-à-dire « si cet acte est accompli par devoir et non par plaisir ou intérêt ». C'est ce qui rend l'art moral universel et obligatoire pour tous. Et c'est ce que traduisent les manuels de philosophie traitant de la morale, en la divisant en deux parties : la *morale générale* et la *morale particulière* :

— La première a pour objet les principes ; elle est spéculative et vise à définir les conditions fondamentales, la nature et les conséquences de la moralité. On la désigne comme la *science du devoir*.

— La seconde, immédiatement pratique se détermine en fonction de la nature des différentes valeurs et injonctions émanant des principes de la première. C'est la *science des devoirs*, d'où découlent ses méthodes.

I.1.2. L'éthique, du grec *ethos* est elle aussi la science morale qui traite des conditions de vie, des habitudes, des mœurs, du caractère, des états de l'âme et des dispositions psychiques. Si bien que sa racine latine *ethicus* : morale, n'apporte rien de plus au débat si l'on n'observe pas les mouvements de la morale dans l'éthique, c'est-à-dire, leurs conséquences au fil de leurs évolutions mutuelles et respectives.

Comme la morale, l'éthique repose sur la formulation d'énoncés normatifs, prescriptifs et évaluatifs. Mais le champ de l'éthique se distingue de celui de la morale. Au départ, l'éthique, qui n'est pas une méthodologie, s'intéresse à des applications pratiques dont la plus connue est la *déontologie* (du grec *déon :* ce qui convient, ce qui est convenable). *L'éthique déontologique* est une forme de philosophie morale. On voit alors se développer autour d'elle le concept *d'éthique appliquée,* qui se distingue progressivement de la morale par le caractère de ses applications et le degré de leur généralité :

— *l'éthique normative* (ou générale), centrée sur la *question du bien et du bon*, affine ses théories dans le domaine de la *justice sociale* (doctrines de l'utilitarisme, de l'égalitarisme et du libertarianisme) ;

— *l'éthique descriptive* étend son champ d'applications à des phénomènes culturels communs à la religion et aux traditions (d'un pays, groupe social ou système idéologique). On voit se développer les courants conceptuel et épistémologique d'une *méta-éthique* qui étudie les concepts fondamentaux de l'éthique et va de pair avec l'éthique normative.

À l'heure actuelle, la morale et l'éthique portent de concert leur regard sur le passé et s'intéressent au présent, mais l'expression de « réflexion éthique » gagne du terrain sur celle de « réflexion morale », qu'elle étouffe, et qui, lorsqu'il s'agit d'appréhender la *vertu* fait dire « éthique de la vertu », plutôt que « morale de la vertu ». Par simple effet de langage, peut-être, plus que par justification logique ? Peu importe, en effet, qu'il soit moral ou éthique, l'adage : « Avant de faire du mal à ton prochain, réfléchis d'abord aux conséquences », n'est-il pas vrai parce que pragmatique, et utile parce qu'efficace ?

Ces deux termes, morale et éthique, n'en finissent pas de jouer à cache-cache ! Mais l'ambivalence exprimée à travers le choix des termes utilisés, reste différenciante et unifiante à la fois. Elle signifie que toute action humaine aboutissant peu ou prou à un jugement, que ce jugement soit moral ou éthique, c'est toujours au bout du compte le futur, le probable et l'espéré, qui sont visés. De fait, l'éthique moderne, si elle est une expérience morale, se détache de la morale traditionnelle en devenant *conséquentialiste*, c'est-à-dire *téléologique* et fondée sur des théories morales qui établissent que ce sont les conséquences d'une action donnée, *a priori* finalisée et réfléchie, qui doivent nourrir la réflexion éthique plutôt que la simple normalisation de principes moraux établis en amont de l'action comme de pures obligations. C'est dans ce courant de pensée que la médecine, notamment, s'est avancée avec le *principe d'utilité*. Si bien qu'une opposition est ainsi née entre *déontologisme* et *conséquentialisme* pour mettre la raison, avant tout, au centre de la démarche éthique.

Mais comment ce discours est-il possible, quand on mesure la charge émotionnelle et le poids des convictions que mobilise la réfléxion bioéthique, par exemple, lorsqu'il s'agit de l'avortement ou de l'euthanasie ? Ce qui relance le risque de l'instrumentalisation de l'éthique et la question de l'utilitarisme, face au principe de la justice.

I.2. Les méthodes de la morale et de l'éthique

La morale et l'éthique ne sont pas des méthodologies de l'action à proprement parler ; elles épousent trois grands axes de méthodes : la méthode empirique, la méthode rationnelle et la méthode empirico-rationnelle :

— D'après *les empiristes* (Stuart Mill), la morale est une science d'observation et d'expérience qui nous apprend à voir comment l'homme *agit* et ce qu'il *est.*

— Pour Kant, *la méthode rationnelle* doit bannir tout élément étranger à la raison et prendre pour base le concept de *devoir pur.*

— A la fois expérimentale et rationnelle, *la méthode empirico-rationnelle* cherche à déduire des données psychologiques (recueillies par l'observation réfléchie), la fin de l'homme et la loi suprême de la vie (*le devoir*), ainsi que les règles particulières qui doivent le guider dans la recherche de cette fin (*les devoirs*).

On relève ainsi des *morales à base psychologique* fondées sur les faits et non sur l'abstraction (Hume), ou sur les principes de l'intérêt ou du plus grand bonheur (Stuart Mill). D'autres morales sont naturalistes : des *morales à base biologique* issues des sciences naturelles (avec et après Darwin), faisant l'apologie de la lutte sous toutes ses formes : égoïsme individuel, libre concurrence ou guerre entre nations, voire condamnation de la démocratie ; et d'autres encore sont des *morales de la solidarité* (quotidienne, générationnelle et inter-générationnelle).

La science des mœurs, quant à elle, est à l'origine de la *morale sociologique*, c'est-à-dire qu'il ne s'agit plus de tirer la morale de la science et de déduire une doctrine morale de propositions empruntées à des sciences positives (biologie, psychologie et sociologie), mais de faire « la science de la morale ». Pour Durkheim, en effet, « les faits moraux sont des phénomènes comme les autres ; ils consistent en des règles qui se reconnaissent à certains caractères distincts ; il doit être possible de les observer, de les décrire, de les classer et de chercher les lois qui les expliquent »[71].

Tour à tour, la pensée moderne a essayé d'appuyer la morale sur la science pour lui donner des bases solides, ou a déclaré leurs exigences incompatibles. Selon Frédéric Rauh « La vraie morale est la morale contemporaine ; celui-là seul est homme qui vit de son temps... La matière de la réflexion morale, c'est le journal, la rue, la vie, la bataille au jour le jour »[72]. Quant à J.P. Sartre, il n'hésite pas à proclamer au début du XXe siècle : « Aucune morale générale ne peut nous indiquer ce qu'il y a à faire ; il n'y a pas de signe dans le monde »[73].

Il en est de même pour l'éthique ou les bases sont tout aussi variées et évolutives : « La pensée éthique contemporaine nous montre comment les questions du bien et du juste tentent de se formuler de façon nouvelle au sein d'une époque où on ne peut plus faire appel à des valeurs morales immuables et transcendantes. »[74] Ainsi, là où la morale établit des normes, l'éthique appelle un questionnement sur la norme elle-même. Aussi doit-on s'interroger sur l'effacement du terme de morale devant celui d'éthique aujourd'hui, dans un monde en crise et en perte de valeurs morales, alors que la technique s'affirme envahissante et que l'individualisme se développe.

I.3. L'utilité de la morale et de l'éthique conjointes

Il est difficile, parmi toutes ces théories et méthodes, de se faire une juste opinion des perspectives conjointes de la morale et de l'éthique, et par là même de leurs utilités catégorielles respectives à des fins comparatives.

I.3.1. La morale entre sentiment et raison pratique. Selon Johann Friedrich Herbart, le *sentiment moral*, comme toute émotion, n'est qu'un effet des représentations de l'esprit et des jugements et raisonnements qu'elles induisent. C'est un « psycho-logisme ». Kant se montre plus rigoureux : pour lui, la *conscience morale* est une « raison pratique » qui exclue toute sensibilité et lui donne sa raison

---

[71] *La division du travai social, 4e éd., p. XXXVII.*

[72] Frédéric Rauh : *L'expérience morale*, 1903, 2013, 2e éd., pp. 227-228.

[73] Sartre Jean-Paul : *L'existentialisme est un humanisme*, 1972, p. 47.

[74] Russ Jacqueline, Leguil Cotilde : *La pensée éthique contemporaine*, 1994, 2015, p. 3.

d'être et son discours rhétorique (*logos*) face aux besoins partagés des individus et de la société.

Faculté complexe, la *conscience morale* est faite de jugements et de sentiments moraux. Les jugements moraux donnent à la conscience morale le pouvoir de discerner avant l'action le bien en soi, le devoir et les obligations ; et après l'action, la capacité de juger si nous avons bien ou mal agi, en termes de responsabilité personnelle. Essence du jugement moral, les *sentiments moraux* sont inspirés, avant l'action, par un penchant au bien et une répulsion au mal qui procurent, après l'action, la satisfaction morale ou le remord, l'estime de soi ou le mépris.

I.3.2. L'éthique et l'action. Sommes-nous réellement pragmatiques aujourd'hui, quand le sens de la morale semble se perdre sous le couvert des transfigurations lexicales de l'éthique ; quand, du religieux au politique, l'éthique cherche sa voie en tant que « présence humaine dans le monde de la technique » [75] entre *éthiques de l'immanence*[76] et risque d'oublier la morale dans l'éthique, à force de l'éparpiller et de l'instrumentaliser ?

Selon Paul Ricœur, l'homme est contraint à devoir prendre des décisions éthiques pour agir, face aux transformations du réel. Et c'est là que les choses se compliquent car, comme l'imaginait Roland Barthes : « Une personne tient dans le détail et dans l'éparpillement, un peu comme les cendres que l'on jette au vent après la mort »[77]. Il y a du « Chronos » dans l'absolu des diachronies de l'éthique. Du temps et de la destinée. Comme il y a des temporalités formelles et informelles dans la synchronie des actes de l'éthique dont les décisions, qu'elles soient dites morales ou éthiques, ne relèvent jamais que d'une seule et même *axiomatique** sous le couvert d'une *intention** et d'une *intentionnalité* à agir de façon conforme aux valeurs établies. *L'agir-éthique* se développerait ainsi en trois temps se distribuant de façon récursive et *transitive*, comme cela se dit d'une

---

[75] J. Russ, C. Leguil, *op. cit.* 2015, p. 118.

[76] Il s'agit de théories raisonnées selon lesquelles les valeurs sont affirmées, non pas à partir de la référence à un univers idéal, mais au sein même de ce qui nous est donné, ici et maintenant (*cf.* J. Russ et C. Leguil, *op. cit.,* pp. 11 à 15).

[77] *Sade, Fourier, Loyola*. Ed. du Seuil, 1971.

relation lorsque son premier terme se lie à un second, et ce dernier à un troisième, de même que le premier terme se relie au troisième :

1. *Le moment éthique* proprement dit, où le sujet qui décide et agit ("Je"), conscient de son identité (*moi*), se projette et engage sa responsabilité (soi) dans « la visée d'une vie accomplie sous le signe des actions estimées bonnes »[78].

2. *Le moment de la morale*, où prime l'altérité à travers la considération et le respect de l'Autre (l'*alter-ego* : Tu, toi), moment « marqué par des normes, des obligations, des interdictions caractérisées à la fois par une exigence d'universalité et par un effet de contrainte »[79].

3. *Le stade de la sagesse pratique* où se conjuguent la visée personnelle et l'altérité au regard de l'environnement (ils, elles, les choses), c'est-à-dire le moment où s'articule la visée éthique et le devoir moral dans un rapport de *soi* à autrui et aux choses, selon une « volonté de promotion mutuelle des libertés » qui vise « le souhait d'une vie accomplie – avec et pour les autres dans des institutions justes »[80]. A ce stade de l'action pertinente, utile, efficace et efficiente, *la sagesse pratique* est l'enjeu d'équilibres fragiles dont le pouvoir politique est responsable, et dont le garant s'incarne dans la vigilance démocratique des citoyens.

Au-delà de cette interprétation du modèle de P. Ricoeur ici *complexifié* au motif d'une vision globale, il est important de retenir que pour le philosophe, l'éthique est « une laïcité dynamique, active, polémique, dont l'esprit est lié à celui de discussion publique »[81]. D'un point de vue *écosystémique*, cette dimension du rôle de la personne, que P. Ricœur attribue au citoyen dans sa conception de l'articulation entre l'éthique et le politique est capitale car c'est là, entre la laïcité de l'Etat et la laïcité de la société, que se joue la complémentarité des exigences éthiques et morales.

[78] P. Ricœur, *Soi-même comme un autre*, Paris, Seuil, 1990, p. 202.

[79] P. Ricœur : « Fondements de l'éthique » (article) *Autre temps*, 1984, pp. 61-71.

[80] P. Ricœur : *Lectures 2. La contrée des philosophes*, Paris, Seuil, 1992, p. 204.

[81] P. Ricœur : *La Critique et la Conviction*, Éd. Calmann-Levy, 1995, pp. 194-195.

II. DU FLOU AUX INCERTITUDES DES DEFINITIONS : LA PART DE LA RELIANCE

L'enfer étant « pavé de bonnes intentions », E. Morin en déduit que « comme tout ce qui est humain, l'éthique doit affronter des incertitudes [et] porte en elle la *conscience** que les conséquences d'un acte d'intention morale peuvent être immorales. » [82] Aussi s'intéresse-t-il au sens des mots en insistant sur le fait que nous commençons par nous représenter ce que nous avons appris à travers les définitions et les modèles que nous portons en nous et véhiculons à travers nos relations à autrui, au fil des liens qui se nouent tout au long du processus de *la socialisation*. D'où l'attention qu'il porte à la *reliance* (2004, p. 229-231), entre *foi éthique* (« La foi éthique est amour »), *finalité éthique* (« résistance à la cruauté et à la barbarie ») et *accomplissement de la vie humaine* : « Résister au mal, résister à la cruauté, c'est résister à ce qui sépare, à ce qui éloigne [...], c'est résister à toutes les barbaries issues de l'esprit humain, c'est défendre le fragile, le périssable, c'est sourire au sourire, consoler les larmes... C'est résister à nous-mêmes, à notre mesquinerie, notre différence, notre lassitude et notre découragement. » (p. 230).

Bref, posons-nous la question de savoir s'il est bon de tourner le dos à à la morale, quand nous préférons dire éthique plutôt que morale, c'est-à-dire sans mesurer ce que l'on dit et sans dire ce que l'on croit mesurer ?

Or, nous savons que c'est le langage qui nous donne une clé de l'ordre des choses que nous percevons. C'est grâce au langage et aux définitions des mots et des concepts qu'il véhicule, que nous avons une représentation des catégories pré-définies dont nous pouvons nous servir pour comprendre l'univers du sens commun. C'est par le langage que « nous pouvons nous définir nous-mêmes et orienter nos actions par rapport aux actes compréhensibles des autres, c'est-à-dire, que nous pouvons penser et agir socialement » analyse David Silverman lorsqu'il se penche sur les « problèmes de définitions » dans son ouvrage sur *La théorie des organisations* (1973, p. 8). C'est donc sur la base du langage et des mots qu'il véhicule, que nous allons partir à la découverte de l'éthique en suivant le *fil de la reliance*. En commençant par ne pas perdre de vue que penser à l'éthique, c'est penser à la morale... un peu à l'image de l'institution du mariage qui

---

[82] *Op. cit.*, 2004, p. 40.

fait changer de nom la nouvelle épousée à l'état civil, mais ne trahit en rien son identité personnelle et de femme, quant à la vie sociale et la transmission des gènes.

Hélas, si chacune d'elles, la morale et l'éthique, a une identité étymologique affirmée, il semblerait que le registre de leur état lexical accumule les définitions différenciantes, et qu'une bibliothèque ne suffira jamais à les contenir toutes. Au point que ces définitions s'épuisent à exprimer la vérité des convergences de ce couple inséparable, alors même qu'on attend d'elles qu'elles nous éclairent l'une et l'autre et l'une par l'autre, car les liens qu'elles tissent ensemble s'enracinent dans un même terreau de représentations, nourries par le langage au fil des étapes de la vie en société.

II.1. Définitions marquées par des similitudes ou des formulations nuancées des concepts

Telles qu'elles se présentent à la connaissance, les définitions générales les plus courantes de la morale et de l'éthique sont plus ou moins fugaces et imprécises. Elles marquent les représentations individuelles en impactant l'imaginaire et les croyances qui participent à la construction de la *conscience morale collective*, à travers une imagerie populaire élaborée selon la culture et l'éducation. On note, par exemple :

Morale :

– Science du bien et du mal ; théorie de l'action humaine soumise au devoir et ayant pour but le bien.

– Ensemble de règles de conduite considérées comme bonnes.

– Ensemble des règles de conduite et des valeurs qui définissent la norme d'une société.

Moralité :

– Ce qui réfère au caractère moral d'une situation, et définit la valeur au point de vue éthique. La moralité, est tout entière fondée dans la conduite éthique et la valeur morale de l'acte.

– La moralité, dans son rapport à l'éthique, découle des valeurs qui se manifestent à travers la conduite, et relève de la conscience morale.

Ethique :

– Concept philosophique lié à la morale, l'éthique est une discipline faisant réfléchir les penseurs sur des conditions, des valeurs et des finalités.

– L'éthique c'est ce qui concerne la morale, les valeurs et les règles de conduite de notre société.

– L'éthique est une « réflexion sur la morale » dont le but est de respecter certaines valeurs qui peuvent être appliquées personnellement ou professionnellement.

– L'éthique est la science de la morale, elle s'intéresse à l'ensemble des conceptions morales de quelqu'un et décrit des comportements.

Ethicité : est une autre façon de dire la moralité en tant qu'élément éthique objectif, qui prend la place du Bien abstrait, et se présente comme la substance concrète du processus subjectif en tant que forme infinie.

D'une manière générale, la morale prend en compte toute une dimension esthétique, culturelle, matérielle et de conformation aux mœurs, depuis les coutumes vestimentaires et culinaires, à la civilité et à la politesse que l'éthique moderne semble ignorer (la fameuse désuétude de la leçon de morale à l'école de jadis : « Qui vole un œuf, vole un bœuf », « Toujours bien se présenter, se tenir, être prévenant », etc. !). Sans oublier la morale chinoise : « Qui marche dans la neige ne peut pas cacher son passage ».

II.2. Définitions marquées par la distinction des concepts

La morale est depuis les temps anciens, la science des mœurs telles qu'elles doivent être. Discipline du bien obligatoire, c'est-à-dire des lois qui règlent la volonté humaine dans la pratique du bien, elle n'est donc pas une science des faits ni du réel, mais une science normative au sens de ***ce qui doit être*** : une science du droit, selon certains, une doctrine, un ensemble de doctrines, pour d'autres.

D'un point de vue philosophique, la morale est rattachée à une *tradition idéaliste* (Kant), qui fait la distinction entre *ce qui est* et *ce qui doit être*, alors que l'éthique est liée à une *tradition matérialiste* (Spinoza) de l'amélioration du réel grâce à une *attitude raisonnable de recherche du bonheur*. Des limites se sont ainsi érigées entre la vie personnelle et la vie au travail. Des règles règles se sont codifiées, d'où est née *la déontologie* (gr. deon, *-ontos*, ce qu'il faut faire, et *logos* science). Pour M. Maffessoli, au plus près de la vie quotidienne, « La morale est universelle, applicable en tous lieux et en tous temps ; l'éthique au contraire est particulière, parfois momentanée, elle fonde une communauté et s'élabore à partir d'un territoire donné, que celui-ci soit réel ou symbolique. »[83]

II.3. Une taxonomie générale

Comparant les concepts de morale et d'éthique dans le champ des sciences humaines, J. Lagarrigue et G. Lebe dressent une classification des définitions de l'éthique selon des critères par degrés, allant du général au particulier.

1) Ils abordent d'abord l'éthique dans une « perspective universelle » bâtie selon une « réflexion théorique sur la morale », qui les amène à retenir, entre autres définitions, les suivantes :

— Éthique : « Science des mœurs » (Quillet) ; « Science de la morale » (*Histoire de la langue française*, Le Robert, 1985).

— « Science qui traite des principes régulateurs de l'action et de la conduite morale » (CNRS, *Le Trésor de la langue française*).

— « Etude théorique des principes qui guident l'action humaine dans les contextes où le choix est possible. » (Sylvain Auroux : *Dictionnaire Encyclopédie Universelle de philosophie*, PUF, 1990).

— « Partie de la philosophie traitant du bien et du mal, des normes morales, des jugements de valeurs (moraux) et opérant une réflexion sur cet ensemble. » (*Dictionnaire de philosophie*, Bordas).

2) Ils étudient ensuite les définitions de l'éthique en tant que fondement de la morale, dont celles-ci :

— « L'éthique n'est pas la morale. Même si la morale, comme norme instituée, devance toujours de fait l'éxigence éthique, celle-ci conserve sur celle-là une primauté de droit.» (M. Fabre : *Penser la formation*, PUF, 1994, p. 241).

— « La morale se définit en termes de normes impératives, de prescriptions, d'interdictions, ce qu'il faut faire ou ne pas faire. L'éthique au contraire suppose un choix personnel difficile et ce choix n'est pas entièrement référable par déduction à des normes, à des automatismes. » (André de Peretti : *Education et développement*, 1994, n°33, pp. 74-80).

---

[83] *Au creux des apparences,* Paris : Plon, 1990, p. 16.

3) Particulièrement intéressés par l'éducation et la pédagogie, ces auteurs mettent en exergue le caractère volontaire de l'éthique : « l'éthique, synonyme d'autonomie de la volonté » :

— « On entre véritablement en éthique, quand, à l'affirmation pour soi de la liberté, s'ajoute la volonté que la liberté de l'autre soit. Je veux que ta liberté soit. » (P. Ricœur : *Les enjeux*, Encyclopædia Universalis,1985).

— « A la perspective morale d'une fabrication d'habitudes qui assure au Moi sa bonne ordonnance et sa conformité, l'éthique substitue la perspective du sujet, de la parole et du désir singuliers. Là où la morale canalise, unifie, l'éthique délie, dénoue les habitudes, vise l'existence hors des moules et des empreintes. » (F. Imbert : *La question de l'éthique dans le champ éducatif*, Vigneux, Matrice, p. 8).

d) Ce parcours exploratoire de l'éthique par recension de définitions ciblées se termine par un regard sur *l'éthique de la discussion*, qui amène les auteurs à se référer au chapitre « morale et éthique chez Jürgen Habermas » dans l'ouvrage de J. Russ et C. Leguil (*op. cit.*, pp. 25-30, p. 25), d'où ils extraient la distinction sémantique suivante entre la morale et l'éthique :

— « Ne confondons pas les questions morales, fruit ultime d'une procédure argumentative universelle [...] et les problèmes proprement éthiques, qui dans le langage d'Habermas, se rapportent aux choix axiologiques préférentiels de chacun, choix fondamentalement subjectifs. La morale correspond à une perspective universaliste, dépassant les bornes de toute culture donnée, alors que l'éthique, au sens étroit du terme, ne concerne pas entièrement le questionnement rationnel. »

III. UN PROBLÈME D'IDENTITÉ : LES MOTS DE L'ÉTHIQUE, LA MORALE DES MOTS

Avant même que les mots de la morale ou de l'éthique ne se présentent à nous dans le champ lexical[84] de la réalité qu'ils traduisent au sein de l'environnement dans lequel la langue vit avec nous, nous procédons tous déjà d'une expérience empirique de ce qu'ils signifient

---

[84] Un *champ lexical* est l'ensemble des mots qui se rapportent à une même notion..

ensemble ou séparément. Nous avons une *prénotion*[85] de la morale et une idée de l'*éthique*, que nous ressentons, l'une et l'autre, comme une expérience de la chose avec l'intuition d'une morale naturelle en forme de jugements et de sentiments plus ou moins instinctifs et intuitifs, portant à faire le bien plutôt que le mal, et à s'entendre avec les autres en les respectant plutôt qu'en s'y opposant.

III.1. L'éthique en tant que pré-notion

L'éthique est en nous dès le plus jeune âge[86] et, plus ou moins consciente, instinctive et cachée, elle se développe, du stade de la quête du plaisir et de la peur des punitions de l'enfance, jusqu'à la maturité favorisant l'épanouissement de l'adulte dans les préceptes universels de l'éthique, en passant par l'expérience et la conviction de l'intérêt du *contrat social.*

Comme on le dit d'une personne que l'on a rencontrée ou d'un objet que l'on a observé, l'éthique est une "connaissance" sans cesse découverte et redécouverte dont on ne peut, idéalement, que souhaiter se faire une amie à travers l'expérience des valeurs dont le *socialisation* nous imprègne dès les premiers stades du *développement moral.* Ainsi sommes-nous armés pour l'éthique, ce film négatif du guide des conduites humaines qui, comme en photographie argentique, a besoin d'un *révélateur* et d'un *fixateur* pour se transformer en images positives. Ne dit-on pas « sage comme une image », depuis le XVIIe siècle en France ? Et, « sage comme un ange » au Pays de Galle ?

C'est en ce sens que l'on revient sans cesse, quelqu'en soit l'énoncé, sur les mêmes définitions croisées de l'éthique et de la morale contemporaines :
— « *Connaissance du bien et du mal* » ;

---

[85] Les *prénotions* concernent la question des notions communes. Pour E. Durkheim, il s'agit de « représentations schématiques et sommaires » (*Les règles de la méthode sociologique*). Pour G. Bachelard : « Face au réel, ce que l'on croit savoir clairement offusque ce qu'on devrait savoir. » (*La formation de l'esprit scientifique*). Et dans *Le métier de sociologue*, P. Bourdieu parle des *prénotions* comme *obstacle épistémologique*.

[86] On peut penser aux thèses des éthologistes sur l'*instinct* (concept vague dont les rapports avec l'intelligence ne sont pas clairs), confrontés aux recherches sur le comportement d'apprentissage des *behavioristes* (interprétation d'un apprentissage caché, par exemple, dans le cas des oisillons de Lorentz).

— « *Ensemble des règles de conduite découlant d'une conception de la morale* » ;
— « *Enseignement tiré d'une* histoire (sous-entendu "morale" par opposition à "immorale") *; conclusion d'une démarche ou d'une situation* (qui ne soit pas "amorale", non plus) » ;
— « *Ensemble des règles de conduite et des valeurs qui définissent la norme d'une société* » (synonyme : *moralité,* et traduction anglaise : *morality).*

Mais ces définitions, si elles nous renseignent, ne nous édifient pas ! Elles nous éclairent semble-t-il et nous perdent à la fois, mais ne nous instruisent pas réellement. Si bien que l'on peut s'accorder à penser que l'éthique est un concept « gyrovague », à l'image de ces moines errant de monastère en monastère ou de ces trajectoires de projets excentriques et vagabonds dont on ne saisi pas toujours l'origine, ni n'entrevoit jamais la fin.

III.2. L'éthique en tant que notion

Entre les prénotions et les concepts, il y a les notions. Guère très éloignée de la prénotion, une *notion* est selon G. Fourez « une représentation plus élémentaire que le concept, possédant une fonction et une valeur synthétique et théorique inférieures à celles que détient ce dernier »[87]. Proche du sens commun, la notion, comme lorsque l'on dit : « j'ai des connaissances en mathématiques » ne dépasse pas la compréhension commune. Je dis par là que j'ai une idée de ce que sont les mathématiques, mais cette idée ne me permet pas de faire état d'une connaissance, et encore moins d'une compétence en la matière. Compte tenu du fardeau des sens mutiples et variés qui pèse sur les définitions de l'éthique et de la morale, celles-ci ne dépassent pas toujours le niveau de la notion.

— S'agissant de la morale, on trouvera encore par exemple : « La morale apparaît d'abord, et légitimement comme le système des règles que l'homme suit (ou ne suit pas) dans la sa vie aussi bien personnelle que sociale » (E. Weil, *Encyclopaedia Universalis*).

— Quant à l'éthique, on peut la voir représentée comme : une « partie de la philosophie qui étudie les fondements de la morale » (*Larrousse* 1990, sens 1) ; ou la « Science qui traite des principes régulateurs de

---

[87] *La construction des sciences*. Bruxelles, De Boeck Université (Le point philosophique), 1988, p.164.

l'action et de la conduite morale. » (CNRS, *Le trésor de la langue française*).

Ces définitions, montrent que l'éthique est une réflexion théorique sur la morale. Ce qui la caractérise c'est une capacité d'autonomie de la volonté (morale personnelle autoréférentielle) par rapport à une morale dictée du dehors (hétéronomie[88] de la morale traditionnelle). On rejoint les thèses de Jacqueline Russ[89] à propos d'Habermas, qui pointent d'autres distinctions sémantiques permettant d'éviter la confusion entre les questions morales (argumentatives universelles) et les problèmes éthiques se rapportant à des choix axiologiques préférentiels de chacun (choix fondamentalement subjectifs). L'auteure observe que les nouvelles exigences de la société démocratique contemporaine considèrent que chaque individu est un sujet libre et que nous sommes égaux en droit ; d'où le besoin d'éthique qui, plus que de morale, se confronte aux nouvelles possibilités de la science et de la technique qui mettent en péril le respect de l'être humain et sa liberté.

III.3. L'éthique en tant que concept

Au-dela de la notion qui est une idée générale que l'on a sur un sujet, le concept, expose la connaissance structurée que l'on a de ce sujet. La tâche n'est jamais facile, et comme le fleuve qui cherche sa voie, elle impose les cheminements méandreux de la méthode. Manifestement, Jacques Ellul, jouant de la rhétorique de l'expression d'une idée par son contraire, n'avait pas tort de proclamer : « Il n'y a pas d'éthique, et c'est pour cela qu'on en parle de plus en plus ». On en parle parce que l'éthique est aspiration, et ce n'est qu'en cela qu'elle existe si on la comprend dans sa profondeur (comprendre, *cum prehendere* : prendre avec) et se montre capable de vivre en bonne intelligence avec elle (saisir le sens).

L'éthique, il faut aller la chercher dans les faits et les liens qui relient la plus subjective des structures personnelles (l'individu et ses désirs) au plus général des systèmes dans lequel elle s'incarne (la société, la culture et les lois). On est là, entre les hommes et la société, dans des

---

[88] État de la volonté qui va chercher dans les règles sociales le principe ou les influences de son action.

[89] *Cf.* : *La pensée éthique contemporaine.* Paris, PUF (Que Sais-je), 2008, *2012.*

mondes différents et complémentaires : monde du savoir, des idées, des croyances et des comportements, qui tissent leurs toiles à travers un réseau relations allant bilatéralement et récursivement de la morale à l'éthique, depuis leurs principes communs jusqu'aux actes, en passant par les savoirs et leurs apprentissages* à travers l'éducation, la culture, la religion, le travail, les loisirs, la politique, etc. C'est là un tissu d'interactions multiples et variées, une guirlande de liens tissés à l'infini qui tressent l'éthique au-delà du jeu des signifiants et signifiés révélateurs de sa complexité. Une *complexité dialogique*, *récursive* et *hologrammique*, qui s'étend d'une pensée en puissance que l'on peut qualifier de *pensée éthique* (l'énoncé), à une qualité de cette pensée en acte, que l'on désignera comme *éthique de la pensée* (la performance), suivant l'essai des correspondances schématiques suivantes :

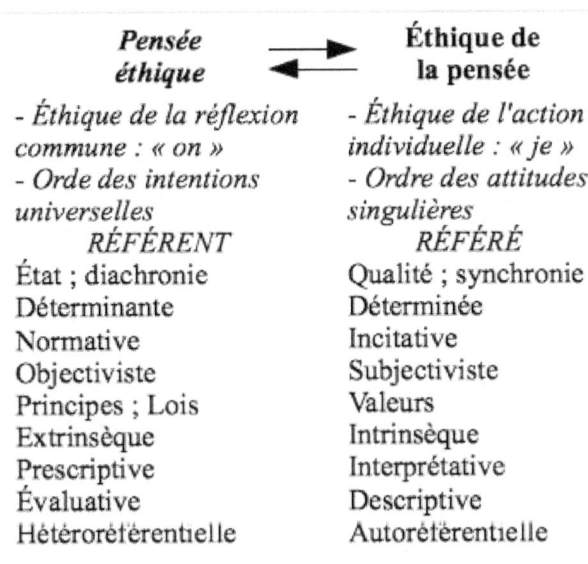

Pensée éthique ⇄	**Éthique de la pensée**
- *Éthique de la réflexion commune : « on »*	- *Éthique de l'action individuelle : « je »*
- *Orde des intentions universelles*	- *Ordre des attitudes singulières*
RÉFÉRENT	*RÉFÉRÉ*
État ; diachronie	Qualité ; synchronie
Déterminante	Déterminée
Normative	Incitative
Objectiviste	Subjectiviste
Principes ; Lois	Valeurs
Extrinsèque	Intrinsèque
Prescriptive	Interprétative
Évaluative	Descriptive
Hétéroréférentielle	Autoréférentielle

Fig. 4. Les boucles de l'éthique

— ***La pensée éthique*** ou *action en pensée*, est l'éthique du « on » sur « la carte ». Elle désigne l'état universel et permanent du concept qui la qualifie comme une réflexion diachronique sur les principes du bien penser pour bien agir. Transmise et partagée, cette réflexion s'incarne dans des savoirs théoriques et des savoirs d'action à travers la socialisation des individus dans la continuité des générations qui se succèdent. Elle est le *référent* exogène qui oriente la réflexion éthique de l'extérieur. De ce point de vue où *l'hétéroréférence* est dominante, la pensée éthique est normative, prescriptive et évaluative. Elle est la condition de « l'agir-éthique » et la cause de ses conséquences.

— ***L'éthique de la pensée*** ou *pensée en action* est l'éthique du « je » pour bien agir en situation. Elle est le référé d'un savoir-être personnel qui conduit à un savoir-faire dont l'effet procède d'une pensée dont le but est d'être éthique. La réflexion est synchronique, proactive et orientée vers les valeurs de façon pragmatique. A ce niveau de la boucle, l'éthique fonctionne, de l'intérieur, sur le mode individuel de la réflexion endogène liée à l'action en cours et à venir dans ses relations à l'expérience passée. De ce point de vue où *l'autoréférence* domine, l'éthique de la pensée est subjective, interprétative, descriptive et explicative.

A un niveau d'abstraction conceptuelle plus élaboré que celui de simple notion, l'éthique oscillerait ainsi d'un pôle à l'autre des éléments de la pensée générale et particulière qui la révèlent au cours d'une *dialectique entre la réflexion morale* et *l'action éthique* confondues, assimilable à :

1. *un ensemble de principes communs* appelant à des jugements sur des faits ou des intentions (*morale objectiviste*, normative et établie sur des lois qui ne peuvent être ni changées ni supprimées), à partir de règles de conduites individuelles et collectives relatives aux bonnes mœurs et aux usages normalisés ;

2. *un ensemble de valeurs communes*, morales et/ou éthiques, parfois érigées en doctrine qu'une société se donne et qui s'imposent en conscience à chacun (*morale relativiste* des devoirs plus ou moins objectivables entre des états de consciences individuels et collectifs).

Ainsi, des prénotions et notions de l'éthique, au concept d'éthique lié à la morale, les définitions de l'une et de l'autre, aussi bien ordonnées soient-elles (semblable et différentes, réciproques et inverses, indépendant et complémentaires), sont insuffisantes pour mettre de l'ordre et de la clarté dans les représentations mentales. Alors, pour se représenter l'éthique et donner sens au concept volontariste qui la définit dans l'*exemplarité*, *l'opérabilité* et *la pronominalisation* de sa démarche qui est de l'ordre de la « psychologie des conduites à projet »[90], il nous faut aller plus loin encore et avancer vers des

90 Nous reviendrons, là encore (*cf.* chap . V), sur ce concept fondamental de « psychologie des conduites à projet » élaboré par J.P. Boutinet, tel qu'il contribue à concevoir l'éthique comme une opportunité irréductible et majeure d'une « intention relationnelle ».

modèles toujours plus concrets et proches de l'action. Des modèles systémiques.

IV. LA COMPLEXITE DE L'ÉTHIQUE

La difficulté de savoir de quoi on parle lorsque que l'on dit morale plutôt qu'éthique ou éthique plutôt que morale, ou éthique et morale, traduit la réalité des rapports que nous entretenons avec la phénoménologie de l'ordre et du désordre en général, et avec ces deux concepts cardinaux de la vie personnelle et sociale en particulier. Deux concepts, en effet, avec lesquels nous plongeons au plus profond du *lien social* et de la *pensée complexe* dont nous avons déjà évoqué les trois principes opérants avec E. Morin : (dialogique, de récursion organisationnelle et hologrammique) applicables à l'éthique.

IV.1. La morale et l'éthique, deux « conjonctions inséparables » : principe dialogique

L'éthique est à la fois une culture des principes moraux qui encadrent la vie sociale, une façon de penser et d'agir qui relève de la conscience, et le résultat de cette conscience en actes. Toutes dimensions et processus qui font de l'éthique un système qui relève du tout de la complexité. Un tout dont on retrouve la conception systémique chez J.L. Le Moigne, lorsqu'il aborde la question des processus et processeurs qui s'exprime à travers le terme d'*organisation.* Partant de la formule de P. valéry : « L'organisation, la chose organisée, le produit de cette organisation et l'organisant sont inséparables », l'auteur de *La modélisation des systèmes complexes* forge le concept de « conjonction inséparable » [91] , qu'il illustre d'exemples appropriés comme *l'énergie*, dont le mot exprime à la fois ce qui est, ce qui produit et ce qui provient du travail ; ou *le jeu, qui* traduit à la fois l'action du jeu, son résultat et les protagonistes qui y participent.

De fait, si, comme le remarque J.L. Le Moigne, « d'une façon générale, la plupart des substantifs verbaux désignent des conjonctions

---

[91] Dans cet ouvrage (1990, pp. 33-34), J.L. Le Moigne traite de la « modélisation systémique et de la logique conjonctive », qui nous intéressent toutes deux ici, par opposition à la *déliance*, symbole de *logique disjonctive*.

inséparables du type opérateur x opérande » (p. 34), on peut donc se représenter la morale et l'éthique comme deux *conjonctions inséparables*, à la fois indépendantes l'une de l'autre et reliées l'une à l'autre :

— *Morale* : le mot exprime à la fois ce qui est moral, ce qui produit la morale, et ce qui provient de la morale.

L'équivalence est parfaite entre les deux termes ainsi liés en eux et reliés entre eux par ce paramètre conjonctif de leur inséparabilité première, telle qu'on la distingue dans la *reliance ontologique*, celle-là même qui apparaît dès le deuxième moment de l'histoire de l'éthique, (*cf. infra* : chap. I, I.2.).

Mais, cette reliance ontologique n'est pas neutre en termes d'organisation puisqu'elle est soumise, comme tout processus naturel ou artificiel du vivant-social, aux lois de l'ordre et du désordre. Si bien qu'à la stabilité utopique d'un ordre parfait de la morale, les faits nous obligent à observer la réalité du désordre émanant des jeux d'incertitudes et d'oppositions qui émergent de la fracture morale/éthique, dès lors que s'impose le discours disruptif d'une pensée disjonctive. Pour E. Morin, en effet, « l'ordre et le désordre sont deux ennemis : l'un supprime l'autre, mais en même temps ils collaborent en produisant de l'organisation et de la complexité. Le principe dialogique nous permet de maintenir la dualité au sein de l'unité. Il associe deux termes à la fois complémentaires et antagonistes. » (1992, p. 99).

Ceci signifie que si l'on attribue à la morale et à l'éthique un statut d'équivalence, mais que l'on choisit pour désigner cette unité d'équivalence dans la dualité des termes le mot d'éthique plutôt que le mot de morale, ce choix ne peut se révéler fructueux qu'au prix de l'effort d'une *pensée dialogique*, **c'est-à-dire d'une pensée qui relie, et non pas d'une pensée qui sépare**. Bref, il nous faut concevoir une pensée qui entretient la *reliance morale/éthique* par opposition à une pensée qui sépare, qui mutile et provoque la *déliance* pouvant couver sous les braises dès lors que le nouveau discours de la morale, le discours éthique, pourrait finir par estomper la morale sous la pression de l'individualisme et des *auto-éthiques* [92] dépassées par

[92] Concept qu'E. Morin définit, comme *éthique de soi à soi dans la relation à autrui*, et sur lequel nous reviendrons à propos des liens structurels et

l'envahissement des *éthiques personnelles.* Une éthique sans morale penseront les pessimistes, craignant de voir émerger du chaos le *culte exhacerbé de soi* replié sur lui-même, plutôt que la *culture épanouie de soi* ouverte aux autres. Une éthique individualiste, en somme, synonyme d'égoïsme et d'*aliénation sociale*, qui serait un véritable défi à l'altérité. Éthique paradoxale donc, qui nous guette et menace. Une éthique à contre courant des élans de solidarité, de justice et de liberté propres à toute morale, et dont la fin produirait l'éclatement.

Nous serions loin, alors, de cette *humanitude* pensée par Albert Jacquard quand il parle des cadeaux de la vie en insistant sur le terme de l'enrichissement sans limites que constitue « l'ensemble des caractéristiques dont, à bon droit, nous sommes si fiers, marcher sur deux jambes ou parler, transformer le monde ou nous interroger sur notre avenir » [93].

IV.2. Les individus et la société produisent l'éthique qui produit les individus : principe de récursion organisationnelle

S'inspirant du tourbillon, E. Morin, considère que chaque moment du tourbillon est à la fois produit et producteur. Ainsi, l'individu, l'espèce et la reproduction procèdent de la *récursion organisationnelle.* Sociologiquement, par exemple : « la société est produite par les interactions entre individus, mais la société, une fois produite, rétroagit sur les individus et les produit. » Cette production est le fait de la culture, du langage et du savoir sans lesquels nous ne pourrions pas parler d'humanité, parce que « nous ne serions pas des individus humains ». Ainsi, sommes-nous « à la fois produits et producteurs », explique le sociologue (*ibid.,* p.100).

Ce modèle explicatif s'applique à l'éthique que l'on peut concevoir comme un processus récursif selon lequel les principes et les valeurs de l'éthique, portés par les individus produisent la société qui produit des individus porteurs de principes et de valeurs éthiques. L'éthique

---

fonctionnels à l'œuvre entre l'individu, la personne, le groupe, l'intuition et la société (*cf.* chap. VI).

93 *Les scientifiques parlent* (collectif), Hachette, coll. « La force des idées », 1987. Et : *Cinq milliards d'hommes dans un vaisseau*, éditions du Seuil, 1987.

est à la fois produit individuel et collectif, en même temps qu'elle est productrice d'individus porteurs d'éthique au sein de la société.

En nous calquant sur le modèle d'E. Morin, nous dirons que tout ce qui est produit en matière d'éthique revient sur ce qui le produit dans un cycle lui-même auto-constitutif, auto-organisateur et auto-producteur.

IV.3. La morale est dans l'éthique, et l'éthique est dans la morale : principe hologrammique

Le principe de récursion organisationnelle de l'éthique est relativement simple, quasi mécanique et cybernétique : l'éthique est produite par les individus, mais une fois produite, elle rétroagit sur les individus qui la produisent, venons-nous d'exposer, pour essayer de mettre en exergue les liens insécables qui relient la morale et l'éthique. Des liens quasi organiques, qui tissent d'autres réseaux de connexions qui complexifient positivement la dualité des concepts (*reliance* des idées), plus qu'ils ne la simplifient et la compliquent lorsqu'on entreprend de les séparer (*déliance* des idées)[94]. C'est pourquoi la dichotomie morale/éthique n'est pas possible, comme devrait nous aider à le comprendre le troisième principe de la complexité.

Bâti sur la métaphore de *l'hologramme physique* où la moindre image de l'hologramme contient la quasi-totalité de l'information de l'objet représenté, le principe hologrammique part du postulat que « non seulement la partie est dans le tout, mais le tout est dans la partie ». Ainsi, de même que chaque cellule de l'organisme contient la totalité de l'information génétique de cet organisme, l'éthique contient la quasi-totalité de l'information de la morale, autant et en même temps que la morale contient la quasi-totalité de l'information de l'éthique.

Selon la logique du tout et des parties, l'idée de l'hologramme appliquée à l'éthique est donc féconde, parce qu'elle dépasse le réductionnisme qui consisterait à ne pas voir la morale dans l'éthique

---

[94] Il convient de comprendre ce raisonnement à l'aune du vocabulaire de la *pensée complexe* selon laquelle le simple n'existe pas : « il n'y a que du simplifié » (Bachelard). *Le complexe* permet de mettre de l'ordre dans le désordre, alors que *le compliqué* ne fait que cacher le désordre sous l'apparence de la simplicité. Trivialement dit, il ne faut pas cacher la morale sous le tapis de l'éthique.

ni l'éthique dans la morale. Ce qui serait paradoxal car l'éthique n'a rien de contradictoire avec la morale, loin de là, puisqu'elle relève, entre tension et opposition, de l'idée dialectique de Pascal dépassant les contradictions : « Je ne peux pas concevoir le tout sans concevoir les parties et je ne peux pas concevoir les parties sans concevoir le tout ». Certes, chacun de nous préssent et ressent que la morale est éthique et que l'éthique est morale, mais ce serait en pure perte si, face au risque de déliance qui menace, on ne tenait pas compte du risque selon lequel le *paradigme de simplification* (disjonction et réduction) domine notre culture aujourd'hui.

Aussi nul ne sera surpris lorsqu'ayant lu le 6e volume de *La Méthode*, on en aura retenu que l'*Éthique* abordée sous l'ange du *paradigme de la complexité* est, aujourd'hui comme pour demain, « un problème fondamental à élucider et à traiter ».

V. DE LA SÉMANTIQUE À LA PRATIQUE : QUELLE POSTURE ÉPISTÉMOLOGIQUE POUR L'ÉTHIQUE ?

L'ensemble de ces points de vue montre que les principes de la morale et de l'éthique convergent, plus qu'ils ne divergent. La philosophie morale en atteste, qui établit que l'éthique concerne l'« ensemble des conceptions morales qui dictent ses actes à quelqu'un ». Ce qui revient à dire que la morale et l'éthique sont équivalentes.

Face à ce débat tourbillonnant, infini et spiralé, Luc Ferry apporte un éclairage bien vivant dans le chapitre qu'il consacre à l'histoire de l'éthique dans son *Dictionnaire amoureux de la philosophie* : « Commençons par une remarque de vocabulaire : je ne ferai pas ici de distinction entre éthique et morale. Je sais qu'aujourd'hui, parler d'« éthique » plutôt que de « morale » fait en général plus chic, mais la vérité, c'est que rien n'oblige dans l'étymologie de ces deux termes à faire une quelconque distinction entre eux. Il s'agit de deux mots parfaitement équivalents, leur seule différence étant que l'un vient du grec (*ethos*, les mœurs), tandis que l'autre vient du latin (*mos, mores*), qui traduit le grec et signifie par conséquent très exactement la même chose. »

Dans le tome 6 de *La méthode*, E. Morin est tout aussi ferme sur ce point des origines de l'éthique intégrée en système à la morale : « L'éthique a des sources, elle a des racines, elle est présente comme sentiment du devoir, obligation morale. »[95] L'auteur relève ainsi les convergences de l'éthique et de la morale, telles qu'on les rencontre et peut les subsumer l'une à l'autre et réciproquement à travers les définitions classiques qui font des mœurs, c'est-à-dire des habitudes d'une société ou d'un individu relatives à la pratique du bien, du mal, du bon et du devoir, la matière commune de leurs énoncés. Cette définition de l'éthique chez Morin met l'accent sur le *processus* même de l'éthique qui, bien que « virtuelle au sein du principe d'inclusion », n'en demeure pas moins « la source subjective individuelle » *(ibid.)* sans laquelle source, il ne saurait pas y avoir d'éthique.

Nous sommes là au cœur de deux types de reliances :

— une *reliance passive*, théorique, objectiviste et déterminante en tant que modèle canonique, qui provient de l'ensemble des principes et valeurs qui articulent l'éthique et la morale entre elles (sur « *la carte* ») ;

— et une *reliance proactive*, pratique, relativiste, pragmatique et déterminée pouvant devenir déterminante dans le concret des liens qu'elle établit en s'incarnant de façon dialectique dans le jeu des acteurs en situation (sur « *le territoire* »).

La reliance passive serait le fait de la morale, normative, dictée, traditionnelle, dépassée et donc peu ou pas appliquée, alors que la reliance active serait de l'ordre de l'éthique ; plus moderne elle consisterait en une métamorale activée par des comportements individuels mettant plus ou moins librement en œuvre des valeurs personnelles actualisées, tels « les liens d'une guirlande éternelle »[96] au sein du système ainsi conçu et représentable.

C'est en partant de cette source de la morale traditionnelle où s'enchevêtrent les *liens de la reliance* entre l'éthique et la morale selon une dialectique explicative entre le système et l'outil où jouent leurs synergies, que nous avancerons dans le prochain chapitre III vers la modélisation de l'éthique, aux frontières du psychologique et du social, pour mieux saisir les rapports entre l'individuel et le collectif.

---

95 E. Morin : *La Méthode*, Tome 6, Seuil, 2004, p. 25.

96 Dans son ouvrage : *Gödel, Escher, Bach : Les brins d'une guir-lande éternelle, Douglas Hofstadter* explore, du réductionnisme au holisme, l'analogie, les paradoxes, la récursivité, l'infini et les systèmes formels et complexes.

Nous nous attarderons donc sur la structure de l'éthique. Car, comme l'analyse E. Morin, si le devoir dans le domaine de l'éthique « ne peut se déduire d'un savoir, le devoir a besoin d'un savoir », ce qui implique que, pour accéder à l'éthique conçue comme un système de droits et de devoirs, il faut préalablement explorer sa structure. Car, tout modèle en effet n'est jamais dans la réalité, mais dans l'esprit de celui qui le conçoit : la carte n'est pas le territoire ! Et le modèle n'est jamais qu'un « médiateur entre un champ théorique dont il est une interprétation et un champ empirique dont il est une synthèse »[97].

Il en est ainsi de l'éthique, et nous retiendrons donc du présent chapitre que la morale désigne une exigence universelle et irréductible conduisant à une réflexion sur les principes, alors que l'éthique, plus proche de la subjectivité vivante, correspond à une réflexion appliquée à des situations particulières. L'une serait la loi, le devoir, la transcendance ; l'autre s'incarnerait dans les valeurs personnelles confrontées à l'*ici et maintenant* de la communauté à laquelle l'individu appartient. Ce qui signifie que la morale s'impose à tous et peut donc se transgresser, là où l'éthique renvoie à un questionnement individuel. Toutefois, s'agissant de l'expérience vécue, les deux termes, morale et éthique, restent associés dans *l'empirie*[98] de leurs modalités pour signifier, ensemble, la finalité de l'existence humaine sur la base de principes destinés à fonder les conditions d'une vie bonne, heureuse et équitable. Une empirie magique peut-être ? à la manière du *Je-ne-sais-quoi et Presque-rien*, cher à Vladimir Jankélévitch (1980) pour qui la vraie philosophie, la philosophie du cœur, est de faire reconnaître la prééminence absolue de la morale sur toutes les autres instances.

Moral, en effet, « le problème éthique est central, pour chaque individu » expose E. Morin (2004, p. 101), qui précise : « il est celui de sa propre barbarie intérieure. C'est pour surmonter cette barbarie que l'auto-éthique constitue une véritable culture psychique, plus difficile mais plus nécessaire que la culture physique. »

---

97 B. Walliser : *Systèmes et modèles. Introduction critique à l'analyse de systèmes*. Seuil, 1977.

98 L'*empirie*, ici au sens de l'ensemble des données de l'expérience vécue de l'éthique, avec une connotation de la relativité de la connaissance à son sujet.

CONCLUSION

Tout ce qui n'est pas moral est *anéthique* au sens où le terme privatif désigne tout ce qui n'est pas concerné par la morale, et donc sans éthique. On retrouve de ce point de vue l'attitude jonassienne que l'on peut interpréter avec Marie-Geneviève Pinsart [99] comme *fondamentaliste*, car opposée à toute conception morale qui n'accorderait pas de sens et de valeur à l'existence de l'humanité dans le futur.

Le vrai débat n'est pas aux arguties de la désignation du terme qui convient pour désigner la chose, morale ou éthique, mais bien dans l'arbitrage politique des normes et des valeurs entrant dans le projet de la société que nous voulons. A commencer par l'orientation des lois sur la recherche dont on sait que la liberté d'action est trop souvent considérée et même valorisée, aujourd'hui, comme un allant de soi d'une *forme anéthique* de la technique ouvrant la voie au droit – barbare et catastrophique – de pouvoir tout entreprendre et réaliser au nom du progrès[100].

---

[99] Pinsart G. : *Hans Jonas et la liberté : dimensions théologiques, ontologiques, éthiques et politiques*, Vrin, 2002.

[100] Sur cette ligne des paradoxes de la liberté dans la course au progrès et des impératifs qu'elle présuppose, (*« il faut faire tout ce qui est possible, toutes les expériences ; « rien n'est impossible »*), *cf* : *Richard Rorty : Ambiguïtés et limites du postmodernisme*, Vrin, 1994.

CHAPITRE III

DE LA STRUCTURE AU SYSTÈME

L'éthique en soi n'est que *connaissance subjective* pour celui qui la conçoit dans sa forme culturelle établie, avant qu'il n'en perçoive les *effets objectifs* et n'en tire les conséquences concrètes à travers l'expérience dans la forme où il la vit, en situation réelle. On rejoint, sur ce point particulier des équilibres dialogiques entre la subjectivité et l'objectivité, Karl Popper quand il soutient dans sa thèse du déterminisme physique et son « cauchemar », que toute connaissance subjective ne consiste qu'en « disposition et attentes » [101]. L'éthique, en effet, n'est pas que pure contemplation, précipitation ou recul du moment de l'appliquer. L'éthique est expérience vécue subjectivement, mais *fait objectif complexe* dans ses attentes et modes de construction (foi, croyances, conscience, intentionnalité) dans le champ social (conséquences).

Comment donc aborder ce trajet chaotique et non linéaire de l'éthique en partie caché à nos sens et à la raison logique, au-delà de la contradiction, du paradoxe, des réductionnismes et instrumentalisations qui la guettent partout et toujours, sans perdre de vue le chemin et le but du voyage ?

I. LA STRUCTURE, UN PASSAGE OBLIGÉ

Dans l'ordre des méthodes qui abordent la connaissance des objets complexes, on peut se représenter l'éthique comme une *structure* : c'es-à-dire l'organisation d'un ensemble d'éléments qui fondent une unité formelle de la connaissance, ou comme *un système* : une construction de l'esprit qui rend compte, sous une forme modélisable et donc probabiliste, de la cohérence de cette organisation et de la cohésion de ses éléments en fonction de la réalisation de ses objectifs complexes (la finalité, le bout du chemin, le but du voyage).

---

[101] POPPER Karl : *La connaissance objective*. Ed. Complexe, Bruxelles, 1978, pp. 76-77.

I.1. La voie de la complexité

Complexe, l'éthique, l'éthique est un phénomène qui implique son imprévisibilité. Et, connaître sa structure ne suffit pas à rendre compte de sa réalité par rapport à tout ce qui la détermine et que l'on peut approcher. Comme l'affirme le paradigme de la complexité « une structure n'est pas un système », car il lui manque précisément le principe dynamique unificateur et non réductionniste qu'apporte le système aux sciences : *l'auto-organisation* et *l'énergie* (physico-chimique, calorique, etc.), qui, avec l'information donne à la *méthodologie heuristico-épistémologique* de l'approche systémique sa généralité. Toute connaissance est imprégnée de théorie, et la science classique est déductive : aucune conclusion ne peut être fausse, étant donné ses préalables qui vont du général au particulier en divisant. Sa démarche consiste à transformer les expériences phénoménistes et empiriques en procédures logiques à gérer et argumenter comme telles pour se rapprocher de la réalité des faits vécus/observés (K. Popper, *ibid.*, p.17). Le raisonnement inductif de la pensée complexe, lui, n'assure pas la vérité. Etant donné ses préalables qui vont du particulier au général, il rassemble les éléments du réel au lieu de les diviser, ce qui conduit à considérer tout objet dynamique comme un *système* en signifiant que là où la science classique s'appuie sur la *structure* pour prouver, la pensée complexe s'inspire du *modèle* pour décrire et interpréter : « Nous ne raisonnons que sur des modèles », (P. Valéry). Ainsi dans l'ordre de la complexité théorisée, la structure précède le modèle, et tout modèle possède une structure que le système enrichit sans prétendre s'affranchir des probabilités de la réalité. De fait, il n'y a pas discontinuité entre la structure et le système, mais évolution épistémique positive en tension vers un plus d'objectivité. S'agissant de l'éthique, nous ne saurions donc pas faire l'économie de l'analyse classique de cet objet en tant que *structure*, avant de chercher à le concevoir comme un système.

Autrement dit, si l'objectivité en matière d'éthique est dans le concret observable de ses démarches empiriques (*l'action éthique*) et de ses résultats, plus que dans la subjectivité des définitions abstraites du phénomène (la *réflexion éthique)*, il importe donc de pousser la quête des savoirs sur l'éthique vers des raisonnements à la fois inductifs et déductifs, c'est-à-dire des raisonnements qui, allant du général au particulier (*la structure*) vont également du particulier au général (*le système*).

Comprendre l'éthique, c'est admettre que la rationalité de sa complexité n'est pas synonyme de certitude, ni probabilité d'ignorance. Comme l'expose J.L. Le Moigne à propos de *La modélisation des systèmes complexes* (1990), complexité et imprévisibilté sont des propriétés intrinsèques des systèmes. Saisir l'éthique entre les comportements individuels (pour être « une meilleure personne », etc.) et les normes dans une société donnée (pour entretenir l'entente et participer à l'harmonie des relations humaines), c'est réussir à passer de la *structure* (notion de certitude) qui qualifie l'éthique, au *système* auquel on l'assimile (notion de probabilité) et qui nous assimile (notion de posture méthodologique et épistémologique du modélisateur se livrant à quelque systémographie de l'objet, comme de quiconque se représente l'objet et essaye de l'assimiler).

I.2. La structure de base de l'éthique suivant le modèle de l'épistémologie génétique

L'approche structuraliste est un médiateur incontournable. En tant que modèle théorique, elle met l'accent sur l'organisation de l'ensemble des unités élémentaires qui composent l'objet à modéliser, et elle précise les rapports que ces unités entretiennent entre elles. La *structure* ouvre la voie au paradigme systémique en apportant au *système* les bases de la dynamique qui l'intègre à son environneent. Comme le résume Jean Piaget : « La seule définition possible de la notion de structure est intimement liée à la notion de théorie des systèmes. »[102]. Et, si l'on s'appuie sur le concept de *structure* tel que Jean Piaget[103] le définit sur la base des « trois caractères de totalité, de transformation et d'autoréglage » qui le fondent conformément aux préceptes de l'épistémologie psychologique génétique, nous retiendrons que l'éthique est :

1) une *totalité* isolable, un ensemble distinct de toute chose qui ne serait pas morale.

2) une *transformation* d'expériences, de croyances, de connaissances, de sentiments, d'émotions, de principes, de valeurs, de motivations, d'attitudes, de comportements et de compétences individuelles et collectives (dans la mesure des stabilités nécessaires à la coordination de ces états entre eux).

---

102 J. Piaget, *Le structuralisme*. PUF (Que sais-je ?), 1968, p. 95.

103 *Ibid.*, p. 7.

3) un processus permanent d'*autoréglage* du comportement face aux situations du réel, et qui implique la personnalité dans son ensemble face à la variété des contraintes de l'environnement.

Ainsi conçue la structure de l'éthique laisse apparaître une organisation d'éléments existentiels, psychobiologiques, anthropologiques et sociaux qui entrent en résonnance en termes de facteurs constitutifs individuels et collectifs, qui interfèrent avec les attendus moraux de la société en termes de comportements et d'organisation. De la structure ainsi profilée, on peut déduire des modèles explicatifs de comportements qui nous permettent d'appréhender l'action éthique comme un processus global de communication formelle et informelle, intra et interpsychique, c'est-à-dire de liens de tous ordres, physiques et matériels, psychologiques et sociaux qui : a) constituent *un moyen d'échanges* (d'informations, d'aspirations, de savoirs et d'énergies, réalisable sous la forme d'un projet de vie attaché à des besoins individuels et collectifs), et b) forgent *une dynamique de comportements adaptés* à la gestion de situations données où l'éthique est attendue en tant qu'acte individuel donné, dans un cadre social donné, qui fait idéalement place à la morale.

Virtuelle, car portant les conditions de sa réalisation, l'éthique, dès lors qu'elle est activée et entre en situation au-delà du sujet individuel, est action d'information et de communication interpersonnelle et collective. Sans communication, il n'y aurait pas d'éthique hors la contemplation spirituelle. L'éthique émerge au réel sous la forme déterminante/ déterminée d'actes plus ou moins aléatoires issus de propositions morales, de bon sens et d'humanité, conscientes et inconscientes, dicibles et indicibles, visibles et invisibles, toutes « formulées dans une langue et soumises à la discussion critique », pour parler comme Karl Popper [104].

Chacun des protagonistes de l'éthique se trouve impliqué dans une posture relationnelle propre à lui permettre de se construire des représentations de sa vie idéale (précepte de *totalité*) en fonction de l'idéal de vie que la société lui enseigne par la culture et l'éducation soutenues par le droit, selon les besoins et les situations (précepte de *transformation*). Des besoins et des situations où la constante est pour

---

[104] K. Popper : *La connaissance objective*. Ed. Complexe, Bruxelles, 1978, p. 124.

l'agent de l'éthique de toujours essayer d'absorber la plus haute part possible de la complexité en œuvre en pilotant sa conduite avec tact, civilité et intelligence grâce à des *heuristiques*[105] tout aussi complexes (précepte *d'autoréglage*), où l'on peut reconnaître le principe de la loi de la *variété requise* d'Ashby [106]. Une complexité apparemment simple, mais jamais *implexe*, si l'on en croit l'adage : « Your beliefs dont make you a better person, your behavior does » (*Ce ne sont pas vos croyances mais votre comportement qui fait de vous une meilleure personne*).

La foi et la raison tissent entre elles des liens qui ne se réduisent pas à une quelconque opposition quand le sujet de l'éthique s'interroge en situation sur ce qu'il *veut*, ce qu'il *peut* et ce qu'il *doit faire*. Perceptions, représentations, sentiments, émotions, spiritualité, religiosité, croyances, s'emmêlent et s'entredéterminent ici entre la pensée et l'ation. Aussi, quand Claude Debru et Frédéric-Pierre Isoz s'interrogent sur les croyances (*Pourquoi croyons-nous* ? Odile Jacob, 2020), ils apportent à l'éthique l'un de ses plus solides arguments en généralisant que « Le croire, au moins autant que le savoir, constitue une dimension fondamentale de l'être humain qui ne peut pas être ignorée, même par le plus sceptique des sceptiques ou le plus fort des esprits forts ». Saurait-il, en effet, exister une éthique sans croyances, une éthique sans besoin d'y croire ? Une éthique qui crée des liens épais de soi à soi, avant de se relier moralement à autrui.

I.3. L'éthique suivant le modèle structuraliste

Si l'on accède assez aisément à une conception de l'éthique en tant que structure, la considérer comme un *système** implique une vision générale du passage de l'une à l'autre. Aucun discours sur la méthode pour connaître l'éthique ne peut s'imposer, en effet, qui ne tienne pas compte de sa complexité. L'idée d'agir localement en matière

105 Science de la découverte des faits, l'heuristique est constituée par des règles exploratoires permettant d'élaborer une démarche de recherche de solutions, mais sans garantir d'y parvenir, contrairement à un algorithme qui élimine toute incertitude et vise à garantir la réussite. L'heuristique se distingue de *l'herméneutique*, qui consiste en l'analyse interprétative, cette dernière ayant un rôle manifeste à jouer dans le domaine de la réflexion éthique.

106 Loi dont on peut interpréter le principe sous la forme de l'aphorisme : pour piloter un système donné, il faut un système de pilotage dont la variété est au moins égale à la variété du système piloté.

d'éthique est liée à la nécessité de penser globalement la situation, même la plus particulière, que l'on observe en tant que modélisateur.

Comme l'explique J.L. Le Moigne (1984, p. 51), chaque discours de la méthode a son paradigme. Aussi, passer de la structure au système pour approcher l'éthique en tant qu'objet de connaissance, implique de s'appuyer sur l'histoire de la méthode scientifique pour drainer avec elle tout ce qu'elle peut apporter à une vision dynamique de cet objet. Trois paradigmes se succèdent ainsi, depuis le discours cartésien jusqu'à celui du structuralisme, en passant par la mécanique statistique :

A. S'agissant du *paradigme cartésien de la mécanique classique* appliqué à l'éthique, c'est-à-dire de l'éthique considérée selon des méthodes se limitant à l'observation du rapport de sa structure et aux fonctions qui la caractérisent, on peut la définir du point de vue de sa *totalité*, à la fois comme :

– un ensemble organisé de principes et de valeurs qui définissent la norme d'une société (*structure*) ; et

– un jeu de dispositions actives à connaître, pour discerner la complexité du bien et la complication du mal (*fonction*).

B. S'agissant du *paradigme thermodynamique de la mécanique statistique* appliqué à l'éthique, c'est-à-dire de l'éthique considérée selon les méthodes se limitant à la relation structure/évolution, en termes d'effets et résultats au niveau où s'opèrent les *transformations* élémentaires qui se répercutent sur l'ensemble de la structure, on peut définir l'éthique comme :

– Un activateur de *lien social*, facteur d'altérité et de cohésion sociale (*structure*).

– Une fin sans cesse régénérée, se régénérant, de l'humanisme naturel (*évolution*).

C. Du point de vue du *paradigme structuraliste*, c'est-à-dire de la relation *structure-fonction-évolution* en termes d'*autoréglag*e de l'éthique dans l'espace et dans le temps, c'est-à-dire de cohésion des éléments de la structure et de cohérence de son fonctionnement, on peut se représenter l'éthique comme :

– Une école permanente des principes et valeurs d'une société juste et équilibrée dans la quête du bien vivre ensemble (*structure*).

6) Une *conscience/discernement/détermination* individuelle et collective liée à l'universalisme de la morale (*fonction*).

–) Une compétence sociale régulatrice permanente du changement entre le bien, le possible et l'indispensable (*évolution*).

Ainsi appliqué à l'éthique, le paradigme structuraliste permet de formaliser les principaux *moments* où l'éthique exerce son action diachronique et synchronique :

1) *Le moment de l'universel*, où les règles de l'éthique s'étendent à tous, et à tous les cas du genre ;

2) *Le moment du particulier* (propre au cas observé), qui occupe l'espace de l'événement dans la situation où la règle s'applique à l'acteur à travers l'action éthique auto, co et écoréférentielle.

3) *Le moment du singulier,* qui est le produit (différent des autres cas) de l'interaction des deux précédents au niveau de la situation globale vécue, depuis les sources individuelles de son origine (cause), jusqu'aux conséquences micro et macrosociales de son intervention (effet).

L'éthique est un *processus mental/social* entre la conscience d'une personne et le résultat de son engagement individuel dans la relation à un ou à des tiers. Cette relation peut propager ses effets et étendre ses liens du local au global, au-delà de sa zone d'influence dans une sorte de mouvement alternatif et intégratif entre la culture individuelle et la culture collective. L'éthique est ainsi un *continuum* porté par un motif plus ou moins volontaire, individuel et/ou collectif, issu d'une *pensée éthique* en amont évoluant et se transformant *(éthique actionnable, énergie potentielle)*, pour aboutir à une *éthique pensée* en aval *(éthique actionnée, énergie produite*). Ainsi pour accéder au réel, exister, s'affirmer et produire ses effets, l'éthique doit-elle trouver sa voie entre le *Charybde normatif* des lois de la morale traditionnelle et le *Scylla subjectiviste* des principes et valeurs individualistes, qui la caractérisent aujourd'hui.

La question qui se pose alors, n'est plus celle des différences théoriques entre la morale et l'éthique, mais bien celle des liens pragmatiques qui en se tissant les unissent l'une et l'autre dans leurs totalités, leurs transformations et leurs autoréglages. Car, ce sont ces liens, liens inaliénables de *la reliance éosystémique* de l'homme avec ses semblables, qui sont à la base de l'éthique dans toute la complexité des éléments irréductibles que nous montre la structure.

II. L'ÉTHIQUE : UN MODÈLE QUATERNAIRE DE LA RELIANCE

Accompagnant les petits et les grands passages de la vie, présente quand elle est choisie et confirmée dans les faits ou absente quand elle est refoulée et oubliée, l'éthique est ambivalente et discordante quand elle est instrumentalisée. Elle représente un *phénomène bio-psycho-anthropo-social* [107] dont on peut considérer le processus général comme un *complexe de dimensions réelles* et de *liens virtuels et symboliques*, se structurant et se transformant pour s'adapter aux conditions évolutives de la société. L'éthique n'existe en effet dans le champ social que par rapport à ce que vivent *les gens*, c'est-à-dire à la fois les *individus* (êtres uniques de l'espèce humaine au sein des structures de la société) *et les personnes* (êtres conscients d'eux-mêmes, des valeurs morales et responsables devant le droit et la société). Cette *dialectique entre l'individu et la personne* est, la clé de voûte de l'éthique soumise aux oscillations des besoins individuels et des contraintes de la vie collective, qui sont la raison de l'éthique dans les rapports universels et singuliers que tout être humain (*l'individu*) entretient avec lui-même (*la personne*) au regard des autres qu'il regarde et qui le regardent, aux yeux des choses qui les réunissent.

Situation-problème, par essence, entre partenaires vivant en société (les *gens*) avec des attentes différentes et complémentaires (*les individus*) dans des territoires communs et des structures qui les rassemblent, où chacun gagne, par bienveillance personnelle et attention à autrui, à s'enrichir de la diversité des autres plutôt qu'à s'y opposer (*les personnes en situation*), l'éthique est un processus de socialisation qui obéit aux lois du hasard et de la necessité.

II.1. Le socle quaternaire de l'éthique et son pôle central

Partant de la réalité empirique où tout est issu de la personne et y revient – quels que soient l'ordre ou le désordre du parcours et l'entropie ou la néguentropie du système, il est possible de dresser une carte de l'éthique (*fig.5*) en suivant les étapes alternatives de ses trajets, interrelations, interconnections et interactions, tout au long de ses trajectoires enchevêtrées entre quatre pôles structurels et

[107] Phénomène au sens d'une conception globale et transdisciplinaire de l'éthique, tant du point de vue épistémologique de la réflexion sur les valeurs, que sur les relations écosystémiques des acteurs en situation dans le champ social.

fonctionnels d'un réseau de *processus* multiformes et multivariés (le socle de l'éthique) dont les *processeurs interconnectés* (les *co-cerveaux* de l'éthique), fonctionnent de façon sérielle autant que parallèle au rythme de *feed-backs* positifs (majorants et minorants) et négatifs (équilibrateurs).

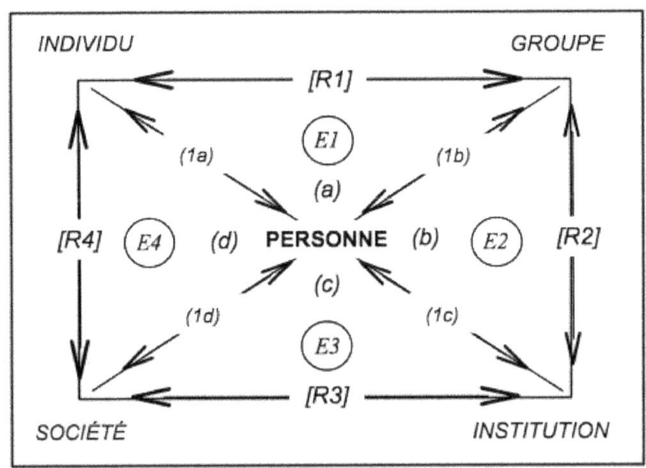

Fig. 5. Les paramètres de l'éthique dans leur champ topologique

L'éthique, ainsi représentée dans le champ social qui l'englobe, se distribue par triangulations interconnectées en quatre espaces distincts et complémentaires (*E1, E2, E3 et* E4), où l'éthique épouse des *formes spécifiques de reliance*. Comme dans un sociogramme, la personne est au centre du dispositif. Elle émet des comportements et reçoit des informations suivant les *types de relations* s'établissant de l'un à l'autre de ces espaces où *[R1], [R2], [R3] et [R4*] sont fonction des *types de liens (1a), (1b), (1c), (1d)*, et des *formes de socialité* (a), (b), (c), (d), qui leur sont propres. Le modèle laisse entrevoir la dynamique d'un système où *la reliance* entre le tout (le système) et les parties (les éléments) se dessine clairement. De fait, et au-delà des modèles, « le progrès de la morale individuelle et ceux de l'universalisme éthique sont liés » (E. Morin, 2004, p. 19).

II.2. Les cinq pôles de l'éthique

1) **L'individu**, dans sa forme anonyme (*untel*) et généralisante (*les gens*), est la première des composantes de base de la structure, dans l'ordre des relations sociales constitutives de l'éthique, en allant de l'individuel au collectif et, récursivement du collectif à l'individuel.

Terme générique, l'*individu* fait référence au statut social : sexe, âge, classe sociale, unicité, etc., plus qu'à ses caractéristiques personnologiques définissant l'être humain et la personnalité. Certes, l'individu est le référent général de l'éthique dans ses rapports particuliers au collectif (aspect sociologique). Mais l'individu abstrait n'est pas le sujet qui vit et produit l'éthique en soi (aspect psychologique).

Catégorie polaire de l'éthique dans ses rapports au groupe, à l'institution et à la société, l'individu baigne ainsi dans la culture qui détermine *le jeu dialectique* des relations plus ou moins masquées entre la personne (*je, moi, soi*) et l'individu (*il, lui, on*).

2) **La personne.**

L'univers de l'éthique ne peut s'ordonner que dans sa profondeur, qui est la personne. Système vivant-social pourvoyeur d'éthique au sein du système, la personne est *l'unité centrale de l'éthique*. Elle est en soi et en lien avec les *autres soi-mêmes* qui construisent l'éthique, la pièce élémentaire *organisatrice du système* : *le système personne*[108]. C'est elle, *la personne*, *sujet et objet d'éthique*, auteur-acteur de ses comportements, qui est la pièce maîtresse du système où elle évolue en tant que *destinateur/destinataire d'actes éthiques* pouvant aller de la relation privée la plus discrète, à la relation publique la plus collective en conjoignant identité et altérité quand elle s'exprime. **La personne est la cellule élémentaire, *idiosyncrasique*, de référence de l'éthique**. Et sa position au sein du grand système, son *milieu*[109] au sein du champ social, est déterminante des valeurs de la *reliance sociale* consubstantielle à l'éthique, moment de la vie où la personne se construit dans et par son rapport à l'autre.

---

108 Dans *Une nouvelle voie personnaliste : le système-personne* (1981), G. Lerbet approfondit la fonction de *l'énergétique transformationnelle* dans les apprentissages. S'inspirant des études de Piaget sur les phénomènes d'*assimilation* et d'*accomodation*, il analyse et décrit la personne comme « un système actif sous-tension » qui se développe en construisant un milieu qui lui est propre (« own world », *Ego* : je, moi, soi) par intégration de l'environnement dans lequel il vit. Un système qui se *complexifie*, en augmentant sa *variété* : « complexifier c'est proprement intégrer sans cesse davantage en régulant du vécu » (*op. cit.*, p. 47). Quand j'intériorise, explique Lerbet, je m'approprie de l'environnement : « je me perçois dans le même temps un peu plus en tant que sujet » (*ibid.*, pa, 49).

109 Au sens lerbétien de ce qu'elle intègre de l'environnement.

3) **Le groupe** représente le lieu de la première et de toutes les étapes de la vie où l'individu commence et poursuit le parcours de son éducation, depuis les premiers pas de son apprentissage* de l'éthique, jusqu'à l'épanouissement de sa socialisation dans la vie privée et publique, au sens où Maurice Duverger, juriste et sociologue, distingue *la socialisation première des enfants* et l'*acculturation permanente continuée* des adultes.

4) **L'institution**, dans ses multiples dimensions (l'action d'instituer et la chose instituée, système de relations sociales stables dans le temps) est le lieu incontournable de métabolisation et de régulation des normes (normes d'appartenance, de justice, d'éducation, de soins, de travail, de loisirs, etc.) auquel nul n'échappe en société. Relativement stables dans le temps, les institutions, composées de groupes différents selon les *compétences** requises (telles que définies à travers le rôle, la fonction et le statut), se maintiennent et se développent grâce au consensus et à l'esprit de conformité sociale (ajustement étroit entre les valeurs des groupes et celles des individus en direction des objectifs communs).

5) **La société** porte en elle la *socialisation** qui, désigne le processus par lequel on apprend et intériorise des modèles culturels nous permettant de nous intégrer dans les groupes et de participer à la vie des institutions, et est déterminante des conditions de l'éthique. Processus biographique d'incorporation de dispositions sociales issues non seulement de la famille et de la classe d'origine, mais aussi des conditions de vie de l'individu, la socialisation est le principal vecteur de l'éthique, tout au long duquel les ensembles humains, à la fois : *a)* transmettent leur culture (leurs systèmes de valeurs, de normes, de rôles sociaux et de sanctions), et *b)* standardisent la personnalité de leurs membres en leur permettant de s'adapter à l'environnement social, de le nourrir et de s'en nourrir.

Le pôle sociétal est le socle des liens fondamentaux, entre *les acteurs sociaux naturels* (les personnes et les groupes biologiques) et *les acteurs sociaux culturels* (les groupes sociaux et les institutions). Les premiers sont de l'ordre de *l'instituant*, et les seconds de l'ordre de *l'institué.* Culture de l'éthique, éthique de la culture, toute culture n'existe que parce qu'elle rassemble les êtres humains dont « la vie personnelle n'a de sens que dans la communication » (G. Lerbet, *op. cit.* p. 107). C'est pourquoi on ne peut pas ne pas s'interroger sur la *dyade individu-personne,* lorsque l'on cherche à comprendre l'éthique en profondeur.

II.3. Les cinq espaces d'action de l'éthique (relations inter-pôles et types de liens)

C'est dans *les interrelations* et *l'interactivité* que se construit le *lien social* qui tisse la trame de l'éthique dans le temps, l'espace et la forme. Tout objet structuré a une « trajectoire » analyse J.L. Le Moigne (1984, chap. 7), et comprendre cet objet (*ibid.,* chap. 5), c'est le saisir dans son intervention finalisée au sein d'un environnement « borné de processeurs » (boîtes noires) et « tapissé de processus » (relations fonctionnelles entre processeurs). Le tout s'inscrit dans des *référentiels* (*Temps-Espace-Forme, Différenciation-Intégration, Différenciation-Coordination, etc.*) qui permettent d'observer le système à travers son évolution (chronique des états, équilibrations et résultats). C'est pourquoi, la structure de base de l'éthique (sans laquelle il n'est pas possible d'accéder au système) est fondamentale, car c'est au niveau de la globalité ontologique, fonctionnelle et génétique de cette structure qu'il est méthodologiquement possible de dresser l'inventaire des liens qui tissent l'éthique, fruit de la reliance.

Partant donc des dimensions psychosociologiques de l'éthique, le schéma quaternaire de *l'objet* centré sur la personne donne à voir la structure des liens inséparables[110] du système (*liens métaphoriques* qui assurent la *liance* des composantes dans les espaces et situations réelles), qui émergent de relations triangulaires paramétriques, ainsi décrites entre ses pôles cardinaux.

1. L'espace éthique Individu-Personne-Groupe ***(E1)***, est le champ social de l'éthique individuelle et interindividuelle, champ de la sociabilité personnelle où domine ***le lien individuel*** dans le cadre du social donné et intériorisé avec ses normes et ses représentations subjectives et intersubjectives, d'où il découle que les individus sont liés malgré toutes les séparations[111]. L'importance de la personne est

---

[110] Liens « inaliénables », au sens de liens que l'on se saurait disjoindre et encore moins couper, à l'image de la folie, qui est la déchéance de la personne privée de ses liens à autrui : la personne « aliénée ».

[111] Nous retrouvons, à ce point précis des structures de la socialité, les modèles développés par M.-F. Freynet dans son ouvrage : *Les médiations du travail social. Contre l'exclusion, (re)construire les liens.* 1995, *op. cit.*

ici déterminante *(liens 1a)*, mais l'intérêt du groupe prime sur la personne *(liens 1b)* à mesure que celle-ci développe son sens social. L'éthique, dans cette triangulation qui est celle de la vie quotidienne au sein des groupes primaires, relève d'un pouvoir de proximité à la fois naturel, instinctif et culturel, reliant les trois pôles de cette partie du champ du système ainsi représenté suivant ses territoires structuro-fonctionnels.

Nous désignerons par ***[R1] la relation Individu-Groupe***, représentée à la base du triangle dynamique où se construisent et opèrent les ***liens individuels et interindividuels de l'éthique*** portant l'ensemble des relations générales et particulières qui connectent l'individu au groupe, à travers la personne dans laquelle ces relations s'incarnent suivant l'ordre des réseaux connectés :

— **La relation personne-individu *(1a)***, à l'interface entre ***(E1) et (E4)***, relève d'une complexité particulière et déterminante du tout. Elle est la relation bijective (transitive, réflexive et symétrique), surjective (non symétrique) et injective (non réciproque) qui constitue la catégorie de ***liens intrapersonnels***, et **intrapsychiques**, à travers lesquels, d'un bout à l'autre du champ social, le sujet se perçoit comme un individu parmi les autres individus, c'est-à-dire lui-même dans son *EGO* : *je*, qui marque l'action ; *moi*, l'identité ; et *soi*, l'altérité. Cette relation n'occupe aucun espace physique ou matériel si ce n'est celui, microbiologique, des neurones des individus et de l'esprit qui en émane. L'individu et la personne forment une seule entité, un binome métaphorique où l'acteur individuel est tout entier dans la personne vivante, unique et abstraite de l'individu qui n'a pas de vécu, mais dans lequel elle se reflète dans sa relation à autrui (*soi*) lorsqu'on l'observe de façon généralisante parmi les autres. Le dédoublement est donc capital à observer au niveau des processeurs dès lors qu'il s'agit d'établir les rapports (directs et indirects, réciproques et non réciproques, sériels et catégoriels, locaux et globaux, généraux et particuliers, etc.) entre les comportements concrets des acteurs en situation et le fonctionnement du système, à l'interface des processus à la fois psychologiques et sociaux de l'éthique. De façon complémentaire et différenciée, le modèle donne ainsi à considérer :

a) le regard intime, plus ou moins secret, que la personne porte sur elle-même en s'observant comme un sujet animé de désirs qui lui sont propres et font d'elle un personnage différent des autres (*processus intrapsychique autoréférent*) ;

b) le regard plus ou moins silencieux qu'elle porte sur les autres en tant qu'individus dans lesquels elle ne se reconnaît pas (*processus péjoratif intrapsychique hétéroréférentiel)* ; soit comme étant soi-même un individu inscrit dans le moule commun d'*autres soi-mêmes* dans lesquels elle se reconnaît (*processus mélioratif intrapsychique alloréférent*) ;

c) le regard qu'elle pense que les autres portent sur elle en tant qu'individu et/ou personne : regard centré sur l'idée que les autres peuvent avoir d'elle-même au sujet de son statut social et de ses comportements, c'est-à-dire de l'opinion qu'elle produit dans ses relations à autrui (*processus relativiste intrapsychique*).

— **La relation personne-groupe *(1b)***, constitue la catégorie interface (E1)-(E2) de ***liens interindividuels*** (notion de distance) et ***interpersonnels*** (notion de proximité) qui se tissent, dès l'origine du processus, dans les interactions des groupes primaires comme la famille, les proches et les amis, à ces autres réalités de la structure sociale que sont les groupes formels à travers lesquels l'individu étend ses relations et développe ses actions en s'approchant des institutions pour y occuper une place avec un rôle et une fonction définie, qui lui confèrent des droits et des obligations en tant que personne. C'est là, chemin faisant, la découverte de nouveaux groupes, de nouvelles structures organisationnelles et sociales où l'échange avec l'autre différent crée des liens de solidarité avec l'autre identique. L'apprentissage social se poursuit alors dans la confrontation aux structures de *contrôle social*, comme savoir rester à sa place et s'insérer dans le groupe, qui sont, au-delà de la déontologie, le creuset du développement du sens moral personnel et professionnel.

Cet espace I-P-G peut se symboliser par la formule paramétrique de variation des effets : ***(E1) =f ([R1]+1a+1b)*** *x* ***(a)***.

2. Dans l'espace Groupe-Personne-Institution *(E2)*, la verticale *[R2]* représente ***la relation Groupe-Institution***, c'est-à-dire la base de la triangulation dans laquelle s'inscrivent les relations *(1b)* et *(1c)*, qui participent à la reliance entre les personnes au sein des groupes dont elles sont membres, dans les organisations. D'où la formule : ***(E2) =f ([R2]+1b+1c)*** *x* ***(b)*** propre au champ social des relations où l'éthique de *type conventionnel,* ici en G-P-I, s'organise dans les sphères publiques et privées des structures où la *socialité est locale*. Ces relations volontaires, contraignantes par contrat ou convention, sont celle du « social créé », où les individus apparaissent séparés malgré toute liaison faisant du social des médiations extérieures à la personne. L'institution primant sur les groupes et les personnes, le pouvoir éthique est, dans cet espace, un vouloir réfléchi et consenti. Comme dans l'espace précédent, les relations ainsi bornées convergent dans un sens vers la personne, et divergent vers le groupe et l'institution dans un autre :

— **La relation personne-groupe** ***(1b)***, à l'interface de (E1) et (E2), gagne en complexité sur son deuxième versant où les *processus interindividuels* (identification des groupes, reconnaissance identitaire, etc.) se multiplient à mesure que de nouveaux champs d'activités s'ouvrent à chacun au-delà des cercles restreints habituels, et que les *processus interpersonnels* (relations de proximité au et hors travail) se développent à travers de nouvelles expériences et de nouveaux groupes.

— **La relation personne-institution** ***(1c)***, à l'interface de (E2) et (E3), fait un saut supplémentaire en complexité et en *variété*[112] vers de nouveaux types de relations libres et contrôlées, de nouveaux modes de conduites et de comportements canalisés et hiérarchisés, en même temps que se précisent des besoins personnels adossés à des systèmes de valeurs plus ou moins partagés selon l'âge et la vie privée et/ou professionnelle des acteurs.

En *(E2)*, chacun poursuit le développement de sa capacité à découvrir l'autre en tant que personne différente de soi et apprend, par expérience, à assimiler cet « autre soi-même » en tant que sujet

---

112 *Variété* : nombre d'états stables différents qu'un système peut exhiber simultanément. Avec W.R. Ashby (1956, p. 124), on rejoint la notion de comportements possibles que le système peut présenter dans un intervalle de temps donné. Avec le *taux de variété*, ce décompte témoigne de la richesse des systèmes observés, et est à la base du principe de la *variété requise,* qui permet d'évaluer l'évolution et d'orchestrer les équilibres de tout système dans son environnement (*cf.* J.L. Le moigne, 1984, pp. 208-212). L'interprétation courante de ce principe (déjà signalé, *cf. supra*, I.3. : pour piloter un système donné, il faut que le système qui pilote possède une variété au moins égale à la variété du système piloté), dans le cas du système qui nous intéresse, marque l'importance de *la Personne* d'où partent et reviennent tous les réseaux d'information et de communication qui la traversent et la mobilisent en tant qu'unité élémentaire qui pilote l'éthique.

indépendant et irréductible, auquel il faut s'accommoder et s'arranger avec soi-même pour vivre en société.

3. L'espace Institution-Personne-Société ***(E3)***, informel et fusionnel en termes d'éthique est celui du « social immanent » où : ***(E3) = f ([R3]+1c+1d)*** *x* ***(c)***.

La personne se confond ici avec le sujet collectif, où l'individu cherche au jour le jour la voie de sa liberté au milieu des contraintes.

Nous appellerons ***liens sociétaires de l'éthique (3)***, les *liens sociétaires* qui relient les institutions à la société globale dans le champ de cette forme d'**éthique collective** où se construisent les relations *(1c)* et *(1d)* à travers lesquelles la personne est plus ou moins directement impliquée dans les rapports où interfèrent *l'environnement social* (famille, religions, associations, syndicats, partis, territoire, etc.), *l'environnement technico-économique* (scientifique, technique, économique, financier, commercial, etc.) et *l'environnement organisationnel* (légal, professionnel, etc.) de la chose sociale.

4. L'espace Société-Personne-Individu ***(E4)***, est l'espace de *l'éthique universelle*, liée à ses représentations globales, individuelles et collectives. Synthèse systémique des espaces et relations à travers l'émergence autoconstitutive et autrégulée d'un système « social rémanent », où l'éthique occupe une place éminente au sein de la culture ainsi produite et véhiculée de façon générale et particulière.

Nous appellerons ***relation socio-culturelle de l'éthique (R4)***, les liens qui relient l'agent individuel ayant perdu son identité dans l'anonymat de son statut social *(1d)*, la retrouve à travers l'action collective, à son niveau psychologique et social en tant qu'acteur pouvant s'exprimer en première personne dans le groupe*(1a)*.

5. L'espace qui rassemble la Personne, l'Individu, le Groupe et la Société est, pour reprendre une image évocatrive, l'ADN de l'éthique. Tout part de cet espace et tout converge vers lui. Il est le lieu où se tissent les *liens intrapersonnels, interpersonnels et sociétaux* d'où émerge l'éthique, et où se régulent ses pouvoirs d'équilibration des relations humaines à tous les niveaux de la société : ***(E4) = f ([R4]+1d+1a)*** *x* ***(d)***.

II.4. Les formes élémentaires de la socialité à l'œuvre dans l'éthique

Ces quatres types de de triangulations et de liens en réseaux qu'elles entretiennent avec la Personne omniprésente, procèdent de la dynamique *des éléments* en interaction dont les effets déterminent la qualité des formes de socialité à l'œuvre globalement et localement :

1. ***La socialité intrapsychique, individuelle/personnelle*** *(a)* : Sociabilité vis-à-vis de soi-même, la *socialité intrapsychique entre une personne et les diverses instances de sa personnalité,* se construit au niveau des relations entre les pulsions du *Ça*, les exigences du *Surmoi* et la conscience du *Moi,* expression de la personnalité. Elle s'exprime en tête-à-tête avec soi-même et fonctionne en se « socialisant » dans la relation à autrui et l'intégration aux normes dela société.

2. ***La socialité locale (b)*** : procède d'une dynamique auto-créative par solidarité des individus fondus dans les groupes par l'action partagée. Mais, à mesure que l'on se rapproche des institutions et de leur organisation formelle, cette socialité locale tend à se transformer en se règlementant pour assurer une cohésion formalisée des individus et des groupes devant se conformer aux objectifs communs (*solidarité sérielle*) par contrôle social dépendant. L'éthique prend ici une forme intériorisée fondée sur l'homogénéité et la conformité statutaire des comportements.

3. La *socialité institutionnelle* (c) : dans les structures sociales de taille plus importante qui ouvrent à l'hyper-organisation, à la bureaucratie et à la centralisation (culture industrielle), la relation obéit à un contrôle social fondé sur *la solidarité fonctionnelle* (division du travail, par exemple) et *la solidarité contractuelle* (association, convention, adhésion, consentement). Pour reprendre la typologie générale de M.F. Freynet (*op. cit.,* p. 97), « Le lien est organique, par indépendance objective », jusque dans sa forme juridique. Le mythe fondateur de ce type de médiation organisationnelle auquel l'éthique participe, est prométhéen.

4. ***La socialité solidaire, politique (d)*** est le produit de la société orchestrée par le brassage des éléments du système, régulé par la mouvance du politique et de l'économique. Ce type de socialité est fonction des interactions en interrelation de la socialisation et de l'éthique, dans le bain culturel commun.

5. ***La socialité cosmique, universelle (e)*** : L'éthique comme la socialisation dont elle est du micrsocial individuel au macro-social collectif le construit commun, est un ***processus biographique d'incorporation de dispositions sociales*** issues non seulement de la famille et de la classe d'origine, mais de l'ensemble des systèmes d'action personnels et extrapersonnels rencontrés par l'individu au cours de son existence.

À l'interface entre l'ancrage des institutions dans le présent et les poussées de la société au regard du futur, l'éthique joue un rôle déterminant dans la culture et le contrôle social « actionnel » du politique et des organisations. Elle favorise le sentiment d'appartenance et renforce la socialité vécue dans un rapport de croyances et d'espérances, cosmiques pour certains et universelles pour d'autres. Elle réfère aux mondes institué et non institué où règne *la personne*, à la fois sujet et objet de culture, de sentiments, de connaissances et d'expériences à travers lesquels la vivacité et l'authenticité des émotions, le désir même de l'inutile parfois, forment le socle instable et aventureux de la société post-industrielle, colosse aux pieds d'argile.

II.5. Les types de reliance dans, par et pour l'éthique

L*a reliance* au sens de M. Bolle de Bal est à la fois l'état de reliance des liens (*la reliance vécue*) et l'acte de relier ou de se relier (*la reliance agie*). Or, si l'éthique procède de la « reliance » en tant que concept dérivé de celui de la « liance », elle suppose aussi l'existence préalable d'une « dé-liance », qui procède elle-même, entre déconstruction et reconstruction, d'un état de « pré-déliance ». Statique, la *pré-déliance* est le talon d'Achille de l'éthique partout où l'éthicité court le risque d'être menacée par l'effondrement des valeurs et la rupture des liens, à commencer par sa séparation de la morale. Dynamique, la pré-déliance, lorsqu'elle est contrôlée peut rassurer en même temps qu'elle alerte. Telle la douleur au physique, elle fontionne comme un signal qui rend compte de l'état de crise du système, aux prises avec les écheveaux de la vie en société.

La reliance sociale, selon M. Bolle de Bal (1985, p. 251), c'est tout à la fois ce qui « permet de relier les situations collectives où l'individu est sans cesse immergé et les processus psychologiques qui confèrent leur sens à ces situations, en fonction d'une dynamique personnelle ». les correspondances suivantes avec l'éthique en particulier :

1. À l'espace triangulaire *Individu-Personne-Groupe [E1]* correspond **la reliance ontologique et psychologique** définie par M. Bolle de Bal. Appliqué à l'éthique, ce type de reliance correspond aux liens *entre la personne et les éléments naturels* : je peux vivre ma reliance au ciel (par la religion), à la terre (retrouver mes « racines»), aux divers composants de l'Univers, et y puiser le sens de mes valeurs et de mon identité. Cette reliance ontologique s'inscrit dans la *conscience** de l'insertion de l'homme dans l'évolution des systèmes vivants, des rites et des mythes. Elle est reliance ***psycho-logique*** (psychique et *logique*) au sens de la responsabilité morale des acteurs en situation, par opposition à toute forme de liance illogique ou irrationnelle, qui serait ici assimilable à de la *déliance morale et sociale,* contraire à l'éthique.

2. À l'espace *[E2] correspond* **la reliance psychosociale** qui est le premier niveau de la *reliance sociale*, que nous dirons **reliance sociale *interpersonnelle*** pour marquer la proximité entre *une personne et un autre acteur social* individuel (autre sujet) d'une part, en allant des relations limitées (deux acteurs ou petits groupes), à celles étendues aux relations intra et inter-groupes au sein des collectifs (organisation, institution, mouvement social, etc.) d'autre part.

3. À l'espace *[E3] correspond* **la reliance sociale *proprement dite*,** dont la ***reliance psychosociale*** (entre deux ou plusieurs personnes) constitue à la fois le cas particulier et la base élémentaire, tout au long des étapes de la vie.

4. À l'espace *[E4]* correspond **la reliance sociétale**, qui marque les liens de solidarité et de citoyenneté entre *une personne* (sujet individuel, élément de base potentiellement actif et identifiable comme tel sur le plan éthique au sein de la société), et *l'ensemble des membres du macro-système social* ainsi constitué et médiatisé par la culture, produit collectif, telle que l'évolution la transmet et la transforme sous l'influence du politique, c'est-à-dire de l'exercice du pouvoir dans la société organisée/organisante, où l'éthique apparaît comme une fonction équilibrante et régulatrice.

5. L'espace *[E5]* est globalement et localement celui de la **reliance anthroposociale,** c'est-à-dire *la reliance agie* et *la reliance vécue* à travers l'ensemble de liens et des relations que tout être humain entretient à la fois vis-à-vis de lui-même, des autres et du monde.

II.6. Les formes élémentaires de l'éthique

Ces médiations triangulaires entre les *quatre points cardinaux* où l'éthique se construit au fil des *liens* qui la créent et des formes de *socialité* qui en émanent, permettent d'établir les correspondances qui permettent de retenir cinq formes élémentaires d'éthiques dans leur champ commun (*Fig. 6*) :

1. **L'éthique du particulier et de la singularité** ***(E1)***, est la forme d'éthique de base, individuelle et de proximité. C'est celle de la vie quotidienne, de la méditation solitaire à la vie en groupes, où il apparaît que *(E1)* est fonction de la qualité des relations entre l'individu et la personne dans les groupes ; ctreuset de la socialité observable dans l'espace *[E1]*.

2. ***Les éthiques appliquées*** **(*E2*)**, occupent l'espace *[E2]*. Elles proviennent de l'extension des groupes différenciés dans tous les milieux du champ social. Elles tissent chaque jour des liens, où l'éthique joue une fonction d'adaptation et d'équilibration des comportements à des normes qui évoluent proportionnellement à la croissance.

3. **L'éthique de la citoyenneté** ***(E3)***, liée à la gouvernance de la vie individuelle et collective organisée (espace *E3*), est l'éthique qui se coule dans le moule de la personnalité des individus, producteurs et produits d'une culture de l'éthique à la fois authentique vis-à-vis de soi-même et responsable vis-à-vis des autres.

4. **L'éthique traditionnelle** ***(E4)***, reliée aux représentations globales et générales, individuelles et collectives, est le fruit du processus de socialisation rémanente des individus qui contribuent à la transmission culturelle et à la standardisation des personnalités. Individuellement et collectivement, cette forme d'éthique s'incarne dans les principes moraux qui gouvernent les conduites. C'est celle qui dicte la sagesse que l'on s'efforce de placer, depuis l'Antiquité, au-dessus de toutes les valeurs et croyances pour assurer la sauvegarde de l'humanité.

5. **L'éthique personnelle** ***(E5)***, se veut responsable et authentique au sens où l'individu se construit suivant un système de principes et se sent capable de juger de ses actes en fonction de valeurs qui lui sont propres. Issue de la morale individuelle, cette forme d'éthique, dont les liens et la socialité s'étendent à la société tout entière, est universelle. Toutefois, si *(E5)* prend racine dans la socialité dont elle est une particule élémentaire, la question reste entière du crédit moral

	Espace éthique *[E1]*	Espace éthique *[E2]*	Espace éthique *[E3]*	Espace éthique *[E4]*	Espace *Personne* *[E5]*
Pôles	*Ind-Pers-Gpe*	*Gpe-Pers-Inst*	*Inst-Pers-Soc*	*Soc-Pers-Ind*	*P-Ind-Gpe-Soc*
Relations fonctionnelles	*[R1]* : Ind-Gpe	*[R2]* : Gpe-Inst	*[R3]* : Inst-Soc	*[R4]* : Soc-Ind	*[R5]* : Centrales
Nature et types de liens	Intrapersonnels *(1a)*, et inter-personnels *(1b)* Liens intimes intrapersonnels	Interpersonnels *(1b)*, et inter-individuels *(1c)* Liens contractuels	Interindividuels *(1c)*, et inter-personnels *(1d)* Liens sociétaires	Interpersonnels *(1d)*, et inter individuels*(1a)* Liens socio-culturels	Interpersonnels *(1d)*, et intra-personnels *(1a)* Liens sociétaux
Formes de socialité	Personnelle, intrapsychique	Locale, communautaire	Sociétaire, institutionnelle	Solidaire, politique	Cosmique, universelle
Types de reliance	Ontologique et psycho-logique	Psychosociale, interpersonnelle	Sociale pro-prement dite	Sociétale, culturelle	Anthropo-sociale
Formes d'éthique	Éthique de la singularité	Éthiques appliquées	Éthique de la citoyenneté	Éthique morale traditionnelle	Éthique personnelle

Fig. 6. Les paramètres de l'éthique dans son champ morphogénétique

concédable à des éthiques qui se réduiraient au culte individualiste et égocentrique de la personnalité.

Ainsi considéré, le champ morphogénétique de l'éthique offre une vision panoramique de l'objet à travers les méandres de la reliance. Il donne à voir une structure. Mais la structure n'est pas un système car elle n'exhibe pas le jeu des énergies qui est le propre des représentations dynamiques assurées par les systèmes. De fait, s'il est courant de parler de *valeurs sociétales* (liberté, démocratie, etc.), de valeurs organisationnelles (autonomie, flexibilité, etc.), de *valeurs individuelles et collectives* (éthiques personnelle et professionnelle), il ne s'agit bien souvent que de mots, car une valeur, pour être réelle doit être identifiable et couplée à un indicateur. Toute valeur n'a de sens, en effet, et ne peut faire l'objet d'un jugement, qu'en référence à une prise de décision et à des choix avérés qui la guident au sein du grand système, dont elle n'est elle-même qu'un élément.

III. L'ÉTHIQUE SUIVANT LE MODÈLE INCLUSIF DES COMPÉTENCES SOCIALES

Chacun de nous a une vision empirique de l'éthique et des représentations qui évoluent au gré des expériences vécues et de la mémoire de ces expériences. Il ne peut donc pas y avoir un modèle standard de l'éthique en tant qu'objet de connaissance, mais des modèles d'éthiques en fonction des principes, des valeurs et des buts de chacun dans la vie, confronté au grand modèle dicté par la société. Mais, tout modèle n'étant qu'une « représentation partielle et partiale de la réalité » (J.L. Le Moigne), et jamais une représentation de l'absolu, la systémographie indique au modélisateur d'appuyer son analyse sur quelque hypothèse vérifiable.

Multidimentionnelle, plurifactorielle et probabiliste, l'hypothèse de *compétence sociale*, ici choisie, englobe l'éthique. Elle permet d'inférer au carrefour de la pratique et de la théorie que l'éthique, fruit de tout ce qui rlie et se relie, est une *compétence sociale*, c'est-à-dire un « savoir-agir en relation » (P. Peyré, 2000, p. 55), qui, comme toute compétence, s'exerce dans un domaine donné, tissé d'intentions déclaratives et de savoirs procéduraux, qui déterminent ensemble des pratiques relationnelles au sein desquelles l'éthique intervient sous forme de *performance sociale* mettant en jeu *la reliance comme facteur de cohésion sociale.*

III.1. Les dimensions du concept

À un premier niveau d'abstraction, nous retrouvons la même structure et les mêmes paramètres que ceux qui définissent le concept de *compétences sociales* selon deux dimensions inséparables et interactives : *l'éthique individuelle* et *l'éthique collective*.

— **Au niveau individuel :**

1) Dans sa *dimension biologique,* l'éthique est une nécessité vitale pour l'individu et la société ; elle est le reflet des besoins d'équilibre de la nature et d'harmonie de l'ordre social (*darwinisme social*) ; et avec elle se posent les questions de la planification biologico-sociale (*eugénisme*) et de l'*écosophie* (écologie profonde qui invite à un renversement de la perspective anthropocentriste).

2) Dans sa *dimension existentielle,* l'éthique donne sens à la vie ; elle interroge chacun sur ses relations à soi, aux autres et au monde. L'éthique est un processus auto, co et écosystémique.

3) Dans sa *dimension dimension personnelle,* l'éthique est activée à un niveau intrapsychique en fonction de l'âge, du sexe, de la classe sociale et de la personnalité de chacun.

4) Dans sa *dimension pragmatique*, l'éthique se manifeste dans la relation à autrui et se répercute à travers les réseaux qu'elle crée et qui l'influencent ; elle a des effets majeurs sur la vie familiale et professionnelle, sur l'intégration, la popularité, le bonheur et la santé.

— **Au niveau collectif** :

1) *Dimension culturelle* : l'éthique est *a priori* un médiateur vertueux entre des choix personnels en conscience, et l'obligation de participer avec discernement* à la vie sociale organisée selon les principes des bonnes mœurs, des normes et des usages. Les délinquants, les sectes, les groupes de barbares peuvent avoir une “éthique“, qui est leur morale à eux, mais qui n'a rien de moral !

2) *Dimension sociale :* quel que soit le moment de l'éthique, universel, particulier ou singulier, l'éthique est au cœur de la vie communautaire à toutes les étapes de la socialisation des personnes qu'elle relie, de l'enfance à la sénescence, au sein des groupes qu'elle accompagne dans leurs rôles sociaux, sans qu'il soit toujours possible de faire la part entre ce qui est de l'ordre de l'individu et la part de ce qui provient de l'environnement.

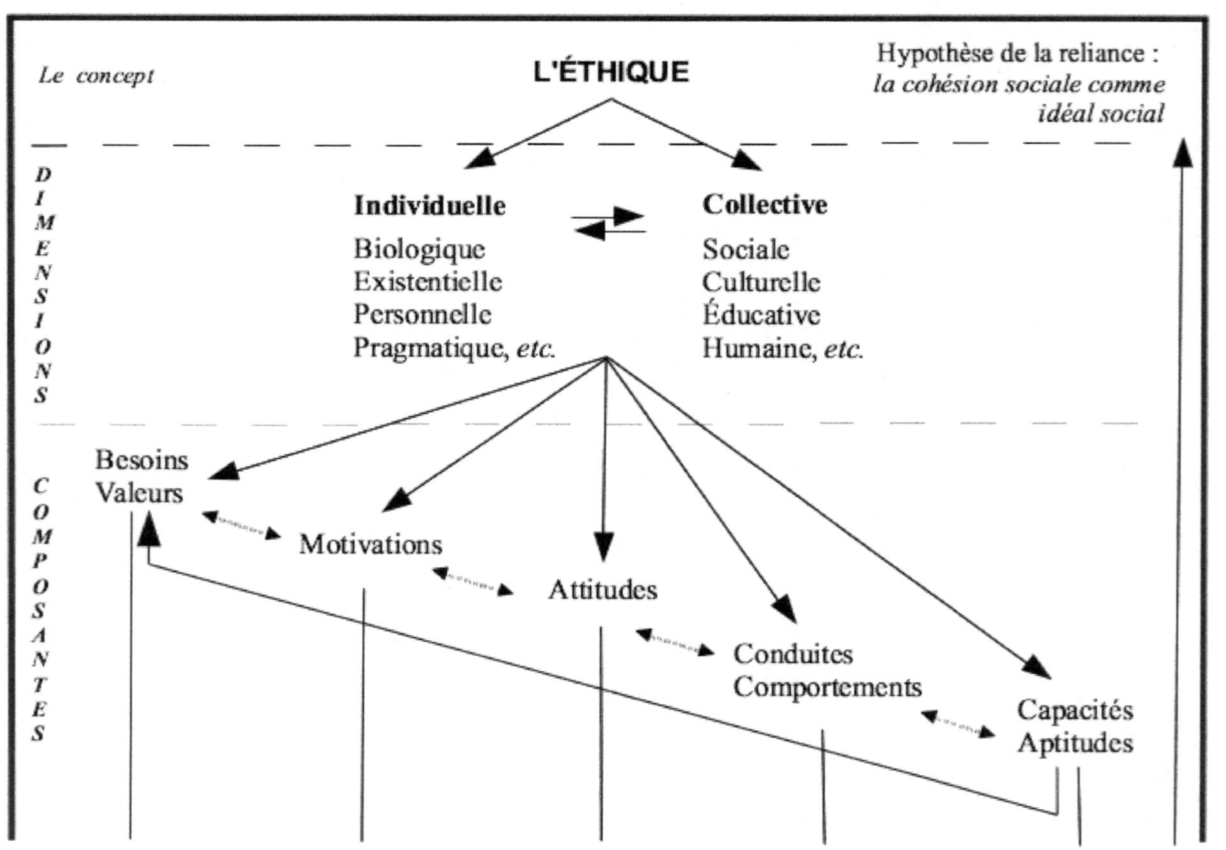

Le concept
L'ÉTHIQUE
Hypothèse de la reliance : *la cohésion sociale comme idéal social*
DIMENSIONS
Individuelle
Biologique
Existentielle
Personnelle
Pragmatique, *etc.*
Collective
Sociale
Culturelle
Éducative
Humaine, *etc.*
COMPOSANTES
Besoins
Valeurs
Motivations
Attitudes
Conduites
Comportements
Capacités
Aptitudes

Fig.7. Les éléments de l'éthique dans leur perspective structuraliste

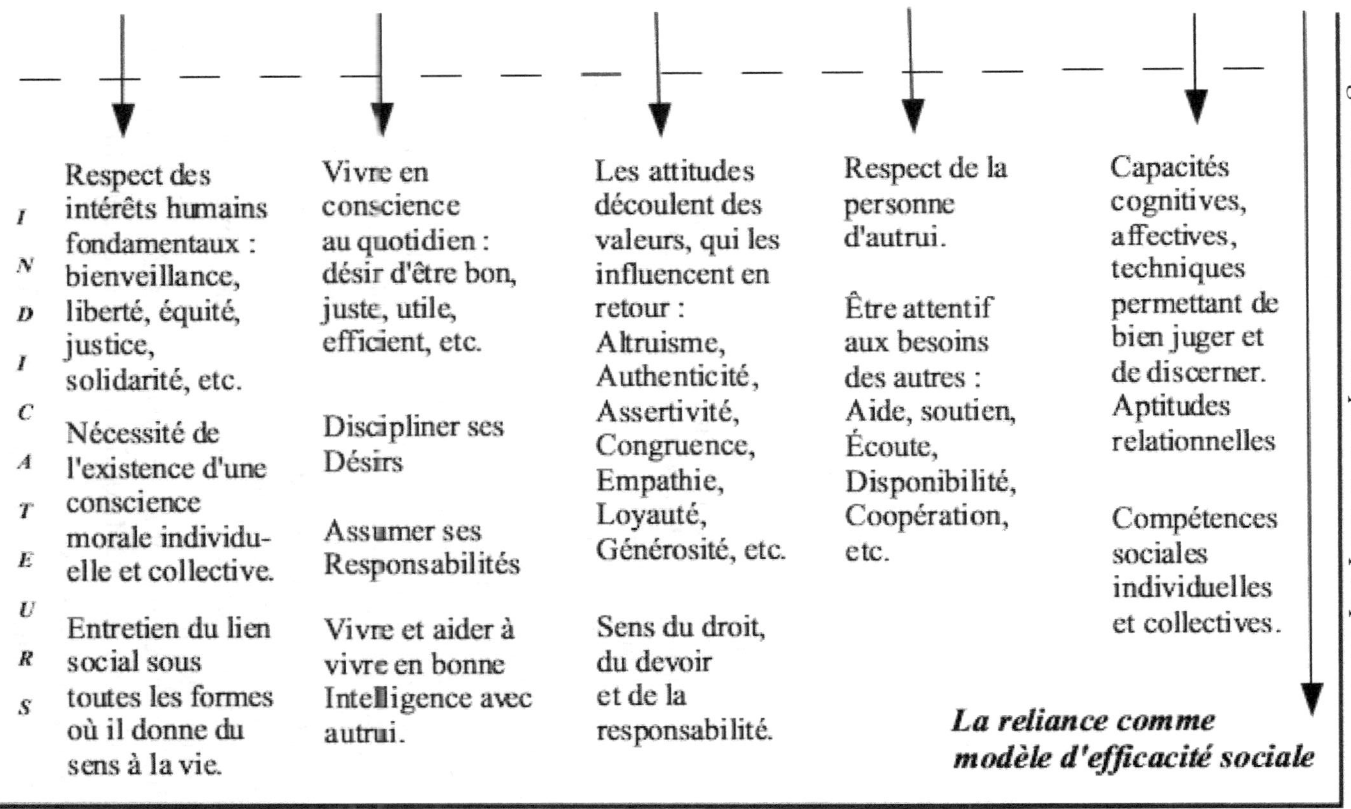

Fig. 7. L'éthique dans une perspective structuraliste

3) *Dimension éducative* : l'éthique s'acquiert et s'entretient par l'expérience au sein de la famille, à l'école et tout au long de la vie par la formation initiale et continue ; elle se développe dans la vie au travail, les loisirs, et autres groupes d'amis et relations.

4) *Dimension professionnelle* : au sein des organisations, l'éthique apparaît comme l'ensemble des principes et valeurs qui sous-tendent les pratiques salariées, libérales ou bénévoles et leur donnent sens, au-delà des codes et des obligations. L'éthique est un état d'esprit en situation.

5) *Dimension humaine* : l'éthique (que l'on retrouve chez d'autres espèces et sous d'autres formes que les nôtres), s'exprime comme une compétence sociale qui régule les relations sociales et renforce, au-delà des croyances et des sentiments qu'elle métabolise, la part de l'humanité en l'homme. L'éthique est l'expression d'un vécu existentiel (*existential experience*). Elle reste liée à l'expérience de la vie.

En termes de reliance, l'éthique s'incarne notamment dans *la résilience* dont le caractère accumulatif de vertus permet de rebondir et lutte contre la déliance. Selon B. Cyrulnick (1999) la résilience est cette « capacité à réussir, à vivre et à se développer positivement, de manière socialement acceptable en dépit du stress ou d'une adversité qui comporte normalement le risque grave d'une issue négative ». Compagne de route de l'éthique, la résilience se propage chez les personnes et dans les groupes, qu'elle aide à sortir des épreuves traumatisantes avec des forces renouvelées. Elle intervient dans les situations de crises où surgissent les conflits relationnels : *conflits d'objectifs*, quand les buts ne sont pas compatibles ; *conflits cognitifs*, quand les croyances et les représentations divergent ; *conflits affectifs*, quand les émotions et les sentiments entrent en dissonnance ; et *conflits comportementaux*, quand les actions contredisent ou rivalisent. La résilience évacue le risque de développement de comportements déviants. Bref, elle raccorde avec soi-même et favorise l'union en renforçant *la sociabilité*, c'est-à-dire la capacité à évoluer en société en reprenant confiance en soi et à rebondir.

III.2. Les composantes du concept

Comme les compétences sociales dont elle épouse la structure et la forme, l'éthique, à un deuxième niveau d'abstraction agrégative du concept, repose sur des besoins et des valeurs pour la satisfaction desquels les individus mettent en œuvre des motivations, des attitudes, des conduites et des comportements liés à des capacités et des aptitudes personnelles qui leur permettent d'être socialement efficaces[113] conformément aux normes et aux usages qui règlent et protègent la vie collective.

1. ***Les besoins et les valeurs.*** Les notions de besoins et de valeurs sont aussi vastes et vagues que complexes, et leurs fonctions mutuelles et respectives aussi multiples que variées, selon l'époque et le milieu.

Conformément et au-delà des théories classiques des besoins (Murray et ses 20 besoins fondamentaux ; Maslow et sa hiérarchie pyramidale, etc.), les besoins, en matière d'éthique, sont assimilables à des états de l'organisme (aspect bio-psychologique) à l'origine d'une activité générale faite de motivations (aspect psycho-social) qui engendrent des comportements plus ou moins adaptés et efficaces, selon les buts extrêmement larges poursuivis (aspect pragmatique). Il existe en effet, comme l'observe K. Lewin, des « quasi besoins » à satisfaire en matière de relations sociales, tels que la tension (force ou pression) qui se crée par exemple à l'occasion d'un problème personnel, public ou privé, et fait réagir le comportement comme s'il s'agissait d'un besoin.

Eléments fondateurs de l'éthique, les valeurs sont des principes à partir desquels les individus et les sociétés procèdent à des choix et fixent des priorités, qui correspondent à une manière d'être et d'agir. Elles appellent à l'adhésion aux principes, à la solidarité et au respect de la nature et des choses de la vie. Santé, amour, travail, et démocratie, par exemple, sont parmi les valeurs essentielles qui gouvernent l'éthique. Ensemble les valeurs répondent au besoin fondamental de cohésion sociale. C'est-à-dire d'union cohérente que fonde la reliance sociale, par opposition à toute forme d'union incohérente créant la déliance.

Tout processus de socialisation repose sur des valeurs, dont l'enjeu est le développement de compétences qui déterminent des capacités spécifiques à l'éthique. Ces compétences sont des *compétences*

---

113 Nous nous sommes inspiré, sur ce point de l'approche structurelle du concept d'éthique, du modèle général des facteurs de l'interaction individu/société et de la hiérarchie des "besoins motivations, attitudes, valeurs" décrits dans le *Manuel de psychologie sociale* de Newcomb, Turner et Convers (*op. cit.*, pp. 57-64).

sociales par excellence. Elles jouent un rôle essentiel dans l'identification et l'authentification des besoins impliqués dans toute configuration comportementale où l'éthique intervient. Pour la psychologie sociale, les valeurs sont liées aux besoins, aux motivations et aux attitudes qui guident les comportements en fonction des capacités et des aptitudes des individus dans le milieu où ils vivent. Elles sont l'expression des activités psychologiques de la personne, intra et interpersonnelles, dans la conduite de ses relations à autrui. Les notions d'adaptation sociale, de groupe social, de culture et de normes, sont- inséparables du concept de valeurs, telles qu'on les retrouve à l'œuvre dans l'éthique.

2. *Les motivations*. En fonction des besoins qui les déterminent et des valeurs qui les orientent, les motivations sont des « états de l'organisme appris et dirigés vers un but, tirant leur énergie des besoins » (*Manuel de psychologie sociale*, *op. cit.* p. 62). Cette définition théorique étant générale, précisons donc à propos de l'éthique, que la notion de besoin éthique qualifie des états de l'organisme appris et dirigés vers un but moral spécifique et avéré, qui apporte au processus toute l'énergie psychique, intellectuelle et physique dont il a besoin pour se réaliser.

Vue sous cet angle, la motivation éthique correspond à la part de *ce que je veux faire* intrinsèquement de ma relation à autrui, dans la situation où je me trouve, compte tenu des effets que j'en attends.

3. *Les attitudes*. Définies comme « états généralisés de dispositions à un comportement motivé » (*Manuel* précité, *ibid.*), les attitudes comme les motivations et les valeurs, ne sont pas directement observables. Essentielles dans la *gestion de soi*, elles correspondent à l'organisation des processus motivationnels, perceptifs, cognitifs et affectifs qui influencent la conduite d'un individu dans une situation donnée, en l'amenant à sélectionner les informations qui orientent sa réaction d'une façon spécifique.

L'attitude est le point de vue que l'on adopte. Elle peut être active ou passive. Dans la perspective de l'action éthique, l'attitude évolue sur le versant du *ce que je peux faire*, qui marque, au-delà de la motivation, l'intentionnalité conscientisée (*ce que je choisis de faire*), et ouvre la porte à l'action proprement tendue vers la décision (*ce que je dois faire*).

4. *Les conduites et les comportements.* Il n'y a pas une façon linéaire et univoque d'être actif et de se comporter de façon éthique pour être socialement efficace. La conduite est globalement révélatrice des attitudes éthiques d'un individu en fonction des situations vécues. Elle apparaît dans la manière d'être convivial plutôt que refermé sur soi, c'est-à-dire porté vers les autres, solidaire, attentif et sociable.

Selon G. de Landsheer, « le mot conduite ne devrait pas être pris pour synonyme de comportement en général, mais être réservé à la manière de se comporter dans des circonstances déterminées. ». C'est pourquoi, dans la mesure où l'éthique s'actualise dans la relation sociale sous la forme d'une performance (la réussite ou l'échec d'une démarche vouée au bien être et bien faire partagés), il faut considérer que la conduite est l'expression d'un choix délibéré qui dicte *ce que je dois penser et respecter* pour (bien) faire.

Si la personnalité, qui reste innaccessible à l'observation directe, est selon le psychologue G.W. Allport, « l'organisation dynamique dans l'individu des systèmes psychophysiques qui déterminent ses ajustements singuliers à son environnement », *le comportement*, lui, devient visible ou pour le moins évaluable et interprétable à partir de l'histoire de la situation. Entre le stimulus et la réponse, il signe, pour les behaviouristes, « la manière d'être ou d'agir » (Piéron). L'éthique est action, et lorsque *j'agis* sur ce registre, c'est que je suis conscient des responsabilités que j'engage et qui m'engagent au-delà de mes seules croyances ou convictions[114].

5. *Les capacités et aptitudes.* L'éthique n'est pas manifestation passive de bonnes intentions. Elle est liée à l'efficacité de l'action et donc à la performance. Depuis la culture personnelle des valeurs générales et particulières de la morale jusqu'aux règles du droit et de la déontologie, l'éthique met en œuvre des motivations, des attitudes, des conduites et des comportements. Elle les traverse et les relie en tissant la toile du savoir et du savoir faire qui la guident, au gré de toutes les habiletés qu'un individu peut réunir pour savoir être en paix avec lui-même et en relation responsable avec les autres. Compétence sociale, l'éthique relève de capacités autant que d'aptitudes :

---

114 *Cf.* L. Ferry (*op. cit.*, pp. 186-187) à propos de la « belle-âme », où il est question de la préférence d'« une éthique de la responsabilité à celle de la conviction ».

a) *Capacités*, au sens de connaissances permettant d'avoir une vision objective des situations vécues en termes de droits et de devoirs : d'être instruit des règles du jeu de l'éthique et de savoir mettre ces règles en pratique pour réussir à faire face aux besoins, selon les moments de la situation.

b) *Aptitudes*, au sens anglo-saxon de *social relations skills*, qui marque le pouvoir d'affirmer son esprit d'initiative, sa ténacité, son sens de la critique, son contrôle de soi, sa force de persuasion, sa confiance en soi et sa sensibilité aux autres. Bref, ses capacités relationnelles en termes de compétence sociale. Soit, avec une foule d'autres critères plus ou moins spécifiques : son *aptitude à l'éthique*.

III.3. Les indicateurs du concept, marqueurs du processus

Tout au long du processus suivant lequel elle se déroule, l'éthique met en œuvre des *motivations*, des *attitudes,* des *conduites* et des *comportements*, qui sont le fait de *capacités* et d'*aptitudes* au service des *besoins* et des *valeurs* qui déterminent l'action en amont et l'accompagnent pendant et après, suivant les effets provoqués. On peut donc inférer de chacune de ces composantes de l'éthique, la série des indicateurs qui leurs correspondent.

1. ***En termes de besoins et valeurs***, les indicateurs de l'éthique vont des représentations les plus abstraites et subjectives (interprétables) aux plus concrètes et objectives (observables), comme, par exemple :

– le respect des intérêts humains fondamentaux (le bien-être, la civilité, la courtoisie, la solidarité, la citoyenneté, la justice, la liberté, etc.) ;

– la nécessité de la conscience morale individuelle et collective comme valeur essentielle de la vie en société ;

– le maintien du lien social sous toutes ses formes de socialité et de reliance (individuelle, personnelle, institutionnelle, sociétale, universelle) ;

2. ***En termes de motivations***, on rejoint le fait que chacun de nous aspire à satisfaire son besoin de *vivre en bonne conscience* au quotidien avec lui-même dans son univers propre et dans celui qu'il partage. C'est ce type de motivation intrinsèque et extrinsèque qui anime l'individu dans son désir d'être bon, juste, utile, efficace et efficient, en même temps qu'il satisfait aux raisons de la société dans ses différents rôles de gardien de l'éthique (*veille éthique solidaire*) au service de l'intérêt général.

3. ***En termes d'attitudes***, les indicateurs de l'éthique sont des marqueurs de l'état d'esprit des individus en fonction de des représentations qu'ils se font de l'opinion collective et des règles de la société. Ces indicateurs se révèlent dans les dispositions mentales individuelles sous la forme de clauses de conscience et de discernement apprises et volontaires que le sujet s'adresse à lui-même. *L'attitude éthique* joue ainsi un rôle de régulation des désirs et des normes. Elle exprime un savoir être moral face aux droits et devoirs de chacun. Mais l'attitude étant de l'ordre des intentions et non de l'action qu'elle précède, elle n'est pas directement observable et donc pas immédiatement accessible à l'évaluation objective.

Parmi les indicateurs d'attitudes, des plus visibles aux plus enfouis, on citera : la *présentation de soi* (*l'habitus*), la tolérance, l'*assertivité*, *l'authenticité*, la *gratification*, le *soutien*, l'*empathie* et la *solidarité*. Et on retiendra *la congruence**, comme principe unificateur, à la fois cause et effet :

– *congruence intrapersonnelle*, c'est-à-dire concordance intime entre l'attitude affective, l'attitude perceptive et l'attitude cognitive chez un même sujet ;

– et *congruence interpersonnelle*, c'est-à-dire concordance entre les mêmes attitudes chez deux sujets et au-delà (dans les groupes, organisations, etc.) où les personnes en situation se choisissent ou se rejettent mutuellement en fonction des attitudes de chacun et des enjeux qui interfèrent.

4. ***En termes de conduites et comportements***, nombre de proverbes illustrent le lien entre l'attitude et la personnalité : « L'âme n'a point de secrets que la conduite ne révèle » (*Le livre de la sagesse chinoise*, 1876) ; « La conduite est un miroir dans lequel chacun montre son image » (*Les proverbes de l'Allemagne*, 1886). Ainsi, les indicateurs de l'éthique sont-ils des savoir-faire qui reflètent les conduites et les comportements ; ils dépassent le cadre de l'interprétation spéculative et se prêtent à de nombreuses techniques d'investigation pluri et interdisciplinaires, capables d'interroger l'action à travers les faits observés.

Pour analyser les conduites et les comportements éthiques individuels, on remontera aux sources des attitudes à travers des indicateurs tels que *le sentiment d'appartenance*, *l'attention aux autres*, *l'aide*, *l'écoute*, *l'altruisme*, *la coopération*, etc. ; et au niveau des comportements collectifs on se centrera sur *la sociabilité*, *la convivialité* qu'entretiennent *le soutien*, la *solidarité* et la *coopération* dans *le respect* de soi et des autres, etc.

En fait, la relation entre attitudes, conduites et comportements est composite au sens de relations corollaires, logiques et interdépendantes, susceptibles de varier d'un moment à l'autre aux cours de leurs enchaînements, comme *le respect*, par exemple, qui peut être à la fois une attitude très ancrée chez une personne et n'apparaître que maladroitement ou à contre-temps, dans une situation particulière, sur le plan de comportement observabes. De même il faut garder à l'esprit l'importance de la sémantique lorsque l'on cherche à interpréter des indicateurs, comme par exemple ceux qui concourrent à la définition des critères d'*appartenance à une communauté* où jouent des nuances sensibles pouvant aller du désir louable d'être juste et conforme aux normes pour s'intégrer, au communautarisme séparatiste auquel peuvent conduire des opinions instrumentalisées. L'éthique contre-productive, cela existe. D'où l'importance des codes, des règles et des lois, qui régissent l'éthique dans ses dimensions les plus formelles.

5. ***En termes de capacités et aptitudes***, les indicateurs de l'éthique traduisent des *savoirs*, *savoir-faire* et *savoir-être*, qui relèvent de compétences psychologiques en général et de *compétences sociales* en particulier, qui, ensemble, apportent à l'éthique les moyens et l'énergie dont elle a besoin pour s'exprimer.

– Sur le *plan fonctionnel et organisationnel*, l'éthique requiert des capacités et des aptitudes propres à contrôler la *pensée éthique* qui pilote l'action en coordonnant l'ensemble des facteurs individuels et collectifs qui interviennent en fonction des besoins et des normes (pensée déterminée se déterminant) ;

– Sur le *plan stratégique et opérationnel*, les facteurs psychologiques et sociaux de compétence à l'éthique se conjuguent pour donner au processus l'assurance de sa propre éthique : *l'éthique de la pensée*, dont le rôle est d'accompagner la réflexion et de superviser les conduites et les comportements, depuis l'origine de l'action jusqu'à l'aboutissement des résultats attendus (pensée déterminante qui lie à soi, aux autres et aux choses, et se relie à elle-même).

Individuelles et collectives, ces compétences relèvent d'un *apprentissage social.* Elles sont *contextualisées* et prennent forme grâce à la *capacité à résoudre et comprendre les problèmes* que confère l'*aptitude à faire face* à des relations particulières dans des situations singulières, délicates par nature parcequ'elles en appellent à la responsabilité des parties immergées dans un tout, un champ, psychologique et social. Aboutissement d'apprentissages individuels et d'expériences collectives dans et par la socialisation, les *capacités et aptitudes* qui s'expriment dans le processus éthique impactent les situations où l'éthique est activée, autant qu'elles s'en imprègnent.

Ainsi considérée sous la forme des compétences *auto, co et écosystémique* qui la caractérisent, l'éthique donne à voir les configurations de sa démarche en termes de capacités et aptitudes requises de la part des acteurs et de leurs interrelations en interactions. Elle laisse transparaître les indicateurs de son *efficacité sociale* et de sa *durabilité* par rapport aux principes d'où découlent les valeurs que tisse le *lien social*, au sens que Serge Paugam retient de ses observations : « L'expression "lien social" est aujourd'hui employée pour désigner tout à la fois le désir de vivre ensemble, la volonté de relier les individus dispersés, l'ambition d'une cohésion plus profonde de la société dans son ensemble. »[115].

IV. EN RESUMÉ : l'éthique est intelligence de situation

Du psychologique au social, et du plus individuel au plus collectif, les tableaux synoptiques qui précèdent représentent la *structure du concept d'éthique* tendue entre le micro-social et le macro-social. Depuis ses dimensions jusqu'à ses indicateurs, en passant par ses composantes et ses réseaux, la structure de l'éthique apparaît ainsi ouverte, du microcosme cérébral au macrocosme social, sur l'infini de *l'unitas multiplex.* Modèle forcément partiel mais éprouvé en termes de cohérence conçue et représentée, cette structure est la « cartographie » du processus de l'éthique ainsi perçu et analysé, aux points cardinaux de son fonctionnement en termes de facteurs et de liens fondamentaux qui entrent dans la composition de sa totalité et procèdent à ses transformations et à ses autoréglages. D'autres modèles existent, et d'autres viendront les compléter, à l'aune des disciplines qui la feront passer sous le spectre de leurs microscopes autant que de leurs macroscopes.

---

115 Paugam S. : *Le lien social.* Paris, PUF, Que-sais-je ?, 2018, p. 4.

C'est donc sur la base de la sociologie, de la psychologie sociale et de la psychologie du comportement, étendue aux techniques de la psychologie expérimentale et de la sociométrie, que l'on peut se guider en allant de l'une à l'autre de ces catégories disciplinaires pour se rapprocher du droit et de sciences politiques afin de mieux pénétrer la philosophie de l'éthique et les modalités de sa gouvernance. Sans oublier les disciplines dont le regard et l'intervention seront toujours indispensables en terme de santé mentale et de criminologie, par exemple.

Empirique, philosophique ou scientifique, la réflexion humaine (tant que des cerveaux artificiels ne s'y seront pas substitués abusivement) restera toujours première en matière d'éthique pour savoir tirer, dans chaque situation vécue et bien pensée, la morale de l'histoire à la manière du tableau de Jean-Léon Gérôme (1896) : « La Vérité sortant du puits ». Ce tableau illustre une légende du XIXe siècle où la Vérité et le Mensonge se sont rencontrés un jour. Le second a volé ses habits à la première qui, depuis, court partout pour les récupérer sous la rage et le mépris de tous, tandis que le Mensonge voyage dans le monde, habillé comme la Vérité. Il satisfait certes les besoins de la Société. Mais le Monde, en aucun cas, ne veut voir la Vérité toute nue.

Le mythe de Dionysos illustre bien cette forme de socialité où, brouillant les frontières du caractère interchangeable des extrêmes établis par la pensée politico-religieuse confrontée aux injonctions morales et sociales du meilleur des mondes possibles, l'éthique court éternellement après elle-même. Elle se cherche et se recherche à travers ce qui nous distingue des autres. Elle crée en chaque individu une « personnalité psychique » propre, *idiosyncrasique*, au sens où André Gide évoque notre « maladie des valeurs » à travers la question de la conscience dialectique entre le particulier et le général (Paludes, 1895).

CHAPITRE IV

L'ÉTHIQUE-SYSTÈME

*L'axiomatique** de l'éthique est complexe. Aussi, le raisonnement par la logique conjonctive s'impose-t-il, là où les axiomes aristotéliciens et le structuralisme ne suffisent plus pour mettre de l'ordre et de la clarté dans la complexité du réel. A commencer par la synonymie embarrassante entre la morale et l'éthique. Il nous faut donc passer de la structure au système afin de relier entre eux – du global au local et de la pensée à l'action – l'ensemble des éléments qui interviennent dans les applications de plus en plus nombreuses et évolutives de l'éthique (de l'ordre de la *structure*), face aux besoins universels, *singuliers* (un même besoin, partagé par plusieurs) et *particuliers* (un besoin personnel, pas nécessairement partagé) qu'elle aide à satisfaire à travers ses valeurs humanistes (de l'ordre du *système*).

Il y a là un phénomène paradoxal, selon lequel il semblerait que l'on idéalise la morale traditionnelle d'un point de vue *axiologique**, tout en lui préférant l'éthique d'un point de vue *praxéologique** où s'exprime la *praxis*. L'ambivalence consisterait alors à dire la même chose, tout en allant vers autre chose. C'est, du moins ce que pourraient signifier les transformations actuelles de la pensée morale traditionnelle qui se pérennise sous la forme d'éthiques démultipliées dans l'espace public, avec une tendance à l'individualisation dans la sphère privée. Ne chercherait-on pas, comme par la magie du langage, à habiller la morale du manteau d'de l'éthique, pour la mettre au goût du jour et assurer sa performance invoquée? En changeant, certes, ce qui doit être changé, mais en oubliant peut-être que l'histoire de l'éthique fait partie de l'histoire de la morale, et que l'Histoire est comme l'explique Kamel Daoud, « la discipline du futur, que l'on se choisit »[116].

---

[116] « La fable du lapin chasseur », *Le Point*, 30 mai 2019, p. 150.

I. LE SYSTÈME ET L'OUTIL, UNE DIALECTIQUE ANNONCÉE

L'éthique et la morale n'ont pas d'âge et appartiennent ensemble au monde des idées, qui s'incarnent dans la réalité entre *la pensée, la parole* et *l'acte*. Leur étymologie commune en atteste, dont l'histoire est en train de marquer le choix préférentiel du terme d'éthique aux lieu et place de celui, inséparable mais désuet, de morale. Des idées éthiques, soit, qui procèdent d'une « écologie de l'esprit »* au sens batesonnien du concept où les comportements humains normaux et pathologiques construisent le milieu dans lequel se développent les systèmes de valeurs, qui déterminent les comportements. Mieux vaut être éthique donc, car, comme prévient la Bible : « Les pères ont mangé des raisins verts et les dents des enfants se sont agacées ».

L'éthique, la morale, l'éthicité et la moralité sont la représentation mentale d'un seul et même phénomène de la pensée complexe, lié à l'histoire de l'humanité et à la psychologie de l'homme en société. Les philosophes, dès l'Antiquité, en ont forgé le concept, son sens et sa portée. Les religions ont proclamé ses richesses (la bonté, la charité, la prudence, la tempérance, la force d'âme et la justice, etc.) ; les pédagogues s'en sont emparés et les éducateurs ont suivi, enseignant ses vertus. L'héritage est capital où éthique et morale, dans un monde où le changement s'accélère et les mœurs évoluent, apparaissent de plus en plus concernées dans leurs fondements comme dans le renouveau de ce que l'intérêt général en attend entre espoir et pessimisme.

Virtuelle à l'état latent, l'éthique a une existence manifeste dans les espaces du vivant-social qu'elle relie en termes de besoins, de savoirs, de croyances, de mythes, de rites et de comportements, entre la biosphère, la psychosphère, la sociosphère et la noosphère dont elle est un produit commun et à la reproduction duquel elle participe à des degrés divers et sous des formes variées. Ainsi, bien vivante dans le monde des idées qui la gouvernent et qu'elle influence en retour, l'éthique que nous possédons, quelle que soit la relation que nous avons avec elle, nous possède[117]. Elle nous possède corps et âme, et c'est l'être tout entier qu'elle engage dans son aventure humaine et spirituelle. L'éthique fait *système*[118]. L'éthique fonctionne comme un système, l'éthique évolue comme un système. Bref, l'éthique est un système ! Mais en même temps, l'éthique est un *outil*, comme le corps est l'instrument qui donne vie à l'esprit. Et l'esprit au corps.

– ***Système****, le statut de l'éthique est d'être l'une des dimensions permanentes, idéelle et idéale, des bonnes mœurs. Sa fonction est de concourir à des actions en vue de la qualité de la vie en société et de la sécurité dans le monde (tendance qui s'affirme face aux grandes menaces : climatiques, démographiques, sanitaires, terroristes, etc.). Ses rôles et place, sont de promouvoir les valeurs individuelles et collectives qui conduisent au développement responsable et durable des relations humaines, publiques et privées, grâce à la cohésion sociale et au maintien des *liens sociaux*. Concevoir l'éthique comme un système, c'est donc se représenter l'objet finalisé, sous l'angle de l'*axiologie* qui s'intéresse aux systèmes en tant que tels du point de vue de la philosophie des valeurs, d'une part, et sous l'angle de la *praxéologie* qui veille à la mise en œuvre de cette philosophie d'autre part.

– ***Outil****, la vocation de l'éthique est, d'un point de vue *praxéologique*, d'être l'instrument qui assure l'opérabilité du système. C'est-à-dire la *fonction opérante* des transformations, régulations, coordinations et autoréglages, qui actionnent les comportements des acteurs au sein du système en fonction des buts de l'action.

– ***Le système et l'outil*** : de *l'éthique-système* (les idées, les valeurs, les théories, les principes, les savoirs à transmettre, les conduites à respecter, etc.) à *l'éthique-outil* (les comportements à mettre en œuvre), il n'y a pas séparation ou contradiction mais *rapport dual et*

---

117 L'éthique nous marque de son empreinte. Nous y pensons lorsque les situations nous y conduisent et que nous avons besoin de comprendre sa relation avec le monde des idées en général, et le monde de la morale en particulier (*cf.* l'ouvrage d'Edgar Morin : *Les idées : leur habitat, leur vie, leurs mœurs et leur organisation,* (*La Méthode 4)*.

118 Au sens de vision globale d'un « ensemble d'éléments en interaction dynamique, organisés en fonction d'un but » (J. de Rosnay : op. cit. p. 91), comme au sens du paradigme systémique de la *Théorie du système général, théorie de la modélisation* (J.L. Le Moigne) et du paradigme de la complexité.

dialectique. C'est-à-dire relation unifiée et unifiante, qui nourrit et se nourrit de la *complexité*[119] des parties à travers les systèmes de systèmes qu'elle relie et coordonne en tissant la toile de ses réseaux d'information, de décision et d'opérationnalisation destinés à rendre l'éthique active et utile, juste et efficace. Le système ne gomme pas les différences entre sous-systèmes ; il est dans l'outil, qui a pour fonction de rendre ces différences complémentaires : le système est dans l'outil, qui est dans le système L*'éthique-outil* (sous-système qui opère), au service des finalités *de l'éthique-système* (sous-système qui pilote et gère l'outil), est la condition de *l'opérabilité* générale de l'éthique.

C'est en passant de la structure au système que l'on pourra se représenter la *dialectique du système et de l'outil*, et accéder au *paradigme écosystémique des relations humaines* où l'éthique peut s'observer dans le mouvement d'une véritable *écologie des idées* : *ÊTRE éthique* (*notion de synchronie* et de *connaissances procédurales* actionnées), *c'est AVOIR* de l'éthique (*notion de diachronie* et de *connaissances déclaratives* actionnables), c'est-à-dire être capable d'agir de façon *éthique* (*notion de synchronie* et de *connaissances procédurales* actionnées). C'est là une posture épistémologique que l'on retrouve, dans la théorie de *l'écologie des liens* de J. Miermont (1993) qui embrasse les perspectives de la psychanalyse et des neurosciences, ainsi que dans le concept psychosociologique de *la reliance* forgé par M. Bolle de Bale (1996).

II. L'ÉTHIQUE EST UN *SYSTÈME VIVANT-SOCIAL*

Une vision systémique de l'éthique, c'est-à-dire l'éthique conçue et réprésentée comme *un système*, permet d'approcher la réalité phénoménologique, en fonction de la problématique et du champ opérationnel qui intéressent le modélisateur : « Nous ne raisonnons que sur des modèles » insiste P. Valéry, qui écrit dans ses *Cahiers* : « Je n'ai jamais cru aux "explications".... mais j'ai cru qu'il fallait chercher des "représentations" sur lesquelles on pût opérer comme on travaille sur une carte ou l'ingénieur sur épures, etc. – et qui puissent servir à "faire" ».

---

119 De *complexus,* ce qui est tissé ensemble, la complexité « pose le problème du paradoxe de l'un et du multiple » : E. Morin (*cf.* Index des mots-clés).

Les définitions, aussi nombreuses soient-elles, n'épuisent pas la complexité de l'éthique, *système vivant-social* ouvert sur son environnement. L'éthique possède une vie propre. Elle remplit une fonction sociale, et la famille conceptuelle à laquelle elle appartient offre une longue histoire à considérer.

II.1. La théorie de la modélisation : quelques notions de base pour aborder l'éthique

L'approche systémique est une manière de lire la réalité des mondes complexes. Elle nous aide à la comprendre la complexité et, le cas échéant, à agir sur elle, à l'aune des modèles qui nous permettent de la représenter.

II.1.1. Caractéristiques des systèmes complexes (SC)

1. **Les *S.C.* sont des systèmes *ouverts*** *(communicants).* Pour maintenir leur structure, les systèmes vivants-sociaux, doivent échanger en permanence de l'énergie (*E*), de la matière (*M*) et de l'information *(I)* avec leur *environnement (le milieu extérieur).* La communication est la base de leur fonctionnement entre le dedans et le dehors du système. Dans le cas de l'éthique, où les phénomènes de projection sont permanents dans la transversalité de leurs formes structurelles et dynamiques, nous retiendrons que : (*E*) correspond à de l'énergie psychique, physique, relationnelle ; (*M*), à des produits d'échanges matériels et immatériels ; et (*I*), à des faits, opinions, intentions, décisions, sentiments, émotions, etc., communicables par expression verbale ou non verbale.

2. **Les *S.C.* sont *relationnels (structurés)*.** Dans tout système, la qualité des relations entre les composants est plus importante que la qualité des composants eux-mêmes. Autrement dit, la qualité de l'éthique est proportionnelle à la qualité des composants du système observé, mais elle est aussi fonction, comme dans les synapses, de la qualité des interconnexions entre ses composants. C'est-à-dire de la fermeté des liens qui les unissent. C'est là, entre individualisme et holisme, une approche des relations où l'analyse intervient pour rendre compte des temporalités de l'action, en fonction de la genèse des situations et de leur projection dans le futur plus ou moins lointain.

3. **Les *S.C.* sont *finalisés* (*téléologiques*).** Ce sont, du fait même de leur complexité relationnelle, des « systèmes à mémoire » et à « projet », *i.e.* des systèmes dont le fonctionnement ne peut pas être

expliqué sans faire référence à l'histoire et à la finalité de l'objet pour remonter aux sources de l'éthique et observer ses variations (*cf.* chap. III).

4. **Les *S.C.* ont besoin de *variété (ils sont capables d'adaptation)*.** Pour pouvoir s'adapter en permanence aux modifications de leur environnement, les *S.C.* doivent être inventifs et plastiques, c'est-à-dire changer d'états et *se transformer* tout en restant les mêmes. Or, de telles propriétés sont incompatibles avec des liaisons rigides entre éléments figeant le rôle dévolu à chacun d'eux. *L'adaptabilité* implique qu'une certaine plage de liberté soit reconnue aux composants du système, car leurs comportements présentent un certain flou et ne se laissent pas réduire à des déterminismes téléguidés par le niveau englobant. C'est en cela que consiste *la variété*, dont le principe a été énoncé par le mathématicien et biologiste Ross Ashby sous le nom de « *loi de la variété requise* ». L'éthique, sur ce plan, témoigne d'une plasticité qui lui permet de dépasser certains préceptes obsolètes de la morale traditionnelle, non pas parce que ces préceptes sont faux (*la complication* émergerait à vouloir les maintenir), mais parce que le monde a changé (*la complexification* participe à l'adaptation par équilibration et augmentation de la variété du système).

5. **Les *S.C.* sont *auto-organisateurs (recherche d'équilibre et de régulation)*.** Au point de rencontre de la *variété* et de la *finalité* émerge la capacité auto-organisatrice des *S.C.*, capacité manifestée par les systèmes vivants, puis par les systèmes sociaux. Changer, tout en restant le même, c'est la manière pour tout système en général et l'éthique en particulier, de répondre au *défi* le plus difficile que la complexité donne à relever à l'esprit humain. C'est en cela que consiste l'aspect le plus remarquable de *l'auto-organisation* : le système échappe à ses problèmes et à ses défis (pour la plupart solubles à leur propre niveau par un saut supplémentaire dans la complexité), par augmentation de sa « variété » (principe de la *vis à tergo*). D'une manière générale, *la notion de complexité* recèle bien d'autres principes pour définir ce qu'est un *état complexe*. Dans le vocabulaire de la *théorie générale des systèmes* est ainsi « présumé complexe » tout système répondant, en tout ou partie, aux trois *propriétés effectrices* (réponse aux stimulations qu'il reçoit) suivantes :

a) **La multifactorialité**. Du fait qu'il est relationnel et finalisé un système se « complexifie » en fonction de la croissance du nombre des facteurs qui l'agissent. Le phénomène est *a fortiori* plus sensible lorsque ces facteurs sont variés en essence et ne s'inscrivent pas dans une même logique causale.

b) **La rétro-action/récursion**. Parce qu'ils sont capables d'adaptation grâce à l'accroissement de leur variété, les *SC* se caractérisent par des *processus de rétro-action* et de *récursion couplés*. Il est, par exemple, courant de signifier par une boucle la figure emblématique du savoir contemporain et son entrée dans l'univers de la complexité. Cette façon de procéder obéit au constat que l'ordre causal des phénomènes n'est pas unilinéaire. Les causes agissent sur les effets et les effets rétroagissent sur les causes ; le produit de l'action fait retour sur l'acteur et modèle son geste. Une spirale s'ensuit bien souvent, d'où naît l'organisation.

c) **L'émergence** : Du fait de la plasticité auto-organisatrice qui caractérise les *SC*, le tout d'un système est plus que la somme de ses parties. L'action/réaction de ses multiples composantes fait advenir une ou plusieurs propriétés globales, spécifiques à l'ensemble, alors même qu'aucun de ses constituants ne possède intrinsèquement cette ou ces propriétés. C'est pourquoi il est si important de pouvoir concevoir, pour mieux les appréhender, les rapports structurels du tout et des parties dans les jeux dynamiques de l'éthique en situation.

II.2. La méthode systémique

Connaître un objet, c'est d'abord pénétrer son environnement. C'est ce que, par opposition au réductionnisme, on appelle le *globalisme*. C'est aussi comprendre ses finalités et son fonctionnement. D'où la définition récurrente : « Un système est un ensemble d'éléments en interaction dynamique organisés en fonction d'un but » (J. de Rosnay, 1975, p. 91).

La méthode systémique introduit la notion d'***analyse dynamique*** qui est devenue, selon Jacques Mélèse : « un des maître-mots de notre civilisation et une des ressources essentielles des experts ; chaque corps de métier puise sa justification dans sa propre analyse de la société, de l'organisation, du management »[120]. D'où un changement de paradigme orienté vers la modélisation des systèmes. Les modèles d'analyse ont ainsi évolué, sont devenus de plus en plus complexes et

---

120 *Approche systémique des organisations, vers l'entreprise à complexité humaine*, 1985, p. 128.

performants ; ils s'adaptent à tous les domaines qualitatifs ou quantitatifs et à toutes les disciplines. Dans la foulée des travaux de L. Von bertalanffy nés du structuralisme (*Théorie générale du système*), de J. de Rosnay pronant une vision globale (*Le macroscope*), la *Théorie du Système Général, théorie de la modélisation*, est la méthode systémique par excellence. Elle se propose de *systémographier* la réalité à partir d'un *modèle général*.

Ainsi, face à un objet à connaître chacun peut, au-delà des méthodes traditionnelles, construire son propre schéma d'analyse basé sur un modèle, expose J.L. Le Moigne à propos des « *règles du jeu* » de la systémographie : « Dès lors que nous puissions exercer notre raison et communiquer nos raisonnements, il devient indispensable que nous rappelions à nous-mêmes et à l'autre, les règles du jeu que nous avons retenues pour concevoir et construire ce modèle de la réalité perçue et conçue à l'aide duquel nous raisonnons » (1990, p. 14).

Variété, mémoire, interconnexion, projet, auto-organisation, finalité, tous ces termes caractérisent, à différents niveaux organisés, les *S.C.* Et, suivant l'intention et la manière dont on mettra l'accent sur l'un ou l'autre d'entre eux, on aura une voie d'accès élective ou préférentielle à l'étude du système que l'on observe. Mais, d'une manière générale, tout système bien conçu n'échappe pas à la nécessité d'être d'abord décrit sous les trois aspects différents et complémentaires que J.L. Le Moigne réunit sous la forme d'une « triangulation systémique » (1984, pp. 63-64). D'une *trialectique* en somme aux limites de l'incomplétude, de l'autoréférence et de l'indétermination, où le regard s'attache à contextualiser pour traiter la complexité en respectant les échelles, sans prétendre à la certitude d'un tout disciplinaire réducteur :

— **L'aspect structural** correspond à la structure du système, c'est-à-dire à l'*agencement* de ses composants. On retrouve, à ce niveau de la démarche la méthode scientifique classique selon laquelle une structure (de *structura, struere : construire*), représente la manière dont elle est construite, sa disposition, et la manière dont les parties du tout qui la composent sont arrangées entre elles.

— **L'aspect fonctionnel** marque la dynamique du système. Il met l'accent sur la fonction, le rôle et la *finalité* du système. Il cherche à répondre aux questions : *que fait* le système ? A *quoi sert-il* ? *La fonction* peut être définie en termes de régularité mais aussi de stratégie : prospective, prévision, scénario, planification, programmation, activité, etc. Elle est inséparable du *rôle*, qui est lui-même lié aux moyens (humains, matériels, stratégiques, organisationnels…) et à la finalité du système, c'est-à-dire à tout ce qui lui donne sens pour changer et s'adapter. Ainsi, la fonction, qui subit l'influence de l'environnement a, en retour, une action sur lui.

— **L'aspect génétique** (ou historique), représente la *nature évolutive* du système, doté d'une mémoire et d'un projet capable d'auto-organisation. Seule, l'histoire du système permet de rendre compte des véritables déterminismes de son fonctionnement. Avec les notions conjointes de finalité et d'évolution on perçoit la dynamique des systèmes bien au-delà des horizons heuristiques de la structure, au sens où J. Mélèse insiste sur la notion d'équilibre : « des phases de stabilité relative de crise et de changement. La notion de stabilité est mieux rendue par le concept d'équilibre dynamique (homéostasie) qui inclut l'adaptation et l'apprentissage et par là même, une évolution progressive en réponse à celle de l'environnement » (*op. cit.,* p. 29).

II.3. En résumé, l'approche globale des systèmes est une « méthodologie permettant d'organiser les connaissances en vue d'une meilleure efficacité de l'action » (J. de Rosnay). Synthèse écosystémique des structures en action, *la théorie du Système Général* de J.L. Le Moigne est la théorie de la modélisation des objets complexes naturels ou artificiels. L'un et l'autre nous conduisent à modéliser. D'où notre définition de l'éthique (en gras) en la calquant sur celle du *Système Général* (ntre guillemets), telle que formulée par son auteur (1984. p. 62). **L'éthique est** :

— ***un objet moral*** : « quelque chose, n'importe quoi, présumé identifiable ») ;
— ***qui dans la vie en société*** : « *dans* quelque chose, l'environnement » ;
— ***pour des principes et des valeurs*** : *« pour* quelque chose, finalité ou projet » ;
— ***participe à la création de la cohésion sociale*** : *« fait* quelque chose ; activité = fonctionnement » ;
— ***grâce à des principes et des normes*** : « *par* quelque chose, structure = forme stable ») ;

— ***qui se transforment en accompagnant l'évolution des mœurs et des conduites*** : « qui se *transforme* dans le temps, évolution ».

Ainsi conçue, on peut concevoir que l'éthique est un objet à la fois actif dans son environnement (aspect historique), stable par rapport à ses finalités (philosophie, dogmes) et *évoluant* en fonction des comportements individuels et collectifs portés par la culture au sein de la société (aspect phénoménologique).

Autrement dit, si l'analyse cartésienne (qui « sépare et mutile ») part du postulat que l'éthique est un tout qu'il faut décomposer en ses parties distinctes pour les comprendre les unes après les autres (on n'en finirait pas !), l'analyse systémique (qui rassemble et relie) développe la relation inverse : il convient de concevoir la partie de l'éthique que l'on veut analyser comme l'élément du grand tout dans lequel elle est immergée, et avec lequel elle est en interaction constante. Une vision macroscopique incomplète est, en effet, toujours plus réaliste qu'une vision microscopique, impossible à recadrer dans le contexte* de ses relations globales à l'échelle du réel.

III. L'ETHIQUE CONÇUE ET REPRESENTÉE COMME UN SYSTÈME

Composée par l'ensemble des éléments organisés qui la structurent, l'éthique est pluridimensionnelle et multifactorielle. Du global au local et récursivement, elle oblige à prendre en compte les réseaux de processeurs interconnectés et les flux de processus qui y circulent, tout en préservant les équilibres collectifs inaliénables, sans lesquels il n'y aurait précisément pas d'éthique. Comment donc la représenter ?

De l'approche rationnaliste à l'approche systémique et de la structure au système, on peut suivre la voie de J. Piaget (*L'épistémologie génétique*, 1970) pour qui définir l'objet, c'est le connaître dans son histoire (son hérédité), et donc son projet (son devenir). Mais on peut approfondir la démarche avec J.L. Le Moigne, dont le modèle de la *triangulation de l'Être, du Faire et du Devenir* fonde l'approche systémique sur la base du sésame de la représentation que constitue cette « trialectique » interrogeant l'objet dans son environnement. D'où le schéma de l'auteur (*Fig. 8*), pour signifier le point de départ méthodologique de notre propre conception de *l'éthique-système*, située dans l'espace des postures complémentaires que tout modélisateur peut choisir pour observer l'objet sous l'angle d'un référentiel de coordonnées *Forme-Espace-Temps* qui correspondent à ce que l'éthique *EST* (aspect ontologique ou structural), de ce qu'elle

FAIT (aspect fonctionnel du rôle) et ce qu'elle *DEVIENT* (aspect génétique ou historique, lié au rôle et à la fonction).

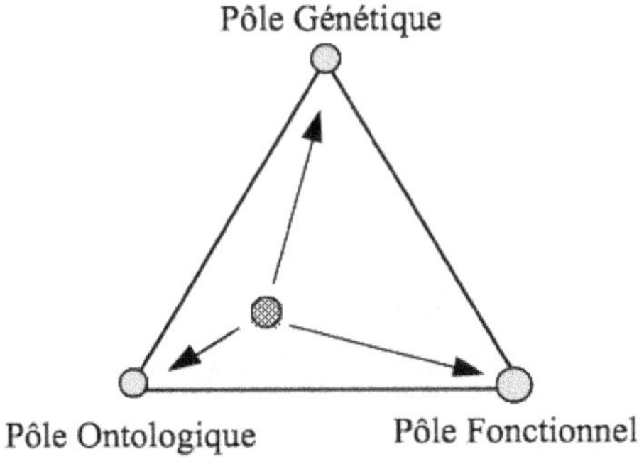

Fig. 8. La définition d'un systèmet se fait par triangulation systémique (d'après J.L. Le Moigne)

III.1. Ce que l'éthique EST (pôle ontologique)

Dans sa forme générale, l'éthique est un système de principes moraux qui déterminent la façon dont les gens prennent des décisions et conduisent leur destin tout en se reliant à la vie des autres, c'est-à-dire en la partageant de façon plus ou moins bienveillante, consciente ou inconsciente et conforme ou non conforme aux bonnes mœurs et aux usages. L'éthique concerne ce qui est bon pour les individus et la société et s'oppose à tout ce qui la compromet. Comme la qualifie Alain Badiou[121] : « Éthique concerne, en grec, la recherche d'une bonne "manière d'être", ou la sagesse de l'action. À ce titre, l'éthique est une partie de la philosophie, celle qui ordonne l'existence pratique à la représentation du Bien. »

1. L'éthique a un statut complexe. De même que chez l'individu, pour qui le *statut* est ce qui lui donne une certaine place dans la société, de même l'éthique a un statut pouvant se décliner à différents niveaux logique et pragmatique en fonction de ses rôles et de la place qu'elle occupe dans la société depuis les origines de son histoire. De fait, le statut de l'éthique est à la fois :

– *assigné* : l'éthique est ce que les évènements la déterminent synchroniquement à être, et diachroniquement à devenir ;

– *acquis* : l'éthique dépend des choix des individus dans, un groupe, une culture ou une société donnée ;

121 *L'éthique, essai sur la conscience du mal*. Caen, NOUS , 2019, p. 19.

– *actuel* : l'éthique intervient à partir de décisions prises dans le contexte d'une situation donnée, en un lieu et à un moment donnés ;
– *latent* : l'éthique est un ensemble de principes qui demandent à être activés pour agir dans le champ des relations sociales où la vie intérieure intervient de façon manifeste ou latente : l'introspection, la réflexion, la méditation, prédisposent à des attitudes éthiques en poussant la réflexion sur les valeurs qui induisent les motivations, les attitudes, la conduite et les comportements pour répondre à des besoins médiats ou immédiats.

Globalement, l'éthique est une *philosophie morale*. À en croire Pascal, « la vraie morale se moque de la morale », et là où *le moralisateur* prescrit et parle à l'impératif, *le moraliste* décrit et parle à l'indicatif. Mais l'éthique est bien plus complexe encore que la seule réflexion sur la sagesse et les façons de l'appliquer collectivement et de s'y appliquer individuellement. Elle procède, par deça et au-delà des systèmes opérationnels qui participent à sa mise en œuvre, d'une forme d'*herméneutique individualiste*, qui est l'art de lire et d'interpréter les principes de la morale que chacun peut comprendre comme un dogme auquel il faut obéir (*fonction prescriptive* de l'éthique), ou comme un corps de sollicitations plus ou moins « vagabondes » intra et interpersonnelles, fait de recommandations et engagements divers avec lesquels il faut composer selon les circonstances (*fonction interprétative et évaluative* de l'éthique).

Comme tout statut, celui de l'éthique correspond à une vision structurale de l'objet, mais il porte dans sa définition peu statique les clés structurelles de ses règles et les conditions de son fonctionnement.

2. Le statut social auto, co et écoréférentiel de l'éthique

De même que tout individu ou groupe d'individus procède d'un statut social décomposable en différents statuts selon l'appartenance (personnel, familial, professionnel, etc.), l'éthique peut se voir attribuer de multiples statuts selon la nature et l'ordre des situations. Du sujet en quête de son *moi idéal* (autoréférence) dans une société arqueboutée sur des *idéaux du moi* multiples et disparates (hétéroréférence), jusqu'au Cosmos vers lequel elle irradie (écoréférence), l'éthique, par opposition à tout ce qui sépare et trahit ses valeurs (le vice et la vertu, la fautes et le mérite, la bienveillance et la malveillance etc.) est reliance des systèmes de systèmes qui composent son unité dynamique : *reliance interne* quand elle relie les parties du tout qui la composent au niveau individuel (éthique personnelle), et *reliance externe* quand elle se relie au tout du monde collectif dans lequel elle vit (éthique générale). D'où une forme de complexité *sui generis* de l'éthique, que l'on retrouve dans le propos philosophique d'Éric Fiat évoquant la morale chez Pascal : « L'éthique est d'abord une chorégraphie : la capacité de voir la réalité de plusieurs points de vue. Le moraliste sait que le devoir nous tient toujours en haleine, empêche la thésaurisation des mérites, la capitalisation des bonnes actions et nous dit sans cesse notre inadéquation à ce que nous devons être »[122]. L'éthique est une danse éternelle dressée contre la méchanceté, un art de vivre au quotidien. Ainsi, quand A. Camus dit : « Je ne connais qu'un devoir, c'est celui d'aimer », E. Morin, confirme « La foi éthique est amour »[123].

Pour le systémicien, cette « chorégraphie » de l'éthique, c'est le saut obligé dans l'ajustement des autoréglages que la complexité des comportements exige pour fonctionner, de ses équivoques et des équilibres qui lui sont nécessaires pour atteindre des objectifs sans cesse menacés entre la figure de style réussie et la glissade inopinée. De fait, l'homme est vite dépourvu face à l'infinie variété des valeurs morales à interpréter et à assimiler pour s'adapter. Aussi l'agir-éthique doit-il augmenter ses *seuils de variété* proportionnellement à la masse des interactions en interrelations[124] croissantes, qui émergent d'un canal à l'autre de ses réseaux internes et externes, agonistes (*reliance*) et antagonistes (*déliance*) interconnectés qui co-construisent ses trajectoires, « chemin faisant ».

– Ces *réseaux ago-antagonistes,* fonctionnent sur le couple *téléologique et téléonomique* de deux sous-systèmes indissociables et complémentaires, producteurs et produits de l'éthique : a) *le système-personne* [125] (sujet individuel, source et aboutissement des effets

---

122 « Blaise Pascal, l'homme face à l'infini », Entretien avec Éric Fiat, 2019, *Revue Philosophie*, Hors série, N° 42, p.75.

123 *Éthique*, *op.cit.,* 2004, p. 231.

124 Cette richesse étant fonction de ce que l'éthique intègre de l'environnement pour construire et développer son propre milieu.

125 Approfondissant l'analyse du concept de *système-personne* dans ses applications à la formation et l'éducation, G. Lerbet (*op. cit.,*1981), développe la notion de « système ouvert » appliquée au sujet épistémique (*cf. supra* : chap. III, II.2.). Il dépasse la représentation structuraliste de

positifs attendus du processus de l'éthique) et, b) *le système sociétal* (sujet collectif, destinateur de principes éthiques et destinataire des effets sociaux de ces mêmes principes). Complémentaires, ces deux sous-systèmes créent leurs propres finalités en s'intégrant l'un à l'autre et en se parasitant l'un l'autre. Il se crée ainsi des relations synergiques, d'équilibres et de symétrie à entretenir pour répondre aux besoins dialogiques d'éthique entre les individus qui aspirent à ses vertus, et la société qui veille à ses normes. « L'éthique est d'abord une éthique de soi à soi, qui débouche naturellement sur une éthique pour autrui » (E. Morin, 2004, p. 101).

Quand ils fonctionnent de façon agoniste, les réseaux interconnectés font de l'éthique un *système téléologique*[126], autoréférentiel commun établissant une relation gagnant-gagnant. Quand ils fonctionnent de façon *antagoniste*, les réseaux interconnectés font de l'éthique un *système téléonomique,* hétéroréférentiel où chacun de ces deux sous-sous-systèmes finalisés, soumis au contrôle extérieur de l'autre, cherche à s'affranchir de la réciprocité pour fonctionner à son propre compte (relation perdant-gagnant ou gagnant-perdant, selon le cas), ce qui conduirait *in fine* à une situation où chacun est perdant.

C'est donc au niveau de ces réseaux ago-antagonistes que l'on voit opérer les processeurs[127] fondamentaux de l'éthique à partir des

---

l'*EGO* différencé en *je* (l'action), *moi* (l'identité) et *soi* (la relation) pour inscrire le sujet dans la perspective dynamique des relations qu'il établit entre son monde propre (*Own World*) avec le monde qui l'entoure, pour se constituer un milieu de vie à partir de ce qu'il intègre de son environnement. D'où la déduction, par modélisation interposée, « que la vie personnelle n'a de sens que dans et par la communication » (p. 107).

[126] Par *téléologique**, nous entendons l'idée de finalité du système en rapport avec les objectifs différents et complémentaires de chacun des sous-systèmes partenaires de l'éthique, et par *téléonomique*, la cause finale de l'éthique* au sens biologique et darwinien du terme, *i.e.* le dessein apporté de l'extérieur en contre-point à la personne, sujet de l'éthique.

[127] Comme tout système, l'éthique procède de la « dialectique processus-processeur », c'est-à-dire d'objets processés. Selon J.L. Le Moigne (1984, p. 102) : « L'exercice d'un processus implique l'hypothèse de l'existence d'un processeur au moins. Il n'est pas d'activité sans acteur, de production sans producteur ». *Le processeur* est la principale formalisation de la notion de « Système Général ». On peut le concevoir comme « une boîte noire, en activité dans le temps, dont on identifie à chaque instant les intrants et les extrants. » (*ibid.,* p. 103). Les processeurs se différencient selon qu'ils

liaisons fonctionnelles qui les interconnectent, et parmi lesquelles nous retiendrons pour mémoire :

- les *liens individuels*, intra-psychiques, de la socialité* personnelle ;
- les *liens interpersonnels, professionnels* et *communautaires* de la socialité locale ;
- les *liens sociétaires* de la socialité institutionnelle ;
- les *liens sociétaux* de la société tout entière.

Dans et par la relation, le lien est un produit-producteur d'éthique, et il existe de nombreuses manières de répertorier et de catégoriser les liens sociaux qui entrent en jeu dans les situations où l'éthique intervient. Quand Serge Paugam, par exemple, dresse une typologie du lien social, il classe parmi des liens qui remplissent des fonctions de protection et de reconnaissance[128], des liens à tropisme éthique évident :

- *Le lien de filiation*, entre parents et enfants, qui agit au niveau de la solidarité inter-générationnelle en assurant une protection rapprochée et en renforçant la reconnaissance affective.
- *Le lien de participation élective*, entre conjoints, amis et proches choisis, qui protège de façon tout aussi rapprochée dans l'entre-soi électif.
- *Le lien de participation organique,* entre acteurs de la vie professionnelle, apporte une protection contractualisée qui ouvre la porte à la reconnaissance par le travail et l'estime sociale qui en découle.
- *Le lien de citoyenneté*, entre membres d'une même communauté politique, confère une protection juridique conforme au rincipe d'égalité, qui détermine la souveraineté de l'individu.

Ces liens sociaux, se retrouvent dans l'éthique, et l'éthique sans eux est vide de matière et d'énergie, vide de sens et de communication. Car l'éthique est reliance. *Reliance structurelle* d'un point de vue descriptif et explicatif (sur la carte), et *reliance fonctionnelle* d'un point de vue dynamique en terme de projets à réaliser et de situations vécues à évaluer et à interpréter (sur le territoire).

---

processent de la matière-énergie ou de l'information ; ils se caractérisent par leurs capacités de stockage, de transport ou de production, leur puissance ou intensité de débit, leur efficacité à opérer des transformations entre les intrants et les extrants à un instant donné, et leur effectivité en terme de comportement observé par rapport à un comportement espéré.

[128] Paugam S. : *Le lien social*, *op. cit.*, 2018, p. 65.

Du microsocial au macrosocial, l'éthique est un processus par lequel des médiations, à la fois naturelles et instituées, s'organisent dans le champ des relations sociales. Phénomène social, l'éthique est enracinée dans l'humanité par les liens de la reliance entre acteurs sociaux. L'éthique et un *procès de reliance.*

III.2. Ce que l'éthique FAIT (pôle fonctionnel)

Au pôle fonctionnel de l'éthique, on est au cœur des finalités de l'objet. Que fait l'éthique ? Quel est son rôle ? Et pour quoi FAIRE ? Certes, l'éthique est liée aux finalités du système qu'elle oriente du dedans relationnel intra et inter-personnel des acteurs, mais elle est en même temps assujettie, du dehors, aux réactions de son environnement général. D'où l'enjeu des équilibres à entretenir au sein des réseaux de communication, qui font que le système peut être riche et productif quand le tout est supérieur à la somme de ses parties (*reliance*) et pauvre, voire déficient, dans le cas inverse (*déliance*). L'éthique sous cet angle de l'action organisée, peut être définie en termes de régularités, et de stratégies (prospective, prévision, scénario, planification, programmation, activité, etc.).

3.2.1. Au niveau fonctionnel, l'éthique procède de *l'intelligence de situation.* L'expression est flatteuse, mais tout aussi périlleuse car l'exercice est complexe et les conflits de valeurs intra et interpersonnels compliquent les relations entre les protagonistes, acteurs qui produisent le système, qui produit les acteurs. Il importe donc, en premier lieu, d'analyser la structure de l'agent individuel de l'éthique, afin de mieux comprendre les relations interindividuelles qui relient les acteurs.

Tout agent individuel a un projet de vie, et l'éthique est chez lui la vision qu'il nourrit d'une intervention finalisante dans un environnement où la morale intervient. Si l'on considère avec J.L. Le Moigne[129] cet agent comme un système actif et régulé qui s'informe, décide de son activité et a donc quelque intentionnalité à de bien se comporter tenant compte de son passé et en étant capable de s'auto-organiser, alors cet agent sera capable de s'autofinaliser en se construisant un futur. Et faisant ainsi émerger son projet à sa

---

[129] *Cf.* « Le projet du système général, une intervention finalisante dans un environnement», in : *La théorie du système général, théorie de la modélisation* (op. cit. 1984 *chapitre 6,* pp. 126-147).

conscience, il aura quelque chance de le voir aboutir à la réalité espérée.

Comment fonctionne donc l'éthique au niveau systémique intrapersonnel du sujet ? On peut s'inspirer pour observer la chose du modèle de la *Théorie du système général* dont le « neuvième niveau » d'articulation de la genèse des processus donne à considérer, entre les *intrants* et les *extrants* du système, une hiérarchie de cinq sous-systèmes en interrelations, dits systèmes *opérant,* d*'information*, *de décision-sélection*, *d'intelligence-conception et de finalisation.* Activés, ces systèmes entrent en interaction grâce à des *flux d'information de représentation* et de *décision* qui circulent selon des canaux montants et descendants, depuis le système opérant qui capte les informations externes, et les transmet au *système de pilotage* (champ des questions), qui les renvoie lui-même vers le *système opérant* (champ des réponses) afin de transformer ces informations et de les renvoyer vers l'extérieur après traitement.

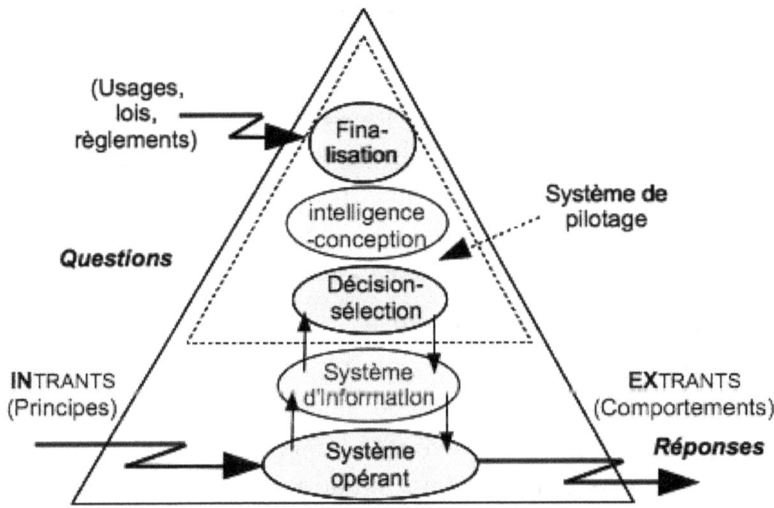

Fig. 9. La décomposition intrasystémique du *système-personne* en sous-systèmes interconnectés

C'est ce que montre le schéma inspiré du modèle de J.L. Le Moigne, tel que nous pouvons l'appliquer au *système-personne, agent de l'éthique*. Suivant ce modèle, on peut se représenter l'agent de l'éthique comme un *système ouvert*, une personne en relation avec d'autres personnes dans un environnement commun où elles échangent de la matière de l'information et de l'énergie (*cf.* J.L. Le Moigne, « La dualité flux-champs »), 1984, pp. 96-101).

Des principes éthiques rentrent dans le système par le *sous-système opérant*, ou directement par le *système de finalisation* du système de pilotage. Ils peuvent être mis en mémoire au niveau du *système d'information* par la voie montante ou descendante. Arrivés au niveau du *système de pilotage*, ils font l'objet d'un tri au niveau du *système de décision-sélection*, qui sert à faire des choix en fonction de la situation (valeurs, droits, devoirs, besoins), afin de nourrir une réflexion propre à analyser cette situation et à concevoir les dispositions à mettre en œuvre (affinement des choix en termes de motivations, attitudes, conduites, comportements), en fonction des objectifs définis pour répondre aux besoins qu'elle exprime (conscience, stratégies).

On peut concevoir ainsi, que le champ social est le lieu de de communication et de *transactions* sur la base desquelles se construisent les processus de l'éthique d'un individu à l'autre, selon des réseaux d'échange : a) d'*informations* (sens commun des situations et des questionnements qui s'y posent, représentations mentales individuelles, stratégies singulières, décisions personnelles pour apporter des réponses opérationnelles, etc.) ; b) de *matières* (conditions et objets matériels de l'existence, besoins psychologiques et sociaux, bagage accumulé en termes de capacités à être autonome et à se réaliser, etc.) ; et, c) d'énergies produites (sociabilité, solidarité, responsabilité, etc.) et investies ou dépensées (instincts altruistes, désirs, projets, intentions, conscience, volonté, etc.).

III.2.2. *L'intelligence de situation*

Avec A. Badiou, le concept de situation prend une importance déterminante car « il ne peut y avoir d'éthique générale, mais seulement une éthique des vérités singulières, donc une éthique relative à une situation. Or une situation […] ne peut être pensée seulement que comme un multiple. Il faut aussi tenir compte des relations qui s'y traitent, et dont le ressort est la façon dont un multiple apparaît dans la situation.» (2019, p. 14).

La vocation du *système-personne en situation d'éthique* est d'apprendre et réussir à faire le Bien par opposition au Mal, car *l'intelligence de situation* est le moment et le lieu à la fois de la première impulsion de l'éthique en partant du sujet. Autonome, elle est instinctive au départ (désir d'être bon, juste, loyal et équitable), puis se charge, « chemin faisant », des causes et des effets hétéronomes de l'environnement (la culture) en avançant avec autrui entre contraintes et libertés (la socialisation). C'est là une situation d'apprentissage par l'expérience, d'imprégnation (reliance) et d'attachement ou de détachement à des valeurs (déliance). Bref, c'est en situation que l'on apprend à bien penser le désir et la vérité de ses actes, en prenant conscience de soi et des choix à opérer entre le Bien et le Mal. Mais, l'intelligence de situation est en soi « intelligence de la complexité », au sens où E. Morin et J.L. Le Moigne traitent de « l'humaine compréhension » dans leur ouvrage éponyme[130]. Attachés à la thèse que « la pensée complexe, loin de substituer l'idée de désordre à celle d'ordre, vise à mettre en dialogique l'ordre, le désordre et l'organisation » (p. 248), ils apportent à l'éthique cette vision fondamentale qu'en matière de principes et de valeurs, la complexité relève « du développement d'une écologie de l'action humaine qui tendra vers la conscience du fait que tout acte engageant engendrera toujours des effets non anticipés et souvent non désirés parfois tenus alors pour pervers » (p. 10).

Ainsi prise au piège des pulsions et de la raison, au-delà des états de l'organisme et des valeurs subjectives qui la gouvernent de façon plus ou moins mécanique et inconsciente, l'éthique volontaire, s'organise et se pilote par la pensée questionnante et raisonnante. Cette pensée précède l'action et l'accompagne vers des solutions éthiques, qui ne peuvent être que morales. Elle apporte des représentations de la réalité (connaissances, croyances, expériences) au fur et à mesure qu'elle conçoit les lignes directrices de son projet en termes d'intentionnalité, de volonté et de stratégies. L'éthique questionne, la morale répond. À ce niveau individuel du processus, le sujet, auteur-acteur de ses conduites éthiques, fonctionne comme le *système-personne* dans ses relations à autrui, selon la logique d'une cybernétique transactionnelle (*Fig. 10*).

C'est toute une *praxéologie* de l'éthique qui apparaît sur ce schéma, comme une calculabilité de l'action efficace individuelle en termes de transformations opérées entre ce qui entre dans (*intrants*) et ce qui sort (*extrants*) du système personnel de l'agent, pourvoyeur d'éthique au sein d'un environnement, qui rétroagit sur lui.

---

130 Morin E. , Le Moigne J.L. : *L'intelligence de la complexité*. Paris, L'Harmattan (Cognition et formation), 1999.

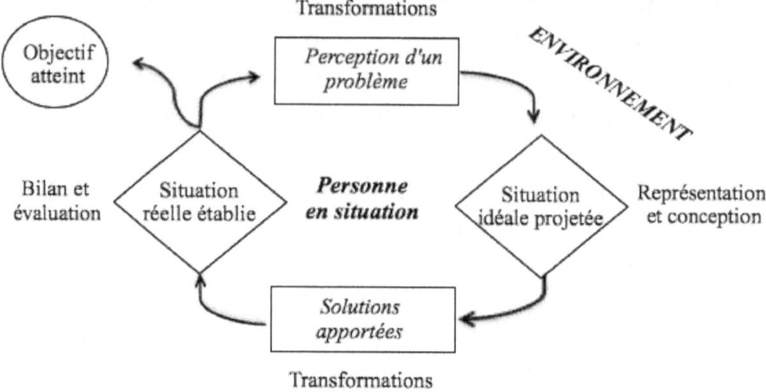

Fig. 10. Le système-personne « en situation »

III.2.3. Les rôles de l'éthique

Si le statut de l'éthique est ce qui lui donne sa place dans la société en instituant la raison de bien penser et de bien agir de l'extérieur, c'est-à-dire en édifiant un sens de la morale et de l'authenticité en nous, son rôle est aussi et en même temps de nous apporter ce que nous attendons d'elle, de l'intérieur, pour répondre à individuellement à nos besoins en termes de reconnaissance et de respect de soi par autrui étendus à l'écosystème dans lequel nous vivons ensemble. C'est donnant-donnant !

La psychologie sociale retient trois niveaux de rôles en général : le *niveau social*, le *niveau interpersonnel* et le *niveau personnel* où se jouent toute situation sociale. Ces trois niveaux sont interactifs et interdépendants dans le temps et dans l'espace des relations sociales qui donnent leur caractère moral, immoral ou amoral aux conduites individuelles et collectives, suivant les circonstances et le milieu. D'où l'importance du rôle de l'éthique en matière d'adaptation et d'intégration sociales. De fait, l'éthique exerce une action culturelle et socialisatrice, avec des contenus et des méthodes qui varient d'un milieu à l'autre, selon de multiples facteurs au rang desquels *l'appartenance* (la classe sociale d'origine) et *la référence* (la classe qui inspire la conduite et les actes en vue d'accéder à cette classe) ne sont pas étrangères, sans être toutefois significativement déterminantes.

Selon Pierre Bourdieu, *la socialisation** est, avec *l'habitus*[131] qui lui est consubstantiel, un processus biographique d'incorporation de dispositions issues non seulement de la famille et de la classe d'origine, mais aussi de l'ensemble des sytèmes d'action traversés par l'individu au cours de son existence. Elle est, en ce sens où des repères s'imposent en termes de moralité, le produit d'une trajectoire sociale et sociétale (familiale, scolaire, professionnelle, politique, culturelle, économique) où l'éthique joue un rôle latent dans la disposition des attitudes et un rôle manifeste dans les orientations du comportement. L'éthique vit à l'état de veille permanente, et s'active de façon plus ou moins consciente au gré des situations et des besoins de tous et de chacun.

L'éthique exerce son influence dans la construction de la *personnalité de base* où le jugement moral s'élabore tout au long de la socialisation qui se développe dès l'enfance par l'expérience, l'éducation et les règles de la vie en société (normes, principes moraux, préceptes, codes, et autres lois). La *personnalité de base* est régulatrice des mécanismes du *processus d'acculturation* tout au long de la vie et correspond selon le psychiatre, psychanalyste et anthropologue Abram Kardiner à « l'ensemble des traits de personnalité que l'individu reçoit de la société comme modèle au cours de sa vie »[132]. Déterminée, elle joue un rôle déterminant en matière de comportements éthiques. Autrement dit, l'éthique qui régit les rapports humains et la manière de vivre ensemble est – bien qu'elle puisse être niée, refoulée ou contredite – omniprésente dans la *transmission culturelle* (systèmes de valeurs, normes, rôles sociaux, sanctions), la *standardisation de la personnalité* (harmonie des relations) et *l'adaptation au milieu social* (assimilation des usages et combinaison des bonnes mœurs et des pratiques sociales).

---

131 *L'habitus*, en ce sens où éthique et socialisation interviennent dans le champ social, est à la fois le produit de conditions objectives intériorisées de la morale et producteur de pratiques de reproduction des structures sociales de la morale. Mais l'ordre social ne se reproduit jamais à l'identique parce qu'il est en partie imprévisible du fait des différences entre conditions de production et conditions de fonctionnement. Ces conditions mêmes que l'action éthique a pour but de relier en s'efforçant d'en préserver les équilibres.

132 Kardiner A. et Linton R. : *The individual and his society*. Columbia Université Press, 1939.

Liée à la socialisation, l'éthique intériorise le modèle culturel des principes qu'elle porte en elle comme facteurs d'intégration individuelle dans la société. Ce modèle est transmis d'une génération à l'autre par la famille, l'école, le travail, les groupes de pairs, les institutions, etc., qui sont les agents socialisateurs faisant de l'éthique un activateur de lien social dans tous les milieux où elle exerce son action, ses effets et son influence. C'est là toute l'éthique, avec son label de « situation intelligente » dans la complexité, les contradictions et les paradoxes des relations humaines.

III.3. Ce que l'éthique DEVIENT (pôle génétique)

A la fin du XXe siècle, on a constaté le déclin de certaines institutions qui participaient à la socialisation comme l'Église, les syndicats et les partis politiques. En revanche, on a vu les loisirs et d'autres formes d'organisation de la vie sociale se développer, comme la télévision et les médias, qui jouent un rôle croissant dans le processus de socialisation[133] et impactent les conduites. Cela ne fait nul doute que ces changements ont des répercussions sur les manières de se représenter, de concevoir et d'utiliser l'éthique. A commencer par le déplacement que l'on observe au niveau du curseur de la terminologie sur le *continuum* allant de la morale à l'éthique. Pourquoi ce changement ? Que signifie-t-il ? Et l'éthique, que va-t-elle devenir, autant que l'on puisse en juger et la prédire ? Car rien n'est permanent comme le changement, pensait Héraclite, pour qui « le changement est éternel ».

Depuis le début des années soixante, on assiste au phénomène d'une pragmatisation appuyée de l'éthique au-delà de la réflexion habituelle sur la morale et la moralité. L'éthique étend le champ de ses applications et s'organise partout où ses effets sont susceptibles d'apporter des solutions aux nouvelles valeurs de la société et des concepts moraux dépassés. « L'éthique » interroge le monde de l'éducation, s'installe dans celui la santé et de l'écologie. Elle déborde la justice et s'invite dans le sport de compétition. Elle gagne les organisations en voulant intégrer ses valeurs aux nouvelles pratiques de l'entreprise et de la politique, en même temps qu'elle renforce le discours des juristes dans leur souci d'y voir clair dans les rapports entre le droit et la morale.

---

133 *Cf.* « Points de repères, Famille et socialisation », *Sciences Humaines*, N° 36, avril 2001, p. 15.

Une gouvernance de l'éthique n'est-elle pas en train de s'organiser ? Par souci d'efficacité ? Mais de quel type d'efficacité : sociale, institutionnelle, individuelle ? Et pour quels échanges, partages et enjeux entre identité et altérité, conformisme et opposition, confiance et méfiance, intégration et compétition, liberté et aliénation ? Qui se conformera à quoi et pourquoi ? La question est délicate, et Michela Marzano en rend compte : « L'analyse méta-éthique des concepts moraux et de leur emploi s'essouffle : l'éloignement des questions substantielles stérilise progressivement le débat et oblige les philosophes à revenir aux problèmes réels »[134]. Aussi, l'heure est venue où l'on ne parle plus d'éthique aujourd'hui, mais *des éthiques* qui répondent, branche par branche, aux problèmes, à la fois communs et différents, des hommes et de la société : éthique de la pédagogie, bioéthique, éthique médicale, éthique hospitalière, éthique de la performance sportive, éthique du commerce, de l'environnement, de l'entreprise, du numérique, de la discussion, etc.

L'Histoire est porteuse du sens de l'éthique. En procédant, par exemple, à l'analyse du mouvement réactif des années soixante avec Michel Foucault, Louis Althusser et Jacques Lacan, elle permet de comprendre comment se crée la fondation d'une doctrine « éthique ». Selon A. Badiou, penser guide le jugement et l'éthique – en ce sens où elle révèle l'authenticité – est une « législation consensuelle concernant les hommes en général, leurs besoins, leur vie et leur mort. Ou encore : délimitation évidente et universelle de ce qui est mal, de ce qui ne convient pas à l'essence humaine. » (2019, p. 25). Pour le philosophe, « il n'y a d'éthique que des vérités. Ou, plus précisément : il n'y a d'éthique que des processus de vérité, du labeur qui fait advenir en ce monde quelques vérités. » (*ibid,* p. 53.).

L'éthique est un chemin parsemé d'embûches. Et ce n'est pas Fernand Deligny, pionnier bien connu de l'éducation spécialisée pour son franc parler qui le contredirait, lui qui connaissait la nature du lien social dans les milieux de la délinquance : « Il y a trois fils qu'il faudrait tisser ensemble : l'individuel, le familial et le social. Mais le familial est un peu pourri, le social est plein de nœuds. Alors on tisse l'individuel seulement. Et l'on s'étonne de n'avoir fait que de l'ouvrage de dame, artificiel et fragile. »[135]

---

134 Michela Marzano : *L'éthique appliquée*. PUF, Que sais-je ?, 2018, p. 3.
135 *Graine de crapule*, Ed. du Scarabée, 1960, pp. 71-72.

Ethique morcellée, éthique éclatée ? L'avenir nous le dira ! Éthique permanente ou aliénation permanente ? Là encore la question se pose, pas la réponse ! Car l'éthique est une entité, un tout indissociable, omniprésent et déterminant de la qualité de la vie quotidienne de chacun et de tous unis par la culture dans la société ainsi fondée. Mais UN TOUT dont les équilibres sont fragiles et les liens pleins de nœuds, à y regarder de près, quand on mesure les épreuves croissantes qu'elle subit du fait des transformations accélérées du monde dans lequel elle vit et où elle subit les mutations que nous lui assignons.

IV. NATURE ET CULTURE DU LIEN SOCIAL DANS ET PAR L'ÉTHIQUE

Entre ce que le système Est, ce qu'il Fait et ce qu'il Devient, l'éthique se construit dans et par les liens organiques, ontologiques et fonctionnels qui assurent son universalité et sa continuité. Ces liens ne sont autres que ceux qui prennent naissance à la fois dans l'homme et dans la société, et participent de la fonction de socialisation et de ses mécanismes entre agents socialisateurs. Intrapersonnels et psychiques, ils s'inscrivent dans les processus d'acquisition des manières de bien faire, de bien penser et de bien sentir, pour bien se comporter en groupe et dans la société.

IV.1. Les liens sociaux et l'éthique

Creuset de l'éthique, la socialisation est le processus bioraphique d'incorporation des dispositions sociales des individus où le lien social est la condition de cette assimilation à travers le jeu des relations humaines entre identité et altérité *(Fig. 11)*, dans un environnement un et multiple à la fois[136] : *social* (famille, religion, associations, syndicats, partis, etc.), *organisationnel* (légal, professionnel, etc.), *technico-économique* (technique, scientifique, économique, financier, commercial, etc.).

Relation à autrui, toute action éthique est un processus où le *Je* ne doit pas être amputé du *Nous*. « La personne ne vaut que par rapport aux autres », observe M. Maffesoli (*Le temps des tribus*, op. cit., 1988, p. 22). Ce que j'ai de plus intime en effet est ce qui me rapproche le plus

---

[136] Pour un approfondissement du concept d'*environnement* appliqué à un modèle systémique de l'organisation en général et de l'entreprise en particulier, cf. Donnadieu G. : « Un nouveau regard sur l'entreprise », 1987, p. 19.

des autres. Pour Gérard Bajoit, « tout individu, en relation avec un autre, est par certains aspects le même que lui, et par d'autres différents de lui : le lien social est à la fois lien d'identité et d'altérité.» (*Pour une sociologie relationnelle*, op. cit., 1992, p. 91).

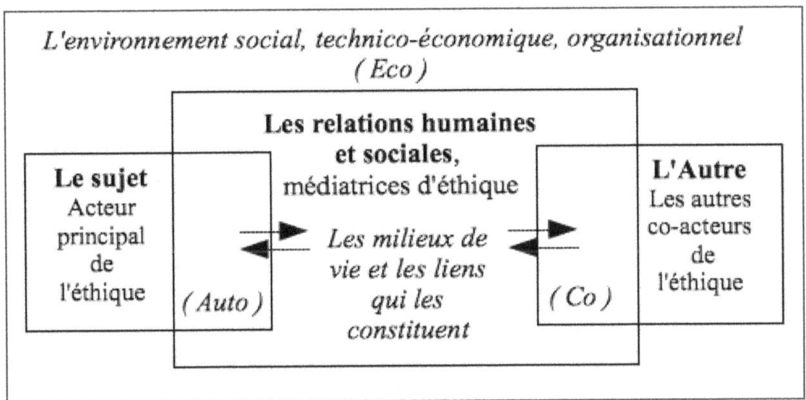

Fig. 11. Le lien social entre identité et altérité

Il y a là une *relation d'échange* en tant que l'autre est différent de nous, et *rapport de solidarité* en tant que cet autre est identique. Un effet miroir. L'humoriste Coluche le disait à sa façon : « Si un chien est méchant, regarde qui est à l'autre bout de la laisse. » ! La métonymie rejoint la déclinaison de G. Bajoit des quatre paradigmes du lien social :

– *Le paradigme de l'intégration* : les relations sociales sont des échanges complémentaires entre des partenaires remplissant des rôles différenciés. Les individus sont reliés entre eux par une solidarité de type fonctionnel. Le contrôle est normatif.

– *Le paradigme de la compétition*, les échanges sont de type compétitif. Les individus en concurrence sont unis par une solidarité de type contractuel. Le contrôle s'effectue par des règles instituées.

– *Le paradigme de l'aliénation*, les échanges sont de type contradictoire entre des groupes antagoniques, comme par exemple capitalistes et prolétaires. La solidarité est sérielle. Le contrôle est effectué par les tiers indépassables que sont les dirigeants du Parti ou de l'Etat.

– *Le paradigme du conflit*, les échanges sont conflictuels. La solidarité, de type fusionnel, procède d'un mouvement autocentré d'union.

Ces quatre formes de relations sociales éclairent le processus de socialisation en général et l'agir-éthique en particulier, où l'on retrouve les mêmes enchevêtrements de liens : *liens d'échange*, *de solidarité* et de *structures*.

1) Le lien d'échange. Comme dans tout échange, l'éthique est fondée sur les stratégies des acteurs, qui exercent leur emprise sur les situations en recherchant les avantages et en évitant les inconvénients. La relation fonctionne sur le mode de contrôle d'une inégalité réelle ou suppposée, mais exploitable de façon plus ou moins consciente et réfléchie. C*e lien d'échange* impacte la situation suivant sa nature et ses finalités plus ou moins avérées et le mode de gestion, égoïste ou altruiste, de l'inégalité considérée entre les membres de la relation.

Le rapport aux finalités de la situation éthique se joue dans des échanges qui peuvent être *exclusifs* ou *inclusifs*. Dans le premier cas, celui de la relation non éthique, je n'atteindrai mon but dans l'échange que si j'empêche l'autre d'atteindre le sien. C'est le cas des échanges malveillants, compétitifs et contradictoires, dans lesquels les appétences et les compétences s'opposent. Chaque catégorie tire profit de l'incapacité de l'autre à atteindre ses finalités. Le jeu est régulé par des formes instituées. Dans les rapports inclusifs tels que ceux où l'éthique a pour finalité de les gérer au mieux des intérêts partagés, chacun ne peut atteindre ses objectifs qu'avec la coopération ou la non opposition des autres. Chacun doit être éthique (honnête, loyal, équitable, etc.) de son côté pour réduire les inégalités et les risques de préjudices entre partenaires de la relation, en évitant les tensions inutiles et les conflits d'intérêts. Mais les différents acteurs n'ont pas toujours la même emprise sur la finalité de l'échange, soit du fait de la situation, soit du fait des règles instituées. En effet, les *compétences** sont variables et les règles pas toujours connues ou comprises. Face à cette situation de déséquilibre et d'inégalité, les échanges peuvent être *consensuels* (arrangement, persuasion) et le lien maintenu par la persuasion, ou *dissensionnels* (mésentente, discorde, rupture) et le lien maintenu rétabli par la coercition.

2) Le lien de solidarité inspire de nombreux auteurs. E. Durkheim distingue la *solidarité organique* basée sur la ressemblance, et la *solidarité mécanique* fondée sur la complémentarité. F. Tönnies fait une distinction fondamentale entre le *lien communautaire* et le *lien sociétaire*. Et G. Bajoit se penche sur les rapports de l'action individuelle et collective que dans la communauté : « les individus se reconnaissent comme membres d'un même groupe en se fondant sur ce qu'ils ont en commun : ils sont du même sang, ils vivent dans un même lieu, ils partagent les mêmes idées. » (*Ibid.*, p. 100). On retrouve sous cette forme de *solidarité organique* basée sur la ressemblance, la catégorie des liens communautaires qui opérent dans l'éthique dont ils facilitent l'efficacité de l'action. Mais, au niveau collectif, précise G. Bajoit, le lien de solidarité répond au contraire à la nécessité d'organiser la complémentarité entre des intérêts personnels divergents, ce qui incite les individus « à établir des liens entre eux, à instituer un contrat leur permettant de coopérer malgré leur diversité.» (*ibid.*). Dans ce cas, des instances de contrôle doivent intervenir pour juger des situations, et des médiations intervenir pour tenter de les rétablir dans leur conformité aux normes établies. Ce qui nous ramène aux concepts de solidarité fonctionnelle et de solidarité contractuelle définis par Durkheim, l'un et l'autre actifs au sein du processus de l'éthique :

a) *La solidarité fonctionnelle*, correspond au lien organique qui fonctionne comme un ensemble de rôles différenciés et complémentaires organisant la division sociale du travail. Ce type de solidarité s'exprime dans l'éthique en tant que comportements solidaires conduisant, par le discernement, au respect de l'autre dans toute la singularité de ses actes et la particularité de ses projets.

b) *La solidarité contractuelle* correspond au lien sociétaire au sens du « contrat social » chez Rousseau. Au centre de la relation, l'éthique est ici co-action référent à des valeurs communes, et co-production de comportements où chacun réalise ses intérêts en fonction du désir de l'autre, et donc dans le respect mutuel inscrit dans un pacte d'association et non pas de non de soumission.

D'autres formes classiques de solidarité caractérisent l'éthique, comme *la solidarité sérielle* par laquelle le groupe est intégré par la soumission de ses membres, et *la solidarité fusionnelle* où les individus se fondent dans les groupes à travers l'action partagée.

Toutes ces formes de solidarité sont liées à des valeurs répondant à des besoins. Avec G. Bajoit, nous pouvons distinguer deux types de rapports explicites : *1)* les finalités de l'éthique peuvent être « instrumentales », dans la mesure où chacun a besoin des autres pour se qualifier, remplir des fonctions, s'intégrer dans la société ou poursuivre ses intérêts (solidarité fonctionnelle ou contractuelle). *2)* Ces finalités peuvent être « expressives », dans la mesure où nous avons besoin d'être reconnu, valorisé par les autres en partageant avec eux une culture, un sentiment commun (solidarité sérielle ou fusionnelle). D'où l'importance du *contrôle social* que les individus exercent les uns vis-à-vis des autres pour garantir la solidarité au sein des groupes où l'éthique joue un rôle de veille permanente sous forme de :

• *contrôle normatif* par intériorisation des normes et conformité des comportements en termes de *solidarité fonctionnelle* ;

• *contrôle dépendant* qui s'exprime par la soumission citoyenne à l'autorité supérieure en ce qui concerne *la solidarité sérielle* ;

• *contrôle institué* au sein des groupes qui établissent des règles de vie commune que chacun doit respecter : *solidarité intentionnelle* ou *solidarité contractuelle* selon la nature du groupe ;

• *contrôle social « actionnel »* : les membres du groupe sont intégrés par leur participation à l'action commune et, à travers elle, à une culture partagée, comme c'est le cas de l*a solidarité fusionnelle*.

3) Relations sociales et action éthique. Les relations sociales fonctionnent selon des *structures de sens* (échange avec l'autre différent ; solidarité avec l'autre identique), et des *structures de contrôle* (reproduction de l'inégalité invitant à rester à sa place ; contrôle social invitant à s'insérer dans le groupe). Il y a une causalité réciproque entre les structures et les stratégies d'action. Ce sont les stratégies des acteurs qui produisent les structures du contrôle social. Les individus entrent en relation avec autrui parce qu'ils trouvent un *sens* aux situations dans lesquelles ils s'engagent, c'est-à-dire une signification et des objectifs qui les guident par rapport à des valeurs, qui deviennent des finalités individuelles finissant par se transformer en contraintes structurelles collectives (*social « donné » : lien communautaire*). Ces finalités sont le produit de l'action, et, dans un rapport de causalité réciproque elles en constituent l'enjeu (*social « créé »* et *« à créer : lien sociétaire*). Elles conditionnent les stratégies de solidarité et d'échange, et en même temps elles en sont le produit (*social « immanent » : lien sociétal*). Ainsi, chaque individu est pris dans un réseau auto, co et écoréférentiel d'interactions complexes, qui agissent sur lui, et lui sur elles. Chacun répond à l'autre en gérant ses relations à autrui et en se gérant avec elles par identification, différenciation, projection, attribution, contrainte, rationalisation, légitimation, etc.

Mais, comme l'observe Claude Dubar analysant les processus de socialisation qui construisent en même temps les individus et les institutions, l'identité sociale et les liens qui la structurent posent le problème de l'impossibilité de distinguer l'identité individuelle de l'identité collective. L'identité sociale est marquée par la dualité : rien n'est plus subjectif et plus personnel que l'identité (ordre du vécu personnel) ; mais rien n'est plus réel dans la société que l'existence et la présence d'autrui (ordre de l'altérité). Sans relation, sans autrui et sans transaction, point d'identité. Et point d'éthique ! Ce qui touche au paradoxe, si on prend conscience que dire *soi* n'est pas dire *je* (Paul Ricœur : *Soi-même comme un autre*). Entre *l'identité-idem* de choses qui restent inchangées, et *l'identité-ipse* de celui qui ne se maintient qu'à la manière d'une promesse tenue, *l'herméneutique du soi* et du lien social est au cœur de l'éthique. La première comme tentative d'explication des dialectiques originelles du processus, et le second comme structure de communication à travers laquelle se forgent les identités. Sans relation, sans autrui et sans transaction, point d'identité. Et sans identité, sans ces multiples facettes qui font de chacun un sujet, une personne, un être identifiable qui communique, point d'éthique ! C'est la communication qui fonde l'existence, où les multiples facettes de l'homme et de la société forment ensemble « un microcosme, cristallisation et expression du macrocosme général. On reconnaît l'idée du « persona », du masque qui peut être changeant et qui surtout s'intègre dans une variété de scènes, de situations qui ne valent que parce qu'elles sont jouées à plusieurs » (M. Maffesoli, *ibid*, 1988, p. 22).

IV.2. La nature épistémologique des liens de l'éthique

Nous avons insisté jusqu'ici sur les rôles et la place de la socialisation dans le processus de l'éthique en nous rapprochant des théories qui établissent que le lien social, l'habitus et l'apprentissage sont indissociables de tout regard que l'on est amené à porter sur l'éthique.

— *la socialisation* résulte d'un double processus d'assimilation et d'accommodation qui se déroule, par stades successifs, tout au long de la vie des personnes dans l'écosystème* qui leur sert d'habitat ; et nous venons de voir que le lien social est la structure médiatrice des relations multiples et diversifiées au sein de l'éthique-système, lieu et entité où se noue et se creuse l'éthique, vaste chantier d'exploitation et de production des richesses humaines.

— *L'habitus* défini par P. Bourdieu, est le produit d'une trajectoire se traduisant par l'incorporation de dispositions sociales mettant l'accent sur une approche causale du lien social où *l'identité* est produite par la socialisation, consécutivement à une double transaction interne à l'individu et externe par rapport aux institutions, garante d'équilibres vitaux (culture, travail, justice, éducation, santé, etc.) que l'éthique a pour fin de protéger.

— *Le constructivisme piagétien*, permet de concevoir que l'éthique procède du double processus d'*assimilatio*n et d'*accommodation* : la personne se transforme par elle-même sous l'effet des influences extérieures de la socialisation, et ne subit donc pas passivement les effets de la culture dans le développement de son intelligence. Ceci aide à comprendre la part de la relation éthique, en tant qu'attention à l'autre, dans la construction de la personnalité où la reliance intervient. Selon Piaget, l'adaptation, à chaque stade du développement de l'intelligence, résulte de l'articulation de deux mouvements complémentaires : *l'assimilation* (incorporation du monde extérieur aux structures existantes) et l'*accommodation* (réajustement des structures, et modification de soi-même pour répondre aux pressions extérieures).

Ce *couple assimilation/accommodation* permet d'expliquer le *phénomène d'adaptation*. Il est déterminant dans l'éthique chaque fois que le sujet s'implique dans une démarche de réflexion pour étayer ses motivations, se fixer une attitude et ajuster ses valeurs au regard de la personne d'autrui. Pour Piaget, c'est l'interaction permanente entre l'individu et les objets (le monde environnant), qui permet de construire les connaissances, d'où le nom de *constructivisme* donné à cette théorie de l'acquisition des connaissances. *Apprendre*, pour Piaget, c'est acquérir de nouveaux schèmes d'action selon le modèle dynamique : *équilibre 1 / rencontre d'une nouvelle situation / création d'un déséquilibre / assimilation / accommodation / modification du schème ancien ou création d'un nouveau schème / équilibre 2*. La structure cognitive retrouve ainsi en fin de cycle un nouvel équilibre à un niveau supérieur : c'est le *phénomène d'équilibration.*

Selon cette théorie, le processus de socialisation est discontinu car il procède par équilibration, *c.a.d.* par déséquilibres et rééquilibres successifs. Ce processus est permanent et accompagne la socialisation et l'acculturation durant toute la vie. La socialisation ne se réduit pas à une simple incorporation de la culture d'apprentissage, mais résulte du double processus d'assimilation et d'accommodation : la personne se transforme sous l'effet des influences extérieures ; elle ne subit pas passivement les influences culturelles, mais réagit en fonction de ses intérêts à partir de la structuration acquise.

V. LA GOUVERNANCE DU SYSTÈME

Les questions qui se posent relativement aux liens que cultive l'éthique et à la socialisation qui la détermine sont infinies. Toutefois, considérer l'éthique comme un système c'est plus que, comme pour un simple objet d'analyse, apprendre à la concevoir comme un phénomène vivant-social, constitué de processeurs et de processus aux « hiérarchies enchevêtrées »*, allant des structures organiques de la société aux logiques stratégiques et comportementales de l'action individuelle et collective.

V.I. Du topos au logos.

L'éthique n'est pas dans la nature. Comme tout système, elle est « dans l'esprit des hommes » (J.L. Le Moigne, 1984, p. 74), et n'a donc pas d'autre sens pratique, du *topos* au *logos*, que celui de la *confrontation des valeurs universelles* et *l'intégration des visées personnelles* des acteurs à la résolution de problèmes collectifs (*Fig.12*). C'est là une dialectique, en quête de performance et d'efficacité pour résoudre les incertitudes, tensions et compromis. D'où la nécessité d'être *socialement compétent*, c'est-à-dire capable de se comporter de manière à obtenir de l'autre les effets désirés, en fonction d'attentes à partager entre égoïsme et altérité aux prises avec la *réalité dialogique* des sentiments, attitudes, besoins, intérêts, etc., qui se combinent, s'associent ou s'opposent. Dialectique sans fin, qui n'épuise pas les contradictions mais qui, paradoxalement, n'est pas désespérante car en voie d'éternel recommencement.

Logos / Topos	***Problèmes posés***	***Obstacles rencontrés***	***Effets attendus***	***Optimisation par***	***Nature du lien***
Individus	Qualité de la relation individuelle à autrui	Tensions intrapsychiques. Conflits d'apprentissage du rôle et d'accès au statut	Efficacité individuelle par congruence intrapersonnelle	Apprentissage des valeurs et développement du sens moral	Lien individuel Sociabilité personnelle
Groupes	Qualité des relations inter-individuelles	Rivalités et dysfonctionnements relationnels	Efficacité communautaire par congruence interpersonnelle	Apprendre à vivre en groupe, et à passer de l'égoïsme à l'altruisme	Lien inter-individuel Socialité locale
Institutions	Qualité des relations sociales	Difficultés de communication. Climat défavorable. Tensions, conflits.	Efficacité sociale par cohésion et coopération inter-individuelle	Expérience de la vie en collectivité, hors et au travail	Lien sociétaire Socialité institutionnelle
Société	Qualité des relations humaines et culturelles	Contradictions sociales. Tensions et conflits sociaux	Efficacité sociétaire par cohésion sociale et esprit de souveraineté démocratique	Socialisation et éducation et acculturation permanente	Lien social Socialité universelle

- Fig. 12. L'éthique-système : du topos au logos

V.2. L'éthique : un procès de gestion d'activation-production-intégration de comportements (A.P.I.)

L'éthique est intelligence de situation, et comme telle, elle demande à être gérée. C'est en ce sens qu'il est utile de la modéliser, c'est-à-dire de la représenter sous la forme d'un système faisant apparaître ce qui gère et ce qui est géré pour aider à concevoir ce qui pilote ses projets et ce qui détermine l'action pilotée. Un tel modèle peut se présenter comme un schéma de gestion selon lequel ce qui est produit rétroagit sur ce qui le produit, aux termes d'un *procès d'activation-production-intégration* de comportements (A-P-I).

Si l'on se réfère au modèle du *Système général*, on établira les correspondances suivantes :

– *Le sous-système de pilotage* (finalisation, intelligence-conception, décision-sélection), est la partie qui active le système (*Activation*) :

– *Le sous-système opérant* est la partie qui produit les comportements éthiques (*Production*) ;

– *Le sous-système d'information* est la partie qui intègre les données qui entrent, sont traitées et sortent du système (*Intégration*).

On ouvre ainsi la boîte noire de l'éthique-système, et, au-delà d'une conception behavioriste et positiviste, on aboutit à une vision « cybernétique de la cybernétique » de l'éthique en tant que produit partagé d'acteurs autonomes (autopoïèse) se construisant sur la base dynamique de l'hétéroréférence. Chaque acteur, en tant que système-personne dépend de lui-même (S = *f* [s]), mais dépend en même temps de la personne d'autrui et de la surdétermination de l'environnement (S = *f* [E]). Globalement et localement des liens s'établissent. Des processus s'organisent ou se désorganisent, qui génèrent des effets entre acteurs. Ces effets se propagent dans l'environnement et causent de nouveaux effets qui rétroagissent sur les causes. À un niveau supérieur d'abstraction, le système dépend fonctionnellement de lui-même. C'est lui, et non tel ou tel acteur pris séparément qui, étant fonction de lui-même via la personne d'autrui, subit les pressions de l'environnement (S' = *f* [s']) pour se mettre en tension et exercer, en retour, une action sur cet environnement (E = *f* [s']). L'idée d'autoréférence est, dans cet enchevêtrement de relations systémiques, inséparable de l'idée d'hétéroréférence.

Une telle réalité, déduite de l'observation et de l'expérience, permet de concevoir l'éthique-système comme un système opérateur d'elle-même et producteur de comportements dans un environnement donné (ce qui gère et contrôle = *Activation*). Ces comportements sont l'émanation d'un système opéré/opérant, produit par le système dont il est un outil au service des relations psychosociales dans l'environnement où il opère (*Production*).

Au total, l'éthique est assimilable à un *procès d'Activation-Production-Intégration de comportements*, où *le sous-système de pilotage* gère des situations en activant ses fonctions (ce qui gère) ; *le sous-système opérant*, produit les comportements portés par le projet de l'éthique (ce qui est géré) ; et *le sous-système d'information* distribue les données qui connectent les processeurs qui décident et les processus qui activent pour produire l'éthique en intégrant ce qui contrôle et ce qui est contrôlé (*Intégration*).

L'information est essentielle au sein du système, car c'est d'elle que dépendent les principes et les valeurs de l'éthique dans le temps, l'espace et les civilisations. C'est dans l'information et la communication que se joue l'éthique à travers ses modes *d'exploitation* et ses codes de *production*, comme on le conçoit pour tout gisement de richesses, pétrole, santé, éducation, ou tout autre besoin où la morale est présente.

Conclusion: vers une notion d'éthique réelle et efficace

Le monde change, et le langage apporte son flot de tâtonnements et de mutations en tous genres à la lutte des mots, dont les significations évoluent au fil des siècles et du progrès. S'agissant de la morale et de l'éthique, le flou est permanent qui préside à l'expression de l'une comme de l'autre dès lors qu'on les évoque l'une et l'autre, ou les invoque l'une à travers l'autre. C'est là, d'un point de vue axiologique, un pas de deux qui donne du sens à la morale comme à l'éthique dans les méandres de leurs entrelacs et les font émerger du singulier à l'universel, là où la compétence linguistique est mise au défi de la complexité. A moins qu'il ne s'agisse que du vide conceptuel que laisse l'absence d'un troisième terme qui n'émergera vraisemblablement jamais ? Sauf des entrailles de quelque algorithme aventureux, capable de se révéler être une bombe à à retardement[137].

---

137 Dans son livre : *Algorithmes, la bombe à retardement* (Les Arènes, 2018, Cathy O'Neil) interroge l'emploi, l'éducation, la politique et nos habitudes de consommation pour nous montrer que nous ne pouvons plus

D'un point de vue *Praxéologique*[138], l'éthique pose la question de l'action pertinente et efficace dans le milieu existentiel (cosmologique, théologique, humain, culturel, sociétal) et relationnel (psychologique et social) dans lequel vit chaque individu de façon singulière et se construit chaque société de façon universelle. C'est dire avec Lacan et les transformations des formes lexicales issues de l'action auxquelles il est attentif quand il suit Lévi-Stauss sur la voie des rapports de l'inconscient avec les symboles, que le sujet moral est par le langage l'effet d'un champ qui l'environne de toute part, tout autant que ce champ est l'effet des causes morales et politiques qui le produisent.

On persiste à parler de *moralité* quand on traite d'éthique, alors que l'on ne parle pas jamais d'*éthicité*, quand on traite de morale. Morale, le mot n'est pas « confortable » et, moins assertif qu'éthique. On hésite à l'employer de peur d'être ringard, alors qu'il exprime selon G.W.F Hegel « l'idée de la liberté en tant que Bien vivant qui a dans la conscience de soi son savoir, son vouloir et, grâce à l'agir de celle-ci, son effectivité, de même que la conscience de soi a, à même l'être éthique, son assise qui est en et pour soi et sa fin motrice, – [l'éthicité est] le concept de la liberté devenu monde présent là et nature de la conscience de soi » (*Principes de la philosophie du droit. Op. cit.*, pp 315-558).

Mais ne faut-il voir dans l'ambivalence du choix de l'emploi préférentiel d'un mot plutôt qu'un autre, rien d'autre que le défi concret de la complexité abstraite ? A travers ce qu'on leur enseigne, ce qu'elles apprennent et les principes dont elles font le miel de leurs vies en s'acculturant, les générations se suivent et ne se ressemblent pas tout en restant les mêmes. Elles cherchent à s'adapter, dans les rapports qu'elles entretiennent avec les valeurs et la société, là où la rationalité devient un humanisme quand le langage ne la trahit pas en compliquant les voies qui conduisent à la vérité.

---

ignorer les dérives d'une société qui favorise les inégalités ni échapper à tout contrôle, au risque de rompre les équilibres fragiles de la démocratie.

[138] Depuis les années 1880, *la praxéologie** est définie comme la science de l'action en général, et de l'action efficace en particulier. Elle s'interroge, par exemple, sur l'efficacité de la pratique en vue d'améliorer la productivité et le rendement d'une entreprise (Espinas, Fayol).

Cet humanisme, n'est pas dans les théories. C'est dans l'action qu'il s'incarne, au-delà des discours, des doctrines, des dogmes et des idéologies à travers lesquelles il s'exprime. Car, si l'éthique est le produit de valeurs positives, elle peut également être pervertie par des valeurs négatives, des *contre-valeurs* pouvant faire d'un système *a priori* positif et vertueux, un système négatif et vicieux *a posteriori*.

C'est quand les liens qu'elle tisse se resserrent que l'éthique est efficace, qu'elle se ressemble et rassemble. Mais que sont donc ces forces, et d'où viennent-elles pour agir et lui permettre de s'exprimer dans l'éthicité, comme la morale se révèle dans la moralité, même si elle est aujourd'hui dépassée dans certaines de ses conceptions élémentaires, qui datent de la nuit des temps et persistent à êre en sorte de nous éclairer ?

CHAPITRE V

L'ÉTHIQUE-OUTIL

En matière d'éthique tout commence, pourrait-on dire, avec le plus ancien des trois préceptes gravés à l'entrée du temple de Delphes : « Gnothi seauton » (*Connais-toi toi-même*), mot-clé de l'humanisme. Apprendre à se respecter pour respecter les autres. Telle est l'idée que l'on retrouve aux sources de l'éthique, qui fait de la conscience individuelle l'instance de la vérité intérieure et, donc, de la décision (Hegel). Comment donc se comporter, avec soi-même ? Comment être et agir envers les autres en général, et devant une situation difficile en particulier ? Comment les autres aussi doivent-ils se comporter entre eux, quand on se regarde soi-même regardant les autres ? Ainsi vue de l'intérieur, l'éthique est action potentielle qui nous pousse à la réflexion sur nos attitudes, nos conduites et nos comportements, comme elle entraîne chaque autre soi-même à une réflexion identique pour agir avec discernement et conscience.

L'éthique est un état d'esprit. Mais comment agit-il ? En ce sens ontologique et pragmatique, l'éthique est un *outil** : outil de la relation à autrui, qui opère sur les comportements pour gérer et optimiser les conduites en société. *Mais, outil*, le mot n'est-il pas trop simple et la métaphore réifiante, pour une réalité aussi abstraite où le tout est dans la partie qui est dans le tout, autant que l'outil est dans le système qui est dans l'outil.

I. LE SYSTÈME ET L'OUTIL

Dire que l'éthique est un outil (outil de qui, outil de quoi et de quelle nature ?) n'a aucun sens, en effet, en dehors de l'écosystème dans lequel elle s'incarne, de l'individu à la société, et à partir duquel le processus marque les acteurs et leur entourage, comme c'est le propre de toute pensée structurée de conduire à bon port l'action qu'elle projette. Vue sous cet angle *écosystémique* qui transcende toute conception cybernétique* et mécaniciste primaire, la notion d'outil appliquée à l'éthique oblige à considérer que l'éthique conçue comme un système n'est pas action en soi, mais cheminement de la pensée consciente en interaction avec la réalité vers des objectifs conformes à ses usages et finalités, à travers des attitudes réfléchies et des comportements adaptés aux situations vécues.

Comment donc et en quoi *l'éthique-concept* (l'objet, la chose observée et désignée de l'extérieur), processus non linéaire et probabiliste, est-elle, en deçà et au-delà des valeurs qu'elle apporte aux hommes et à la société *(l'éthique-système)*, un instrument au service de sa propre cause *(l'éthique-outil)* ? Comment l'éthique qui transporte les idées qui la traversent dans le champ social, articule-t-elle entre elles les dimensions individuelles et collectives propres à ses principes ? Comment distinguer l'éthique-concept de l'éthique-action ? Comment donc passer de *l'éthique-système* à *l'éthique-outil* sans quitter le système, et encore moins créer la confusion ? Autrement dit, si nous avons essayé jusqu'ici de répondre aux questions axiologiques du *quoi* et du *pourquoi* de l'éthique, il nous faut maintenant avancer vers celles, plus concrètes, praxéologiques mais tout aussi complexes, du *comment* et *avec quels moyens*, qui sont la voie obligée de tout questionnement sur l'éthique au futur ? Et par là même, interrogation sur les rapports dialectiques de la *pensée éthique* avec *l'éthique de la pensée (cf.* chap.II, III.3.).

I.1. L'outil, une notion plutôt vague *a priori, mais* prégnante dans les métaphorisations de l'éthique

Bien que l'éthique occupe le corps d'un point de vue physique, biophysiologique et mental, l'outil qu'elle est pour produire ses effets psychologiques et sociaux n'est pas le prolongement de la main, ni une prothèse au sens de l'instrument qui la remplace pour opérer sur des objets matériels. Cet outil, *l'éthique*, est un procès, un prolongement du corps qui contient et exprime les idées de la personne qui habite ce corps. L'éthique a sa tête, que portent ensemble le corps, le cœur et la raison pour conduire la pensée et structurer les comportements. Corps physique et mental des individus et de la société ; corps sains des gens de bonne conscience et de discernement, de tous âges et confessions ; corps malades de ceux qui doutent ou refusent : *Personnes*, en un mot, dont l'esprit est à la raison (*sophia*, sagesse théorique), et l'âme à la maturité (*phronèsis*, sagesse pratique). Baruch Spinoza l'a énoncé : « L'esprit et le corps sont une seule et même chose, conçue tantôt sous l'attribut de la Pensée, tantôt sous l'attribut de l'étendue […] L'esprit est l'expression intellectuelle du corps […] Toute connaissance de soi et de son esprit est une connaissance à travers le corps. » (Spinoza, *Éthique*, III, proposition 2, scolie, p. 415).

Il peut-être déroutant de parler d'*outil* lorsqu'il s'agit de travailler sur des idées, des sentiments et des jugements qui sont des catégories abstraites, intimes et universelles. Outil, le terme convient à la mécanique, à la construction ou à l'agriculture. Pourtant, et comme le savent les Compagnons du Tour de France, la tête et la main sont indissociables. La tête guide la main, qui exécute et renseigne. Des outils au service d'applications virtuelles, cela existe. A commencer par la *systémographie*, qui est une méthode de représentation au service du modélisateur. On dispose d'« outils » pédagogiques, linguistiques, numériques, informatiques et mathématiques. Le langage et la méthode sont des outils qui permettent de penser, de communiquer et d'agir. Le Q.I., pour le psycholgue est un outil. L'éthique en tant que fonction relationnelle fondée sur la *conscience morale** est un outil, un outil de *bienséance* (conduite sociale conforme aux usages), et de *bienfaisance* (solidarité qui développe le *jugement moral**). ***Un outil qui tisse les fils de la reliance***. Reliance sociale inséparable de la reliance technique, comme cela se développe dans le monde de la médecine, par exemple, où l'éthique est un véritable enjeu de cohésion sociale faisant de la médecine un art autant qu'une science (ars, en latin : « habileté, métier, connaissance technique). Milieu d'hommes au service des hommes, *l'hôpital* est un foyer d'éthique permanente. Ultime rempart face la souffrance physique et morale des patients il est, dans la tradition de sa fonction humaniste et de son rôle social et économique, l'un des foyers les plus sensibles où cohabitent aujourd'hui l'éthique et la technique au cœur de la cité. L'éthique est politique, certes. Globalement personnelle, professionnelle et sociale, elle est partout et toujours localement un outil au service de la cohésion sociale en termes de qualité des relations humaines, au regard du droit, de la déontologie et de la morale.

L'éthique est une qualité, et non pas un objet matériel. Toutefois, comme tout outil, abstrait ou concret au service d'une cause, l'éthique a ses usages et ses procédés, sa façon de conduire et d'être conduite. Ce qui détermine l'outil en aval, c'est la finalité des opérations que le système lui assigne depuis l'amont et auxquelles sa fonction est asservie, sauf cas de subversion où *l'éthique-système* pouvant être instrumentalisée, parasitée, *l'éthique-outil* se détournerait du contrôle du système et, positionnée comme un cheval de Troie en son sein, pourrait en venir à lui imposer des finalités parasites et corrompues.

Ainsi l'éthique-outil rentre-t-elle dans la catégorie des outils de gestion de la qualité et de la sécurité. De la qualité, certes, des relations sociales puisque c'est là son terreau et sa niche culturelle, mais de la qualité des relations humaines surtout, car telle est sa vocation. Organisée pour propager toutes les sagesses du monde, l'éthique-outil est le lieu de l'ingénierie de l'éthique-système, de l'intelligence pratique de l'éthique. Elle est l'outil de sa propre qualité, c'est-à-dire de sa pratique dont l'action consiste à travailler sur des représentations mentales, avant d'exercer ses effets sur les situations où elle opère. *L'éthique-système* est médiatisée par les représentations dont elle est la substance. Mais *l'éthique-outil*, instrument des bonnes âmes, n'a pas d'âme, elle-même. Comme le système dont elle est une composante, elle est gratuite mais pas neutre. Et c'est ce qui fait la force du système, là où l'éthique est présente en actes… et son malheur aussi, quand elle vient à manquer d'énergies et que les valeurs s'effondrent ou ne sont plus au rendez-vous.

I.2. La nature de l'outil

Ne serait-ce que par sa fonction au service de causes générales, singulières et particulières référant à ses buts formels et informels qui impactent les individus et la société, l'éthique est un outil. Un outil que la *théorie du Système Généra*l permet de se représenter comme portant en lui la partie opérante de son propre fonctionnement : l'outil est dans le système qui est dans l'outil. L'éthique est son propre outil. Elle possède, dans la structure des sous-systèmes qui la composent et des *hiérarchies enchevêtrées** qui les relient, *le système opérant*, qui est le sous-système effecteur des réponses du système aux stimili en provenance du champ social. C'est cette partie intégrante de *l'éthique-système* asservie à la composante qui le pilote, le sous-sytème de pilotage, qu'il est convenu de reconnaître comme *l'éthique-outil.* Comment donc le système global (l'éthique et ses sous-systèmes), activé de l'intérieur fonctionne-t-il vis-à-vis de l'extérieur sous l'emprise effectrice de l'outil, à l'interface du système et de l'environnement ?

Intrinsèquement, *l'agir éthique* se limite à des phénomènes psychiques que le sujet traite en voulant se prouver qu'il « a de l'éthique » tout en évaluant le chemin qu'il lui reste à parcourir pour « être éthique » en situation. L'effet attendu est lié à la cause, et relève des opérations au cours de l'action de penser qui entraîne, entre phantasmes et raison, « l'acte de faire ». La cause et les fins relèvent de *l'éthique-système* ; le travail des transformations de la pensée en actes relève de *l'éthique-outil.*

L'éthique-outil est cette partie immergée du système qui opère des transformations dans le temps (genèse) et dans l'espace (culture et territoires, groupes, organisations, etc.), en fonction des transactions entre acteurs individuels avec leur conscience et leur moralité (Durkheim) et acteurs collectifs avec la conscience de soi et l'originalité de chacun (Simmel) qui fondent ensemble, du *topos* au *logos*, *l'être supra-individuel*, virtuel, qui s'exprime dans l'éthique universelle. *L'éthique-système* peut ainsi être vue comme un roman collectif où chacun écrit sa partie. C'est cette écriture que *l'agir-éthique* met en forme en termes de comportements lisibles. Mais comment écrit-on l'éthique à une et plusieurs mains ? Comment perpétue-t-on sa geste spontanée, héroïque ou mythique ? Et comment la lire pour juger et être jugé ? Bref, avec quels « instruments » pour penser, agir et « bien » se comporter ?

Différenciée de *l'éthique-système* qui l'englobe, *l'éthique-outil* est une composante essentielle du système global. Organe effecteur, *sous-système opérant* de l'éthique, c'est *l'outil* qui détermine de l'intérieur de l'acteur les comportements nés de la pensée éthique telle qu'elle s'exprime et circule en situation au dehors du système pour y produire les effets attendus. Si bien que d'un point de vue systémique, on peut replacer l'acte éthique (sa *temporalité opérante* entre le moment où il émerge de la pensée, et le moment où ses effets échappent au contrôle en n'étant plus que les conséquences de cet acte) à l'interface du système et de son environnement, c'est-à-dire entre le fait potentiel d'*avoir de l'éthique* (état général de la réflexion sur sa propre moralité) et le fait réel d'*être éthique* (réussir à exercer cette réflexion, pour être capable de la contrôler en situation). C'est dans cet espace dynamique que l'on peut voir l'éthique à l'œuvre et observer le jeu de ses opérations au service des finalités du système.

L'éthique est action de se comporter, et *l'éthique-outil* n'a rien d'imaginaire : elle est, au sens des méthodes actuelles de gestion de la qualité, l'instrument au service de cette action. En effet, c'est le comportement issu de la pensée qui est agissant, et non l'éthique, qui n'est en soi qu'un potentiel d'action. Un objet non matérialisé, difficile à se représenter, subjectif et objectif à la fois. Certes, l'éthique est action, ne serait-ce que parce qu'elle consomme de l'énergie psychique, mais elle est surtout une *qualité au service d'états prédéterminés*, qui s'expriment dans le comportement pour produire ses effets.

Fait de se comporter, c'est-à-dire action objective qui se manifeste dans des situations relationnelles, le processus éthique impacte les enjeux de l'action. Ainsi l'éthique promeut l'esprit d'égalité et d'équité, mais ce n'est pas l'éthique qui donne aux uns ce que les autres n'ont pas. Pourtant, c'est bien l'éthique en tant que système d'idées qui oriente, décide et accompagne l'acte de concevoir les valeurs au regard de la nature et de la justice. Elle le fait en activant ses structures internes : sous-système d'information, sous-système de pilotage et sous-système opérant, qui régulent, coordonnent et équilibrent leurs actions afin que « le don », c'est-à-dire l'acte extérieur, soit effectif dans la continuité du fonctionnement opérant du système. *L'agir-éthique* en ce sens est la relation dynamique unifiée entre les moments différenciés d'une activité transitive (passage d'un état à un autre état) exécutée en fonction d'un but conforme à des valeurs. Ainsi l'éthique est-elle l'invitée permanente et aléatoire, plus ou moins « chanseuse »[139] pour chacun, dans l'histoire de sa vie… qui est aussi la vie de tous.

I.3. Au cœur de l'agir-éthique : la fonction de représentation

Chercher un outil, là où on ne le voit pas mais où il opère, n'est pas facile. Cela exige que l'on passe au crible la fonction de représentation des représentations que le système donne à voir à travers son *organis-action* tout entière bâtie sur les doubles jeux de la connaissance et de l'unidualité de la pensée du *mythos* et du *logos*.

1.3.1. La notion de représentation

Crible : instrument percé de trous et qui sert à trier des objets de grosseur inégale. Grille, passoire, tamis, dit le dictionnaire. S'agissant de la notion de *représentation* un premier tri s'impose entre : a) le *processus* au sens où chaque sujet élabore et modifie sans cesse ses

---

[139] Le hasard et la réussite quand ils sont heureux sont le fait universel d'avoir une « bonne chance », mais au Canada, l'expression ne se dissocie jamais du sens qu'une affaire *chanceuse* est une affaire qui offre, selon le *Glossaire franco-canadien des locutions viceuses,* des probabilités défavorables.

représentations de la réalité entre ce qu'il voit, ce qu'il a vu et ce qu'il a envie de voir ; et b) le *produit* de ce processus au sens où, à un instant donné, les contours d'une représentation peuvent être tracés à partir de sa description.

De plus, quand on représente l'éthique sous la forme d'un système et qu'on la personnifie en disant par exemple que « l'éthique a un projet », cela complique les choses, puisque le projet n'est pas dans l'éthique mais dans la personne qui utilise l'éthique comme un outil, pour réaliser ses propres fins. On est là dans une logique du *tiers inclus*, logique conjonctive qui s'applique à l'éthique dans le champ de sa *complexité plurielle* où la notion de représentation est une *conjonction inséparable* en ce qu'elle désigne à la fois l'action de (se) représenter, le résultat de cette action et l'auteur-acteur de cette représentation, qui dit « Je veux», quand il désire et se projette ; « Je peux », quand il mesure et évalue ; et « je dois » quand il discerne et décide. C'est là un triple « je » qui rassemble, face à un défi en forme de « triple jeu »[140] vis-à-vis de choix qui engagent. Parmi tous les champs du vivant-social où s'exerce *la fonction de représentation*, celui de l'éthique, qui va du *microcosme individuel* au *macrocosme social*, est l'un de ceux où la façon de se représenter *soi*, dans sa relation à *l'autre,* est la plus prégnante qui puisse être. Mais la plus fuyante aussi, au fil de ses ambivalences, temps et contre-temps, qui forcent à devoir se voir en permanence dans un miroir.

La réalité passe à travers de nombreux filtres et il est difficile d'être objectif, car nous n'avons que des représentations partielles et partiales de la réalité, qu'il s'agisse de soi-même, des autres et des choses. La subjectivité est l'obstacle endémique de l'éthique en matière de partage des valeurs du fait que nous avons une appréhension plus ou moins fantasmatique de ces valeurs. C'est pourquoi le sous-système opérant est assimilable à un organe exécutif *de tri de valeurs* induites et définies par le sous-système de pilotage en termes de finalité de l'action. S'agissant du sujet, le tri, c'est l'attention qu'il porte à l'éthique dans son environnement et à lui-même, en distinguant ce qui

---

[140] On peut penser au *Défi triple jeu* du baseball québécois, où les joueurs se démarquent individuellement et en équipe en mesurant leur talent dans trois épreuves complémentaires : la frappe au bâton, la course autour des buts et le lancer de précision. Les résultats sont déterminés par le total des points.

est pertinent de ce qui ne l'est pas ; ce qui est essentiel et ce qui est accessoire ; ce qui touche à son histoire et ce qui influence ses désirs. Chacun « fait » attention à sa manière.

L'*agir éthique* se construit sur des représentations. Nous échangeons tous des représentations, que nos discours et nos actes véhiculent à travers autant d'interfaces, d'échelles et de moments de représentations qu'il existe d'acteurs et de niveaux d'interactions aux prises avec des *contenus de pensée* (Piéron) en vue d'un jugement moral final. Jugement d'un cas particulier, pouvant aller du comportement immédiat à ses conséquences les plus lointaines et décalées, mais dont le sens retentit toujours sur le milieu. Or, la société est constituée d'individus et produit, elle aussi, ses propres *représentations collectives* (Durkheim) à partir des actions et réactions échangées à partir des consciences élémentaires qui la composent. De l'individuel au collectif et du local au global, un tel regard sur les représentations mentales, à l'interface opérationnelle entre l'éthique-système et l'éthique-outil, est un regard *central* et *périphérique* à la fois.

I.3.2. Des représentations à l'action : les moments de l'éthique

En nous inspirant des définitions qu'E. Morin apporte au concept de *représentation*[141], nous pouvons observer que les représentations internes et externes de l'éthique, sont une synthèse cognitive dotée des qualités de *globalité*, de *cohérence*, de *constance* et de *stabilité* obtenues par un processus de construction à partir de trois facteurs déterminants : a) *l'action du réel sur nos sens* (la perception), b) *la mémoire* (des schèmes mémorisés), c) *les fantasmes* qui nous font privilégier certains aspects de la réalité plutôt que d'autres.

C'est cette construction mentale que nous projetons sur le réel avec lequel elle se boucle, qui nous met en relation avec le milieu où nous évoluons. Cette boucle est *sélective* (dans le sens où une partie de la réalité est éliminée) et *additive*, dans la mesure ou nous rajoutons des aspects mémorisés (des schèmes), ce qui fait que toute perception a

---

141 Architecture cohérente et souple faite de contraintes et de permissivité, « la représentation est connaissante, analysable, descriptive par un esprit-sujet qui, de plus, en échangeant ses informations et descriptions avec d'autres esprits-sujets peut mieux objectiver et enrichir sa perception, et, dans ce sens, vérifier sa connaissance du monde extérieur. » : E. Morin, *La méthode : La connaissance de la connaissance,1986, p. 106-107.*

une composante quasi hallucinatoire : « Cela dépend entièrement de toi, elle sera comme tu la vois, si tu penses que c'est une belle femme, elle sera une belle femme, si dans ton coeur tu nourris des pensées pernicieuses, tu ne verras qu'un monstre. » (Gao Xingjian, *La montagne de l'âme"*. L'aube poche, p.136).

Fait subjectif individuel en même temps que construction sociale tendue vers la formalisation objectivante de ses formes et contenus, l'éthique n'est pas un acte isolé et clos sur lui-même où le fantasme gouverne l'action. La complexité de sa structure procède, bien au contraire, de logiques ordonnées en réseaux de communication internes et externes (*Fig. 13*).

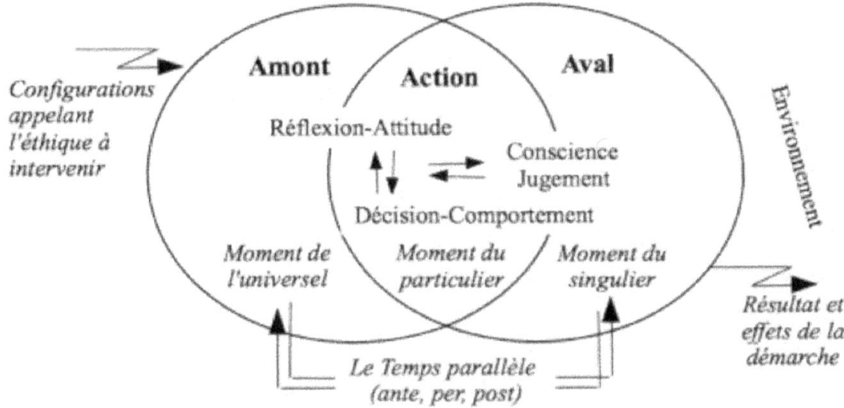

Fig. 13. L'éthique en mode opérant

L'éthique est un système en tension. Sa trajectoire opérationnelle *auto, co et écosytémique* est faite de situations interactives, depuis l'*amont* des causes (*moment de l'universel*), jusqu'à l'aval des effets (*moment du singulier et du particulier*), en passant par l'action volontaire (réflexion-attitude-décision-comportement-conscience-jugement : *moment du particulier*). En termes de cohésion sociale, ce processus est déterminant de la qualité des relations humaines. Il impacte la dynamique des liens sociaux et la socialité*, dans la continuité des *temps parallèles* qui font que toute situation éthique procède d'une préconfiguration d'attitudes et de motivations en amont *(ante),* se répercute sur des décisions et des comportements *(per)* et se prolonge à travers les effets de ces comportements en aval *(post)*, dont la résultante s'exprime dans la culture des valeurs, garante de l'intégration sociale.

Amenées à conjoindre individu et société au-delà d'un cybernétisme ou d'un structuralisme *téléonomiques*, les représentations mentales sont d'un point de vue dynamique la cause immanente, rémanente et transcendante de l'agir-éthique. Elles sont, dans sa nature même, le premier de ses outils puisque la cause de l'éthique n'est pas extérieure à l'éthique. Essence du processus éthique les représentations mentales de l'éthique s'activent et se construisent en construisant l'action.

Faite des idées venues du vécu et de la mémoire, des motivations et des jugements qu'elles nourrissent et qui la nourrissent à travers le langage et la communication, l'éthique procède *téléologiquement*, de la « trinité psychosphère, sociosphère, noosphère » en symbiose avec la biosphère (E. Morin). Au niveau individuel *des représentations mentales*, on peut parler de construction intellectuelle permettant de faire surgir des images et/ou de donner du sens à une situation donnée pour la comprendre, en faisant intervenir la perception, les souvenirs et les fantasmes. Une telle représentation mentale est dite *sociale* quand elle est le produit généré par un sujet dans un espace culturel donné. Au niveau collectif, on retiendra avec Serge Moscovici (1961), que la notion de *représentation sociale* est synonyme de production collective des acteurs sociaux, et se situe au carrefour des concepts psychologiques et des concepts sociologiques, traduisant une dialectique permanente entre l'appareil psychique, le fonctionnement cognitif et l'organisation sociale. Toute représentation sociale est ainsi, à l'image des fils de la tapisserie d'E. Morin, plus que la somme des représentations individuelles qui la constituent, moins et plus à la fois, ou moins que la somme de ses parties.

II. LE CHAMP OPÉRATIONNEL DE L'ÉTHIQUE

Le champ opérationnel de l'éthique-outil n'est autre que le champ social d'où émerge l'éthique, et où elle se réalise dans le vécu des relations humaines. Il est celui des opérations exécutées par *l'éthique-outil* pour répondre à la commande et au contrôle de *l'éthique-système* en fonction des finalités, buts et objectifs hiérachisés qui la définissent. Mais, être opérationnel ne se limite pas à l'application de protocoles aussi sophistiqués soient-ils, car même si les références de l'éthique à la norme et au droit appellent à une forme de pensée méthodique et d'action responsable, force est de ne pas oublier que l'éthique est un système cahotique et non linéaire dont la complexité, entre amour, poésie et sagesse[142] , relève tout autant de la raison raisonnante que de l'imaginaire au sens où Gilbert Durand[143] observe que « la pensée rationnelle semble constamment s'éveiller d'un rêve mythique et quelquefois le regretter ».

II.1. Les fondamentaux de l'action (reformulations ciblées)

L'éthique est un système ouvert et régulé, un objet actif, stable et évoluant dans un environnement par rapport à quelque finalité . Ce système est co-conçu et co-construit par l'homme et par la société. C'est un *écosystème* où la société produit l'éthique que les individus pratiquent en construisant la société, qui produit les individus qui produisent l'éthique. Projet en acte, l'éthique est un *co-jet*, c'est-à-dire action de jeter ensemble des idées, des désirs et des intentions.

Pour un *idéaliste moralisateur* (l'éthique telle qu'elle devrait être), l'éthique étant le reflet de la société, la société a l'éthique qu'elle mérite. Pour un *constructiviste objectiviste* (l'éthique telle qu'elle se construit) est le produit commun des individus et de la société. Car, avant d'être morale, communautaire ou sociétaire par les liens qu'elle cultive, l'éthique est universelle par la nature de sa condition humaine. Morale parce que sociétale et sociétale parce que morale, c'est là tout le champ opérationnel de l'éthique : axiologique et praxéologique, praxique, téléologique et téléonomique. C'est là toute l'étendue de son action dans la confrontation des croyances, des règles et des lois édictées par *l'acteur collectif supra-individuel*, avec les systèmes de valeurs nés des besoins et des motivations des individus.

L'éthique est, d'une part, une *conjonction inséparable* selon laquelle : « l'organisation, la chose organisée, le produit de cette organisation et l'organisant sont inséparables » (*cf.* chap. II, IV.1.) ; et, que d'autre part, elle s'incarne tout entière dans un projet identifiable aux différents niveaux opérationnels qui la constituent : le *projet-outil*, c'est-à-dire la chaîne d'opérations organisées et hiérarchisées à travers un réseau maillé de relations interpersonnelles, qui guident l'action en vue de la réalisation de ses objectifs.

---

142 « L'excès de sagesse devient fou, la sagesse n'évite la folie qu'en se mêlant à la folie de la poésie et de l'amour » : E. Morin, Amour, poésie et sagesse, Paris, Seuil, 1999.

143 *Les structures anthropologiques de l'imaginaire*. Paris, Bordas, p. 65.

Ainsi, comme tout système complexe (*cf.* chap. IV, III.2.), l'éthique possède son propre *sous-système opérant.* Celui-ci reçoit les flux d'information-matière et d'énergie en provenance de l'extérieur (*intrants*) ; il les trie en direction du *sous-système d'information* et du *sous-système de pilotage* (informations de représentation), d'où ces flux redescendent après identification, interprétation et analyse, sous forme d'informations de décision qui activent le sous-système opérant qui dirige, à son tour, les flux ainsi canalisés, traités et tranformés vers l'extérieur (extrants).

Entre dispositions individuelles et finalités collectives, l'éthique, démarche intentionnelle, est action de se comporter au cours de laquelle des décisions sont prises et des transformations opérées, en termes d'attitudes et de conduites dans un champ social donné, sous la gouvernance d'un projet individuel conforme aux représentations sociales et normes établies. D'une *praxis*, en fait, puisqu'il s'agit des médiations entre des applications de savoirs à la fois théoriques (connaissance des valeurs et des normes) et pratiques (savoir-être et savoir-faire).

II.2. Du mode opératoire au mode opérationnel

L'éthique obéit à une qualité d'intelligence pratique auto-productrice d'elle-même. Existerait-il une forme d'ingénierie du projet tapie au fond du champ de l'éthique ? Et, quel est le champ de cette pratique ; comment le décrire et l'analyser ? Certes, on ne peut pas voir l'outil opérer, mais on peut en revanche modéliser la démarche ainsi conçue comme un système d'actions conditionnelles, à l'interface du champ théorique dont l'éthique est une interprétation, et du champ empirique dont elle est une synthèse[144]. Comment, par quelles voies, pour quelles finalités, buts et objectifs, et avec quels moyens, l'outil agit-il ? Autrement dit, quels *modes d'action* faut-il chercher à voir à l'œuvre quand on métaphorise l'éthique en tant qu'objet identifiable *en situation*, complémentairement aux niveaux théoriques qui la définissent *a priori* [145] ? Les *manières de faire*, lorsqu'il s'agit

---

[144] Selon la définition de B. Walliser à propos de la posture épistémologique de l'éthique entre la sémantique et la pratique (*cf.* chap. II.,V.) : le modèle est un médiateur entre l'interprétation théorique et la synthèse empirique.

[145] Selon E. Kant, l'expression signifie une connaissance « indépendante de l'expérience ».

d'applications concernant des *objets virtuels*, sont en effet, des pratiques cristallisées dans des conditions données autour d'un objet et d'un projet consacré par l'usage. D'où la notion d'outil applicable à ces pratiques, et la possibilité conséquente d'observer cet outil invisible, à travers ses *modes d'action* et *leurs résultats*.

— Si l'on raisonne sur le *mode opératoire*, l'éthique est un *continuum* d'opérations mentales et intellectuelles dédiées et ordonnées, suivant des principes d'attitudes et de conduites conformes à des valeurs, dans des situations sociales identifiables. Le mode opératoire de l'éthique, au niveau axiologique du *système*, est de l'ordre du *sous-système de pilotage*.

— Si l'on raisonne sur le *mode opérationnel*, l'éthique est la démarche qui s'applique au respect des objectifs contenus dans les principes. Elle intervient dans toute relation morale où l'attention à soi et à autrui est induite par la culture et consentie par la volonté. Le mode opératoire de l'éthique, au *niveau praxéologique de l'éthique-outil*, est de l'ordre du *sous-système opérant.*

Entre dispositions individuelles et finalités collectives, l'éthique est une démarche intentionnelle. Elle est action de se comporter, au cours de laquelle des décisions sont prises et des transformations opérées en termes d'attitudes, conduites et comportements dans un champ social donné, sous la gouvernance d'un projet individuel conforme aux représentations sociales et aux normes établies. Fruit d'une *praxis*, puisqu'il s'agit, dans l'ordre des médiations opérées, d'applications de savoirs à la fois théoriques et empiriques, l'éthique est un *objet complexe* qui ne peut pas être fondu dans un seul modèle. Aussi est-il difficile de parler de *méthodes et techniques* opératoires de l'éthique au sens des termes qui laisserait supposer la possibilité de concevoir une ingénierie experte de l'éthique. Même à travers des protocoles, gérer l'éthique est un art, une ascèse parfois. Une discipline morale en tous cas, qui s'articule aux choses de la vie sans prétendre les régenter. L'adage est connu : « Celle ou celui qui est habité(e) par l'éthique a une chance d'accéder au bonheur ». C'est la grande confraternité des « bonnes âmes ». Mais l'éthique est complexe et ses trajectoires chaotiques. Lire l'éthique, c'est donc essayer de chercher à comprendre l'intelligence de sa *complexité axio-praxéologique* en forme de dialectique permanente entre les finalités qu'elle proclame et les modes d'action qu'elle met en œuvre.

II.3. L'éthique, champ de l'intelligence pratique et de la socialisation permanente

Quel que soit le but poursuivi, l'éthique est au niveau individuel « intelligence de la complexité ». Elle prend naissance à l'intérieur du corps humain où fonctionne la pensée, qui est un produit de ce corps. Le corps n'est pas au service de l'esprit : il en fait partie : « L'homme est un corps pensant » (F. Varela). La cause de l'éthique est interne à l'agent, et son action est endogène. Elle se développe à l'intérieur de l'organisme pour produire ses effets en dehors. C'est-à-dire dans l'environnement constitué de tous les individus qui forment le corps social, corps invisible mais lui aussi à l'œuvre pour coproduire l'éthique dans l'ordre diachronique et synchronique des boucles de récursion opérantes.

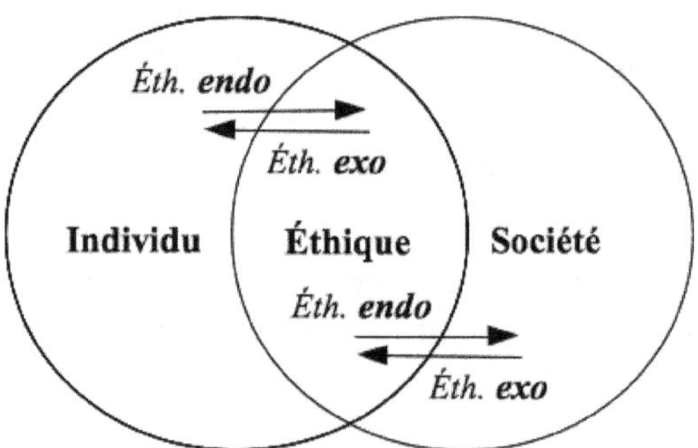

Fig. 14. L'éthique bipolaire

L'éthique individuelle se reflète dans la société où elle est *métabolisée*[146]. Et chaque parcelle d'éthique portée par la société procède de sa propre exogénéité pour agir sur les individus à travers la culture et la socialisation. L'éthique est un système bipolaire : *endogène* quand l'action s'exerce de l'intérieur des « corps » vers l'extérieur (les individus vers la société et la société vers les individus), et *exogène* quand elle se construit récursivement de

[146] Réponse à un stimulus de l'environnement social, l'éthique, à l'image des réactions chimiques et physiologiques au sein du vivant procède d'un ensemble de réactions couplées qui lui permettent de se développer grâce au *catabolisme* (fonction qui permet d'extraire l'énergie des nutriments apportés par les éléments du système, psychiques et autres) et à l'*anabolisme* (qui lui permet de synthétiser les constituants nécessaires au fonctionnent de ce système).

l'extérieur vers l'intérieur de chacun de ces deux corps différents et complémentaires. On retrouve à ce niveau d'analyse la trinité des principes dialogique, récursif et hologrammique (R. Morin) qui nous permet de concevoir que l'éthique, facteur de médiations sociales, est aussi et d'abord outil d'elle-même si on la voit comme un *système vivant-social*, c'est-à-dire un système ouvert sur l'environnement, opérant à *l'interface* (« ce qui rompt le face à face ») de la société et des individus, à travers les liens d'intelligence et d'humanité qui organisent les réseaux de communication entre le tout et les parties.

L'éhique est construction permanente d'attitudes et de comportements en fonctions des principes et des valeurs qui la guident. Finalisée et finalisante, elle est stratégie de relation et d'adaptation. Ses enjeux dépendent, de sa manière d'opérer, c'est-à-dire des dispositions d'esprit des acteurs, de leurs styles d'action et des effets de ces actions dans le *champ social* où elle s'enracine et évolue.

III. LE PROJET, OUTIL DE L'ÉTHIQUE

L'éthique est un inexistant désiré appelé à devenir une réalité vécue, une aventure temporaire sur fond de principes universels et durables. Action portée par un projet plus ou moins programmé mais toujours éprouvé, l'éthique est une démarche personnelle liée à des tiers pour atteindre des objectifs altruistes sur fond d'avantages et inconvénients partagés. Elle est *recherche-action* « existentielle et transpersonnelle » [147] , au sens d'une *recherche-intervention-expérimentation* fondée sur un *pouvoir-faire* (l'*empowerment* de la tradition communautaire anglo-saxonne) prenant la forme d'une compétence sociale sans cesse réactualisée. Action délibérée, intériorisée, l'éthique fonctionne sur le principe ambivalent du désir et de la responsabilité avec cette exigence morale qui la qualifie, à savoir : que les avantages l'emportent toujours de façon juste et équitable sur les inconvénients. Pragmatique l'éthique s'adapte et évolue. Elle étend le champ de ses applications, et se confirme

147 Le concept de « recherche-action existentielle et transpersonnelle » provient du courant épistémologique des philosophies orientales développé par des praticiens-chercheurs en sciences sociales comme René Barbier, qui inscrivent ce type de *recherche-action* dans la voie à la transdisciplinarité.

aujourd'hui comme objet de *recherche opérationnelle* et de *recherche-développement (cf. infra*, IV.1.).

Ainsi, la façon dont les individus et la société gèrent l'éthique, témoigne de ce qu'elle est.

III.1. L'éthique, une conduite à projets

L'existence de l'éthique et des qualités qu'elle incarne sont liées aux actes qui la constituent, et donc à l'agrégation des projets individuels et collectifs qui tissent la trame des réseaux de liens qui entretiennent ses effets. L'éthique, est à la fois l'acte éthique, c'est-à-dire *l'éthique agie*, et le résultat de cet acte, *l'éthique vécue*. Mais la réalité du processus est toujours plus complexe que ses définitions. Car, entre la perception de quelque chose en train de se produire dans une configuration relationnelle donnée qui appelle à l'éthique (cause, stimulus), et son apogée en terme de résultat obtenu (réponse, effet provoqué), l'éthique prend *la forme du projet* (de *projicere* : ce que l'on jette en avant) selon une hiérarchie de finalités, de buts et d'objectifs enchevêtrés, qui lui sont propres (*cf. infra*, IV), et qu'il est nécessaire d'examiner car ils sont les paramètres de l'éthique, en termes de traçabilité de l'action.

Au niveau de la société (philosophie, politique, religion, etc.), *les finalités* de l'éthique sont de l'ordre *de l'idéel tendu vers un idéal moral* à atteindre et à respecter. Au niveau des institutions (éducation, socialisation, travail, justice, santé, etc.), *les buts* de l'éthique relèvent de principes structurés par les valeurs sociales et culturelles qui déterminent les relations humaines et les opérationnalisent à travers de multiples applications, telles l'éthique conséquentialiste et l'éthique déontologique. *Les objectifs* se précisent à l'échelle de l'individu en termes de valeurs personnelles et professionnelles liées à l'identité (ce que le sujet veut être / ce qu'il est) et font intervenir la personnalité à travers l'énergie psycho-cognitive, les connaissances, le caractère et l'affectivité qui déterminent la compétence sociale en fonction de l'expérience.

Révélateur de l'éthique en même temps que médiateur vécu et orchestré, le projet de se conformer à des principes ou à des convictions et de les gérer est une démarche de la pensée qui fonctionne comme un outil pour atteindre un idéal en soi (*éthique idéaliste*) ou une solution pour aborder un problème donné dans une relation à autrui donnée (*éthique pratique*). Ainsi, comme tout projet [148] , instrument d'une intention, d'une volonté ou d'une opportunité, *l'éthique-outil* se caractérise par :

— *l'exemplarité de son trajet* : abstraite, l'éthique est un ailleurs souhaitable à réaliser dans l'espace du quotidien des relations sociales mesurées dans l'idéalisations d'elles-mêmes ;
— *l'opérativité de son objet* : l'éthique n'est ni un rêve ni une utopie, elle est dans les principes et les valeurs qu'elle projette de façon plus ou moins explicite, afin de les rendre conformes aux bonnes mœurs et aux usages ;
— *la pronominalistion de son sujet* : l'éthique en acte n'a rien d'anonyme, mais elle est si complexe, que quand on l'analyse on fait de l'*objet* d'investigation qu'elle est un *sujet.* Pour (*se*) la représenter, on la personnifie, alors que les véritables sujets de l'éthique, c'est-à-dire les agents qui décident, orientent, organisent et déterminent l'action sont les acteurs individuels (personnes physiques) et collectifs (personnes morales) des situations où ils interagissent.

L'éthique, en soi, est un projet, un *co-jet*, qui sans cesse se régénère dans *l'écosystème** de la morale (*Fig. 15*). Elle est ontologiquement[149] projet d'elle-même (*l'éthique-système*) et opérationnellement – comme par une sorte de métamorphose aux frontières – outil de son propre objet (*l'éthique-outil)* :

— Projet d'elle-même, l'éthique-système est *proaïresis* au sens de *projet-visée endogène* (*proaïresis)* qui marque l'intérêt personnel d'un individu, auteur-acteur de sa démarche pour les principes et valeurs morales auxquels il adhère en amont, et vis-à-vis desquels il entretient l'intention d'agir en aval de façon conforme à ce que ces principes et valeurs *exogènes* signifient pour lui, compte tenu des règles et des usages collectifs. On rejoint sous cette forme de projet la conception d'Aristote (*Éthique à Nicomaque*) d'une démarche animée d'un désir intellectualisé par un esprit désidératif, volontaire et réfléchi, tendu vers une vision de soi en tant qu'être « ayant » une éthique, et susceptible « d'être » éthique dans ses comportements.

---

148 *Cf.* : J.P. Boutinet : *Psychologie des conduites à projet.* Op. cit.

149 Au sens où C. Castoriadis parle d'organisations « ensidiques », *i.e.* d'univers cartésiens où chaque objet peut être identifié et classifié en termes clairs et distincts et où les relations entre les objets ou classes d'objets relèvent de la pure logique.

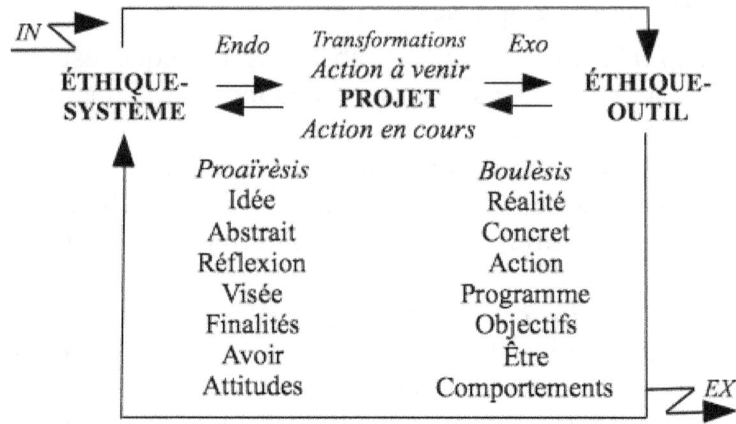

Fig. 15. Les paramètres-interface entre le système et l'outil

— *Outil*, l'éthique se construit sur la base d'un *projet programmatique* (*boulèsis)* établissant le lien entre la visée d'un choix délibéré en vertu d'une valeur morale en amont et la démarche à réaliser qui répond à cette visée, *i.e.* l'action volontaire orientée vers un but en aval, médiatisée par le projet conçu et contrôlé depuis le sous-système de pilotage.

En résumé, le projet écosystémique de l'éthique est opérationnel quand il est porté par une dynamique qui donne à chacun la capacité d'*avoir* individuellement suffisamment de conscience morale en soi, pour *être* éthique en acte socialement.

III.2. Les paramètres du projet

De quels moyens opérationnels (matériels, informationnels et énergétiques) l'éthique dispose-t-elle donc pour assurer sa mission ? Quelles démarches stratégiques et organisationnelles les hommes qui imaginent et promeuvent les idées de l'éthique tout autant que l'éthique des idées (*l'éthique-système*) vont-t-ils mettre en œuvre, en termes de méthodes, de techniques et de ressources humaines (*l'étique-outil*) pour atteindre leurs objectifs individuels et collectifs ? Essayer de répondre à ces questions, c'est interroger le *rapport axio-praxéologique* entre *le système et l'outil*, afin d'approfondir la vision que nous avons de l'éthique dialogique, récursive et hologrammique, qui fait système en termes de dualité morale singulière et universelle. L'éthique n'est pas un ensemble de principes assemblés comme un « jeu de mécano », ni de valeurs absolues. L'éthique n'est pas un algorithme. Elle est un processus de liens sociaux et de choix personnels, de décisions et de transformations en vue de *bien-agir* dans la proximité des relations humaines. Comme dans le sport de compétition et partout ailleurs, ce processus est contextualisé : il s'exerce devant les autres, avec les autres, pour les autres et parfois même contre les autres.

De l'un à l'autre des trois pôles théoriques qui font système en matière d'éthique : *l'être*, *le faire* et *le devenir*, le *lien social* tient *structurellement* (ce qui est déterminé par la structure) et *structuralement* (ce qui touche à la structure) lieu de « colonne vertébrale » et de « mœlle épinière » de l'action vécue. Ce lien dynamique, sensitif et moteur apparaît systémiquement comme le médiateur organique de la relation entre une éthique du dedans (autoréférence, égoïsme par exemple) et une éthique du dehors (hétéroréférence, altérité notamment). Il se vérifie en celà qu'il ne peut pas y avoir d'action pertinente et efficace ni de vérité en matière d'éthique, sans lien psychologique et social, et donc sans *socialisation.* Une formule explicite de Georges Lerbet[150] illustre ce propos : « Je fais autorité pour l'autre si, d'en passer par moi, il s'augmente ».

Tout processus de socialisation repose sur des valeurs universelles, idéalement partagées. Or, les principes moraux sont finalisés en fonction de la culture et des époques. Et, sans éducation ni volonté politique, il ne peut pas y avoir d'éthique. L'éthique n'échappe pas aux lois de la durée. Et quand les valeurs changent, l'éthique évolue ou n'est plus la même d'une culture à une autre. De fait, il n'y a pas d'éthique sans dimension collective, ni mutations liées au temps.

Autrement dit si l'éthique est, d'un point de vue axiologique, un système actif et relativement stable dans un environnement social donné où elle évolue par rapport à la dialectique des désirs et des finalités, c'est qu'elle est dotée des moyens internes et externes de son pilotage pour préserver son autonomie et conserver son pouvoir d'adaptation, c'est-à-dire sa capacité à être plastique pour survivre et

---

150 Psychologue expérimentaliste, philosophe de l'éducation et de la formation, G. Lerbet est un spécialiste de la logique et de l'épistémologie qui a fait porter une grande partie des ses travaux (EHESC et Université de Tours) sur l'intelligence de la complexité et les paradoxes en éducation.

se développer[151]. Or, comme le précise J.L. Le Moigne : « Piloter un système ne consiste pas à activer ses structures, mais à gérer ses projets dans le temps » (1984, p. 184). De fait, quand P. Ricœur propose : « Appelons "visée éthique" la visée de la "vie bonne" avec et pour autrui dans des institutions justes. », il signifie par là-même ce qu'est le projet de l'éthique : un révélateur de la morale et de la moralité au sens où Kant définissait l'éthique comme une « raison pratique ». Un révélateur d'*éthicité*, en somme.

Pour A. Badiou, l'éthique est différentiée de la raison pure, ou raison théorique : « Il s'agit des rapports de l'action subjective, et des intentions représentables avec une Loi universelle. L'éthique est principe de jugement des pratiques d'un sujet, que ce sujet soit individuel ou collectif. » (2009, p. 20). Le lieu de l'éthique est donc à l'interface des projets du Sujet et de ceux de la Société. Or, tout projet est « un révélateur à expliciter de ce que vivent aujourd'hui aussi bien les individus que les organisations » (J.P. Boutinet, *op. cit.*, 2019, p. 20). La question est donc : comment le projet éthique de chacun opère-t-il à la rencontre du projet d'éthique de l'autre et de la société ? Et comment concevoir, alors, l'outil virtuel, trinitaire et trialectique, qui se crée d'un monde à l'autre du phénomène, dans la logique de la transformation des représentations de l'éthique en actes éthiques immédiats porteurs de moralité réfléchie ?

La classification des paramètres constitutifs du projet en général, dressée par J.P. Boutinet à partir de ses paronymes (1993, pp. 84-89), permet d'appréhender la conduite de tout projet d'éthique en particulier. Comme tout projet, en effet, l'éthique procède d'une démarche qui :
- part, à l'origine, d'*un sujet* (auteur, acteur) qui est, dès lors qu'il émet une intention, est assujetti à sa démarche ;
- est tendue vers un *objet* (existant à transformer, existant à atteindre, inexistant à façonner) ;
- s'expose à un *rejet* (momentané ou différé), en fonction des niveaux d'adhésion ou d'opposition tenant aux acteurs, aux opportunités ou aux enjeux ;

[151] Développer au sens dynamique de quelque chose qui grandit, libère et se grandit, par opposition à tout ce qui enveloppe, c'est-à-dire diminue, étouffe et rétracte.

– emprunte un *trajet* (en amont selon les trajectoires propres aux acteurs, et en aval suivant les perspectives ouvertes par la démarche) ;

– et procède d'un *surjet*, c'est-à-dire des opérations de négociation qui s'opèrent au niveau du lien social, et de la validation de ces opérations qui témoignent de la socialité des situations vécues.

Hypercomplexe, l'éthique n'est ni science, ni technique. Elle est art et tentative sans cesse renouvelée d'accorder des convictions morales et des aspirations personnelles à des lignes de conduite dictées par les besoins de la vie en société.

III.3. Relativité du projet et prégnance du besoin d'éthique

Les projets d'éthique, individuels (personnels, professionnels, etc.) et collectifs (communautaires, politiques, religieux, sociétaux, etc .), ne sont pas des projets experts, et face à quelque responsabilité que ce soit, croire que l'éthique peut se résoudre à un savoir faire artificiellement construit serait incongru. Car l'éthique est dans l'homme qui la vit en même temps que dans la société qui rassemble des hommes.

Pour Kant, toute responsabilité procède des mouvements de l'éthique inscrits dans les trajectoires de la vie en société et donc dans les projets qui orientent les conduites : « Agis de telle sorte que tu traites l'humanité, aussi bien dans ta personne que dans la personne d'autrui, toujours en même temps comme une fin, jamais simplement comme moyen. » Deux siècles plus tard, Hans Jonas reprend la formule : « Agis de telle sorte qu'il existe encore une humanité après toi et aussi longtemps que possible. »[152]. Selon P. Ricœur : « Nul ne dispose du savoir de surplomb qui permettrait d'unifier le champ des convictions fondamentales. La pluralité est la condition d'exercice de tous les discours, qu'ils soient techniques ou pratiques, scientifiques, esthétiques, moraux, spirituels » [153] . Depuis, bien des révolutions industrielles et scientifiques se sont produites. Comme le rappelle Gérard Toulouse, qui interroge la responsabilité humaine à travers le mouvement éthique dans les sciences : il y a eu Hiroschima, la conquête de l'espace, et il y a maintenant les menaces qui pèsent sur la planète et la biosphère.

---

152 F_l q Hnl _q* *J c npg agnc pcqnnl q_`ggl̀, S1c Ìrfgosc nnspj_ ag ggq_rgnl rcaf1 njnegosc**Dj_k k _pgnl */ 77. ,

153 Postface au *Temps de la responsabilité. Lectures 1. Autour du politique*. Seuil, 1991.

Responsabilité et conscience sont inséparables. Face aux besoins de la vie sur Terre, l'éthique est intention de se comporter de façon responsable. Elle est mise en acte conformément à des motivations inscrites dans un projet solidaire et altruiste. Mais ce projet n'est pas un outil magique, une clé qui donne le contrôle des situations, aussi nobles et impérieux soient-ils. Cultiver l'éthique relève certes d'un projet, projet exemplaire, mais ce projet n'a pas de modèle fixe ni de forme prête à l'emploi, car l'éthique est réflexion *ante*, *per* et *post* vécue dans l'expérience de ses enchaînements à l'échelle du temps, de l'espace et des personnalités morales et politiques. Telle le manteau d'Arlequin évoqué par Michel Serres dans son texte du *Tiers-instruit,* l'éthique n'est pas l'altérité, mais le chemin pour y parvenir. L'éthique n'est pas acquise comme un produit déterminé par la seule volonté, mais le résultat d'un amalgame d'apprentissages de droits et de devoirs, d'impressions, de rêves et de libertés. C'est la toute une éducation de la conscience et du discernement.

De qui, de quoi l'éthique est-elle le projet ? Projet d'elle-même que l'on personnifie comme un *tiers (l'objet dont on parle)*, projet de l'individu soucieux de la morale, ou projet de la société qui en fixe les normes ? Du référent au référé, les nuances peuvent être fortes et contradictoires, en effet, entre *projet de l'éthique* (le tiers général, abstrait et théorique), *projet éthique* (qualité du projet porté par l'individu, c'est-à-dire la personne auteure de ce projet) et *projet d'éthique* (la généralisation des normes de l'éthique par la société). Si bien que les formes syntaxiques et grammaticales ne suffisent pas à épuiser les tensions et les contradictions entre subjectivité, objectivité et tiers éthique. Ainsi, par exemple, le *projet d'éthique* d'un individu, selon les interprétations, peut ne pas corresprondre au normes du *projet de l'éthique* de l'entreprise où il travaille, et être jugé peu ou pas éthique aux yeux de la loi.

Chacun individu et chaque groupe constitué a tendance à procéder d'une vision particulière de l'éthique en vivant des situations plus ou moins singulières, qui influencent la conduite et le résultat des projets en fonction des circonstances et du milieu. En termes de projet, l'éthique se décline à différents niveaux individuels et collectifs. Et, comme pour tout projet, l'action éthique demande à être évaluée. Mais, multidimensionnelle et plurifactorielle, elle présente de trop nombreux paramètres existentiels, méthodologiques et logistiques pour être évaluée de façon systématique.

Autrement dit, l'éthique évolue sur la ligne de crête de ses projets et de ses finalités formelles (avérées, normalisées) et informelles (ressenties, interprétées et représentées). Expression d'une authenticité de la personne, l'éthique est dans l'être plus que dans la performance. Mais les deux sont indissociables pour que l'éthique puisse, telle une *assomption*, être dite et bien conduite. L'éthique est un acte de liberté morale qui assume la nécessité de sa propre finitude.

IV. DES FINALITÉS AUX OBJECTIFS DE L'ÉTHIQUE

Passé l'obstacle de la complication et de l'identification des analogies et de l'équivalence entre les deux termes hyperonymes et hyponymes que sont la morale et l'éthique, et les dimensions philosophiques et épistémologiques de l'objet étant posées, la question est maintenant de savoir comment s'opère la relation entre *l'éthique-système* et *l'éthique-outil*. En effet, la conscience morale, selon E. Morin, « ne peut se déduire de la conscience intellectuelle, mais elle a besoin de la conscience intellectuelle, c'est-à-dire de pensée et de réflexion. » Si bien que l'on doit s'interroger sur le fonctionnement de cette médiation dans ces espaces partagés, qui, selon Kant, vont de la réflexion sur les principes (la morale) à leur application (l'éthique). L'éthique tisse sa toile au fil des réseaux de savoirs qu'elle mobilise pour agir : *savoirs savants* (pluri et interdisciplinaires) et *savoirs empiriques* (multidimensionnels) enchevêtrés, qui s'actualisent, s'opérationnalisent et se régénèrent entre le système et l'outil, selon la logique théorico-pratique d'une *transposition systémique* de savoirs théoriques *sur* l'éthique, en savoirs d'action *de* l'éthique.

IV.1. Les voies d'apprentissage et le mouvement de l'éthique

La transposition des savoirs empiriques intériorisés *de* l'éthique, en savoirs savants extériorisés *sur* l'éthique, renforce l'acception du concept d'éthique en *intension* (définition, référence au contenu de l'objet théorique, sens) et en *extension* (ensemble des choses auxquelles s'applique la définition en intension ; ce qu'elle dénote) pour indiquer comment réussir à agir de façon éthique. Elle fait apparaître en filigrane les liens de la reliance ontologique et sociale dans leurs rapports épistémologiques à la *complexité*[154] des deux sous-

[154] « Nous ne raisonnons que sur des modèles » expose Paul Valéry qui ajoutait dans ses *Cahiers* : « Je n'ai jamais cru aux "explications".... mais j'ai cru qu'il fallait chercher des "représentations" sur lesquelles on pût opérer

systèmes qui entrent en résonnance et s'intègrent l'un à l'autre (*Fig. 16*). Elle matérialise l'idée que le système et l'outil se fondent l'un dans l'autre en se métabolisant l'un l'autre, dès lors qu'un comportement éthique est activé qui opère selon :

— *une relation alternative psycho-socio-cognitive* entre la nécessité de comprendre (un problème, une situation) pour réussir, et de réussir pour comprendre (la nature et la portée des actes),

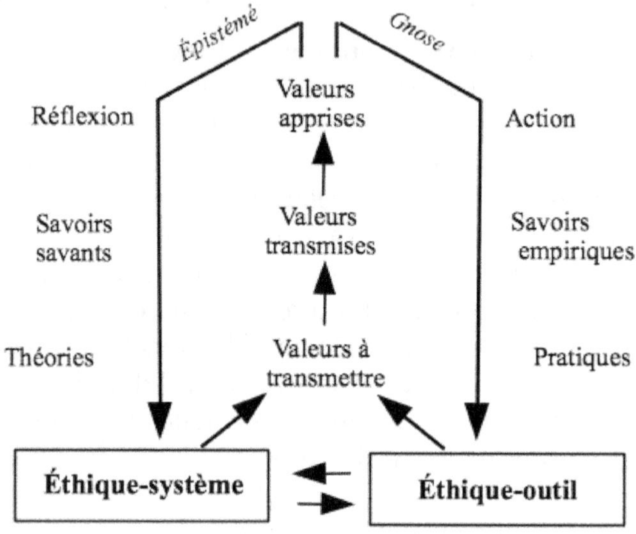

Fig. 16. La transposition systémique des savoirs sur et de l'éthique

— et *une boucle spiralée* où, à l'image du tourbillon évoqué par E. Morin définissant le deuxième principe de la pensée complexe, la *récursion organisationnelle* : « Tout ce qui est produit revient sur ce qui le produit dans un cycle auto-constructif, auto-organisateur et auto-producteur » (1992, p. 100).

C'est ce mouvement – de l'apprentissage des préceptes qui enseignent les règles de la morale aux applications de l'éthique dont l'expérience rétroagit sur les apprentissages – que la *transposition des savoirs théoriques et des savoirs d'actions* nous donne à voir, en nous montrant que l'éthique produit des principes et des valeurs qui

---

comme on travaille sur une carte ou l'ingénieur sur épures, etc. – et qui puissent servir à "faire" » .

produisent l'éthique, au rythme et selon les voies mêmes où les individus produisent la société qui produit les individus[155].

La dialectique apparaît entre ce qui est de l'ordre de la pensée et ce qui réfère à l'agir : règles à respecter en pensée et comportements à coordonner en action). Les rapports aux savoirs savants (connaissances théoriques pluridisciplinaires) et aux savoirs d'action (savoir savoir, savoir-faire, savoir-être) sont manifestes. D'où l'importance de la « formation initiale et continue dans le cadre de l'éducation permanente » (Loi du 16 juillet 1971) comme facteur d'apprentissage et d'assimilation de l'éthique, au croisement des *savoirs à enseigner* (rôle de la famille, des groupes et des institutions médiateurs de connaissances pour faire) et des *savoirs appris* (connaissances formelles et développement d'une conscience morale et citoyenne individuelle), en passant par les *savoirs enseignés* (choix des matières, des thématiques et des méthodes pour comprendre et agir).

C'est là un parcours universel des apprentissages de l'éthique, dans le cadre des valeurs où l'éducation et la formation interviennent comme facteurs de socialisation. Un champ où la recherche se mobilise sous ses formes classiques applicables à l'éthique : a) la *recherche opérationnelle*, avec l'ensemble des méthodes et techniques rationnelles en vue de faire les meilleurs choix dans les façons d'opérer pour aboutir aux meilleurs résultats d'éthicité possibles ; et, b) la *recherche-développement* qui pousse à connaître l'éthique en vue d'accroître la somme des savoirs dans ses nombreux domaines, en partant de la connaissance de l'homme, de la culture et de la société, pour aller vers l'utilisation de cette culture pour de nouvelles applications dialogiques éthiques et morales. Comme le traduit Jean-Michel Blanquer confronté à la grande question de ce qu' « enseigner à vivre » signifie dans le concert des valeurs : « Avoir une connaissance de la connaissance et comprendre autrui sont en fait les deux faces d'une même démarche intellectuelle et morale »[156].

C'est par ces voies de la reliance cognitive et sociale que se connectent les *savoirs sur l'éthique* et les *savoirs de l'éthique*, au croisement des *savoirs exogènes qui fixent les théories* (savoirs du

155 E. Morin, *Introduction à la pensée complexe*, op. cit., p. 100.

156 Blanquer J.M. et Morin E. : Quelle école voulons-nous ? La passion du savoir. Paris, Odile Jacob, 2020, p. 28.

dehors et des normes) et des *savoirs endogènes qui développent la connaissance personnelle* (savoirs du dedans et de l'expérience vécue).

IV.2. La voie personnaliste ou le lien entre l'universel et le particulier

Les savoirs appris intègrent les dimensions individuelle et collective de l'éthique et les articulent entre elles. D'un point de vue systémique, le mouvement des transformations de la pensée en actes repose sur des choix pédagogiques tiraillés entre le vécu personnel de l'éthique (« école du dedans »), et l'action socialisatrice (« école du dehors »). La dialectique est essentielle, car c'est à ce niveau que se joue l'éthique, entre le centre et la périphérie. Ainsi considérer que le socle de l'éthique est constitué des attitudes, conduites et comportements des individus est fondamental, car c'est l'homme qui a créé l'éthique avant que l'éthique ne devienne universelle et modèle l'homme en retour, à temps et à contretemps[157], pour le bien commun.

Comment l'individu, acteur collectif, *modeleur d'éthique modelé par l'éthique*, agit-il donc au niveau psycho-cognitif ? Répondre à cette question invite, là encore, à se pencher sur *l'intelligence de la complexité* et des paradoxes en éducation, tels que G. Lerbet et Jacques Legroux ont conçu des modèles théoriques applicables à l'éthique. On y retrouve le concept de *système-personne* confronté aux notions d'*école du dedans* et d'*école du dehors* (Lerbet, 1992) dans leur rapport à la différenciation entre *la connaissance* et *l'information* (Legroux, 1981). Se recentrer sur la personne à l'école ou dans la vie (le sujet épistémique), c'est *personnifier son rôle* : lui attribuer des propriétés cognitives, identitaires et comportementales, la faire parler et agir. C'est *personnaliser sa fonction sociale* entre commande et autonomie : pour qui apprend-on, comment et pour quoi faire ? L'éthique a mission de veiller.

Ainsi, quand ces auteurs explorent la *communication pédagogique* et exposent que celle-ci évolue entre *la gnose* (les savoirs du dedans, propres à chaque individu) et de *l'épistémé* (les savoirs du dehors

---

157 Les *temporalités* sont décisives en matière d'éthique : tout n'arrive pas quand on le veut, et tout peut arriver quand on ne le veut pas. Nous reviendrons avec G. Pineau sur cette formulation probabiliste dans la conclusion générale.

transmis, appris et intégrés)[158], ils ouvrent la voie à d'autres modélisations en aidant à comprendre que tout sujet apprenant est pris en étau entre des connaissances exogènes objectivées et validées de l'extérieur, mais qui ne sont que de l'information (c'est-à-dire conquête du sens hors le sujet lui-même), et des connaissances personnelles construites subjectivement depuis l'intérieur (qui sont le savoir profond de l'individu). Largement intime, la gnose est ineffable et trouve laborieusement son chemin pour exprimer la connaissance. Le terme anglais *knowledge* traduit bien cette difficulté à faire passer à autrui le sens de ce que l'on sait et à exprimer la complétude de ce que l'on ressent. Gnose et épistémé sont les formes convergentes et divergentes d'un *savoir versus* composé de ces deux formes de connaissances, complémentaires. Appliquée à l'éthique cette théorie permet d'approcher la dynamique cognitive de construction des attitudes éthiques dans leur rapport entre les savoirs *sur* l'éthique venus de l'extérieur et la réflexion personnelle sur ces savoirs, les savoirs *de* l'éthique nourris de l'intérieur. Elle permet de concevoir les interrelations en interactions entre les représentations individuelles de l'éthique et les décisions qui en émanent, en situation, dans le champ social (*Fig. 17*) dès lors que la personne se positionne sur les lignes de l'éthique et mûrit sa décision (« je veux »), en mesurant la portée de ses actes (« je peux ») et en prenant conscience de sa responsabilité (« je dois »).

L'éthique du dedans, c'est celle dont parle le philosophe Alain quand il pose la question de la pensée en général, et la décrit comme une activité rationnelle pesant ce qui vient à l'esprit en disant non aux préjugés, avant même qu'on soit instruit. Ainsi peut-on dire que l'éthique c'est la soumission du réel et de l'existence à l'ordre de la réflexion et de la pensée. Comme Descartes, Alain indentifie conscience et psychisme. Il épouse, sans le savoir au sens de nos théories actuelles, le paradigme écosystémique de la complexité quand

---

[158] Science ineffable des savoirs vécus, intimes et difficilement exprimables, *la gnose* procède d'un savoir intime souvent difficile à exprimer. Il est difficile de traduire par des mots ce que l'on sait de l'éthique et ressent de ses expériences sur le terrain où domine *l'épistémè* en termes de préceptes bien établis à l'aide de règles dont le sens est prescrit du dehors. Ainsi, le vrai savoir sur l'éthique se situe-t-il entre l'information externe et la connaissance intime à travers ce que le sujet épistémique intègre de l'environnement.

il traite de la conscience comprise comme savoir revenant sur lui-même. Il insiste même sur la question quand il traite de « la méthode réflexive » dans son *Spinoza* : « Nous ne déduisons une idée d'une autre que si nous avons d'abord une idée et l'autre. »[159]

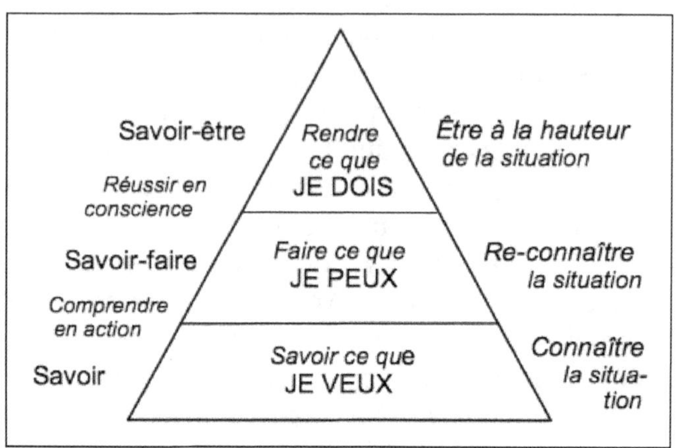

Fig. 17. L'éthique du dedans

L'éthique du dedans, c'est la transparence du *cogito*, tentative sans cesse recommencée pour échapper à la fatalité de la déliance. C'est le projet d'« aménagement de la rupture entre notre vie quotidienne et l'idéalisation que nous nous en faisons » (J.P. Boutinet, *op.cit.*, p. 8), tel qu'on le retrouve dans toute conduite à projet. Etat d'esprit gouverné par un projet individuel à la solde d'un projet collectif, l'éthique navigue entre des orients existentiels et opérationnels où, pour qu'il y ait action consciente et organisée, il faut qu'il y ait projet. Et donc outil.

IV. 3. Les niveaux de finalisation de l'éthique

Traitant du handicap mental et de l'éthique dans l'institution médico-sociale, Jean-François Gomez, spécialiste du travail social et des institutions éducatives, observe qu'il « chez tout sujet, une démarche de fabrication de sens qui consiste à s'accaparer des données de l'environnement, à les interpréter et les élaborer pour son propre compte »[160]. De fait, il émerge en tout être des formes d'apprentissage

---

159 Alain (Emile Chartier) : *Spinoza*, Paris, Librairie Paul Delaplanne (coll. Les philosophes), 4e édition, 1901, p. 25.

160 *Handicap, éthique et institution. Op. cit,* p. 11.

naturel du sens par *énaction*[161]. « Tout apprentissage consiste en un métissage », dirait Michel Serres pour qui âme et corps mêlés font de l'esprit le fameux manteau d'Arlequin que traversent les désirs. Désirs du dedans, désirs du dehors qui s'entremêlent et s'entrecroisent comme autant de projets où l'éthique est mêlée pour vivre.

Mais complexe, l'éthique emprunte des raccourcis, s'enfonce dans les méandres de la subjectivité, et cherche toujours sa voie dans la rationalité d'un monde meilleur confronté à l'emprise morale du monde sensible. Comme toute fonction métissée de choix à décider, l'éthique, est assignée à des objectifs. Qu'elle soit idéaliste ou relativiste, maximaliste ou minimaliste, l'éthique obéit à des fins. Pour les uns, elle est nature essentielle de la « vraie vie », pour d'autres, elle est construction pragmatique de l'ordre des relations au service de l'individu et de la société. Comment donc les choix opèrent-ils pour orienter les attitudes et les conduites (le projet) ? Quelles sont les façons de faire qui induisent, et ordonnent les comportements (l'action sur le terrain) ?

Les conditions de réalisation de l'éthique sont structurées par des processus hiérarchisés par niveaux logiques de réalisation qui procèdent de *finalités*, de *buts* et d'*objectifs* ordonnés, depuis la pensée collective qui oriente et contrôle (*l'éthique-système*), jusqu'à l'action individuelle qui se co-détermine et exécute (*l'éthique-outil*) en rétroagissant sur le tout. À l'origine de l'éthique, *les finalités* de l'agir-éthique se génèrent au niveau du social et du politique, et se comprennent par l'histoire des hommes et des idées. *Les buts* de l'éthique traduisent ces idées en stratégies d'action, selon des axes opérationnels au niveau de la gestion globale du processus. Ces buts ouvrent la voie aux *objectifs* de l'éthique, qui sont de l'ordre de l'agir éthique proprement dit. Si bien que ces logiques catégorielles d'actions étant dialectiques, les finalités, les buts et les objectifs de l'éthique procèdent de hiérarchies enchevêtrées* dont les caractéristiques permettent de mieux appréhender la structure de l'ensemble[162], comme le résume le tableau ci-après *(Fig. 18)* où les

---

[161] Énaction, de *to enact* : faire émerger. *Cf.*, F. Varela et E. Rosch : *L'inscription corprelle de l'esprit et expériences humaines*. Paris, Seuil, 1993.

[162] Si « L'histoire sociale des hommes n'est jamais que l'histoire de leur développement individuel » (lettre de Marx à Annenkov, en 1846), encore faut-il

conditions de réalisation de l'éthique (*Action*) sont ici croisées avec ses niveaux de finalisation (*Finalisation*).

Finalis. / *Action*	**FINALITÉS**	**BUTS**	**OBJECTIFS**
Niveau et lieu de décision	*L'universel* La société Macrosphère	*Le singulier* L'institution Mésosphère	*Le particulier* L'individu Microsphère
Agent de décision	L'être supra-individuel.	L'autorité instituante	La personne Les pairs
Produits bruts	L'opinion, les normes, la loi	Le sens commun	La conscience personnelle
Produits affinés	Les principes, les valeurs	Le statut social	L'identité personnelle
Moyens d'action	Le contrat social	La socialisation	L'adhésion aux valeurs
Type d'éthique	Éthique universelle	Éthique institutionnelle	Éthique personnelle
Résultats visés	La cohésion sociale	L'intégration sociale	L'adaptation sociale
Attitudes émergentes	Devoir (*Je dois*)	Pouvoir (*Je peux*)	Vouloir (*Je veux*)
Type de savoir activé	*Savoir épistémè*	*Savoirs intégrés*	*Savoir gnose*

Fig. 18. Les trois niveaux de finalisation de l'éthique

Ce modèle matriciel de la démarche finalisée/finalisante de l'éthique aboutit à concevoir que : a) *Les finalités de l'éthique* correspondent à ses *objectifs généraux. Elles* relèvent des savoirs épistémés, savoirs du dehors qui tracent les voies universelles du devoir ; b) *Les objectifs de l'éthique* sont des *objectifs spécifiques*. Ils se construisent sur les savoirs gnoses, savoirs du dedans qui orientent les consciences

comprendre les voies qu'emprunte l'homme pour rester libre en société dès lors qu'il est soumis aux lois de l'altérité irréductible à quelque support neurophysiologique du psychisme individuel selon le célèbre principe du *Manifeste* que transcende la morale de l'éthique : « Le libre développement de chacun est la condition du libre développement de tous.»

individuelles ; et que, c) *Les buts de l'éthique* répondent à des *objectifs intermédiaires.* Médiateurs en situation, ces objectifs s'organisent par intégration des structures des savoirs du dehors (rôles de la culture et des institutions) et du dedans (représentations personnelles théoriques et pratiques de la vie en société).

Comme tout système, l'éthique est un système ouvert et régulé, « un objet actif, relativement stable à l'échelle du temps et de la société, et évoluant dans un environnement par rapport à quelque finalité » (Le Moigne). Ce système est co-conçu et co-construit par l'homme et la société. C'est un *écosystème** où la société (l'opinion, les mœurs, les usages) produit l'éthique que les individus pratiquent en construisant la société, qui produit les individus qui produisent l'éthique.

V. LES MODES D'ACTION DE L'ÉTHIQUE (MAE)

L'éthique est le reflet de la société. Pour un *idéaliste moralisateur* (l'éthique telle qu'elle devrait être), la société a l'éthique qu'elle mérite. Pour un *constructiviste objectiviste* (l'éthique telle qu'elle se construit), est le produit commun des individus et de la société. Mais au-delà des opinions qui divergent, l'éthique est culturelle et sociétale par la nature des liens qu'elle développe. Morale parce que sociétale et sociétale parce que morale, c'est là tout le champ axiologique et praxéologique, praxique, téléologique et téléonomique de l'éthique, fondée sur la puissance des relations humaines pour faire face à la barbarie. C'est là toute l'étendue de son projet dans ce champ où opèrent des compétences, en réponse à des valeurs (besoins, croyances, règles et lois) : « Pour qu'ils puissent vivre en paix les uns avec les autres et s'aider les uns les autres, [les hommes] ont dû chacun sacrifier quelque chose de leurs désirs, et se promettre les uns aux autres de ne rien faire qui pût nuire au voisin. » : *Spinoza*, par Alain (op.cit., p. 72).

V.1. Les paramètres de l'outil

Moment institué et instituant de la vie en société qui en détient le sens, structure de base du bien commun universel, l'éthique, est un processus de reliance sociale qui veille et agit comme un outil, façonné par la culture et entretenu l'éducation. Son rôle de socialisation est d'assurer la transmission des principes et le respect des valeurs qui la fondent dans le champ social. Comment l'éthique opère-t-elle ? Quels sont ses modes d'action ?

Si l'on part du particulier (l'individu[163]), la logique invite à se focaliser sur *la personne* dans l'ordre d'un statut fonctionnel allant bilatéralement du centre vers la périphérie suivant qu'on la regarde comme *objet* ou *sujet-agent d'éthique*. Si l'on s'inspire des problématiques éducatives des rapports entre le sujet apprenant avec le milieu où il se forme, trois *modes d'actions éthiques* se profilent dans le champ de l'éthique qui est celui de la pédagogie et de la socialisation[164] : le *mode d'action éthique de type transmissif à orientation normative (MAE1)*, le *mode d'action éthique de type éducatif à destination personnelle (MAE2)*, et le *mode d'action éthique de type intégratif centré sur l'insertion sociale (MAE3)*. La méthode consiste à décrire ces trois modes d'action en tant qu'effecteurs de *l'agir-éthique* suivant six catégories homogènes d'indicateurs : 1) l'ancrage théorique de l'action éthique, 2) son ancrage pratique, 3) sa logique de fonctionnement, 4) le rapport de chacun de ces axes aux principes et valeurs qui les qualifient, 5) les agents principaux qui établissent les règles et promeuvent l'éthique, et 6) les effets sociaux de l'éthique selon le mode d'action considéré.

V.2. La grille d'analyse des modes d'action de l'éthique

Mode d'action par mode d'action, on décline ainsi les catégories d'indicateurs (repérables dans la pratique et interrogeables dans la théorie), qui spécifient les lignes de force de l'action éthique (*Fig. 19*).

A. Le *mode d'action éthique de type transmissif à orientation normative (MAE1)* :

a) Ancré dans le corpus théorique des exigences éthiques de la vie en société (moralité, éthicité), ce *MAE* se définit comme une fonction de *transmission culturelle* des normes.

b) D'un point de vue pratique, il s'applique aux usages, aux règles, codes et lois de l'éthique.

---

[163] L'individu au centre de la réflexion, « Car c'est toujours un être déterminé, Pierre ou Paul, qu'il faut délivrer ou sauver, et non pas l'humanité » (Alain : *Spinoza*, *op. cit.*, p. 72).

[164] Pour un approfondissement de la structure de ce modèle déduit de modèles corollaires, *cf.* : Marcel Lesne, *Travail pédagogique et formation d'adultes* (PUF, 1977).

c) La logique de sa place et de sa fonction dans le processus est de répondre aux besoins d'ordre et de cohérence dans les relations sociales, en exerçant un rôle de *direction des consciences*.

d) Son rapport aux principes et valeurs obéit aux processus de normalisation qu'il incarne, et s'exprime un pouvoir de *contrôle des conduites* individuelles et collectives qui font de l'individu soumis aux influences et injonctions sociales, un *objet* de l'éthique.

e) Juristes, policiers, travailleurs sociaux, les agents principaux de l'éthique exercent un *rôle socialisateur* en qualité de représentants du droit et de l'autorité publique.

f) Ainsi conçu, structuré et organisé, le *MAE1* aboutit à des effets sociaux *d'inculcation de comportements éthiques* en termes de devoirs à respecter dans le but de permettre à autrui de jouir de ses droits (identité, liberté, dignité, citoyenneté, travail, propriété, bonheur, etc.) Au total, ce mode d'action, dont le rôle est cardinal dans la normalisation de l'éthique ; il exerce une fonction de contrôle permanent sur les systèmes de valeurs, et exerce un effet de *reproduction sociale* des principes de l'éthique.

B. Le *mode d'action éthique de type éducatif à destination personnelle (MAE2)* se décline selon les mêmes catégories de paramètres.

a) L'ancrage théorique se cristallise autour du besoin d'apprendre *la civilité* et la citoyenneté pour bien vivre en société, selon le schéma de *la standardisation des personnalités*.

b) Ce travail de l'éthique-outil s'effectue dans la famille, l'école et les groupes en général où l'individu interagit avec ses qualités et compétences propres tout en construisant son identité et en se faisant reconnaître et intégrer par le groupe, en fonction de son niveau d'adhésion et de conformité aux statuts et règles qui l'organisent.

c) La logique de ce *MAE*, est fondée sur *l'éveil et le développement de la conscience morale*.

d) L'enseignement des principes et des valeurs tendent à faire de la personne apprenant et exerçant sa responsabilité un *sujet* éthique, c'est-à-dire un individu capable de conduire ses désirs et sa vie sociale en conscience.

e) Parents, enseignants, éducateurs, animateurs et travailleurs sociaux sont les principaux représentants de cette catégorie d'agents de l'éthique, éducativement et pédagogiquement organisée pour transmission des valeurs et apprendre à les respecter.

f) Par le travail qu'il accomplit dans le champ de l'éthique, le *MAE2* produit des effets *d'appropriation de compétences sociales* en vue d'aboutir à des comportements éthiques dans les relations personnelles publiques et privées de la vie quotidienne. Il joue un rôle de médiateur entre les individus et la société dans l'harmonisation des ces relations accomplissant une *fonction d'adaptation sociale* des individus aux principes et valeurs de l'éthique.

C. Le *mode d'action éthique de type intégratif centré sur l'insertion sociale (MAE3)* :

a) L'ancrage théorique de ce *MAE* évolue au gré des processus de *la socialisation* qui assurent une fonction d*'adaptation au milieu social.*

b) L'ancrage pratique du travail de l'éthique-outil réside dans société dans son ensemble, la « Société universelle et terre des hommes » ainsi connotée d'un sens moral autant qu'éthique, avant de signifier tel ou tel domaine pariculier des éthiques.

c) En réponse au besoin fondamental de *cohésion sociale*, la logique du *MAE3* est fondée sur *l'affirmation de la conscience morale* des personnes et des groupes sociaux, en termes de capacités, volonté, intentionnalité.

d) La vie en société crée des rapports d'*acculturation permanente* qui font des personnes et des groupes des *agents de l'éthique*, selon des processus où, déterminé se déterminant, l'individu agent d'influences sociales est à la fois, producteur-pourvoyeur et consommateur d'éthique.

e) Tout individu, objet d'influences sociales et destinataire d'injonctions sociales, agit et réagit positivement ou négativement vis-à-vis d'autrui selon les moments de la vie, et est donc peu ou prou citoyen, agent propagateur ou corrupteur d'éthique. A noter le pouvoir d'influence des médias et de l'inconscient collectif en ce sens.

	MAE 1 *Mode d'action éthique de type transmissif à orientation normative*	**MAE 2** *Mode d'action éthique de type éducatif à destination personnelle*	**MAE 3** *Mode d'action éthique de type intégratif centré sur la socialisation*
Ancrage théorique de l'AE	1. Les exigences morales de la vie en société. 2. La transmission culturelle	1. L'apprentissage de la vie en société. 2. La standardisation de la personnalité.	1. Le processus de Socialisation. 2. L'adaptation au milieu Social.
Ancrage pratique de l'AE	Les usages, les règles, les codes et les lois.	La famille et les groupes d'appartenance. L'école et la formation permanente.	La société dans son ensemble, universelle et terre des hommes.
Logique de l'AE	Répondre aux besoins fondamentaux d'ordre et de cohérence dans la cité.	Assurer le développement de la conscience morale.	Répondre au besoin fondamental de cohésion sociale.
Rapport aux principes et valeurs de l'AE	1. Normalisation des principes Et des valeurs de l'éthique.	1. Enseignement des principes et orientation éthique des systèmes de valeurs.	1. Acculturation permanente aux principes et valeurs de l'éthique.

	2. Déterminé, l'individu (objet d'influences sociales) est assigné à des comportements préétablis par la société.	2. Se déterminant, l'individu (sujet de sa propre vie sociale), est sujet de ses désirs et de ses intentions.	2. Déterminé, se déterminant, l'individu, agent d'influences sociales, est à la fois pourvoyeur et consommateur d'éthique.
Agents principaux de l'AE	Agents socialisateurs formels, représentants du droit et de l'autorité ; et informels (médias).	Parents, enseignants, éducateurs, assistants et animateurs sociaux, cadres.	Tout agent d'influences sociales dans la vie privée et/ou publique. Médias, selon orientation.
Effets sociaux	1. Inculcation de comportements éthiques comme actes de devoir, dans les gestes et Relations de la vie quotidienne. 2. Fonction de formalisation des principes de l'éthique et de veille permanente sur ses systèmes de valeurs : ***Reproduction sociale***.	1. Appropriation de compétences sociales en vue d'aboutir à des comportements éthiques dans la vie quotidienne. 2. Fonction d'adaptation aux exigences de l'éthique et satisfaction des besoins personnels en termes de relations humaines : ***Adaptation sociale***.	1. Développement des liens communautaires, sociétaires et sociétaux, facteurs de reliance sociale. 2. Fonction productrice et transformatrice des comportements individuels et collectifs orientés vers la qualité des mœurs et des usages, dans le respect des personnes, des institutions et de l'environnement : ***Production sociale***.

Fig. 19. Les Modes d'action de l'éthique (MAE)

f) Par le travail qu'il accomplit dans le champ social, *le MAE3* développe les liens communautaires, sociétaires et sociétaux, qui sont facteurs de *reliance et de cohésion sociale*. Dans sa forme opérationnelle, il est assimilable à une fonction productrice et transformatrice des comportements orientés vers l'optimisation des mœurs et des usages dans le respect des personnes, des institutions et de l'environnement. Il participe à un effet *de co-production sociale* des principes et valeurs de l'éthique.

En guise d'épilogue

L'éthique peut faire l'objet d'une tentative d'être démontrée selon « la méthode géométrique » de Spinoza, séduit par l'idée du monde mathémathique de Descartes conjointe à celle que « tout ce qui est, est en Dieu ». Mais l'éthique n'est qu'un guide, et Spinoza le sait bien, qui conclut l'*Éthique* par ces mots : « Tout ce qui est précieux est aussi difficile que rare. » Aussi, l'éthique est, comme toute vérité de l'homme, dans ses contradictions : « La vérité d'un homme, c'est d'abord ce qu'il cache », disait Malraux. Et Socrate insistait sur le dialogue face au prétendu savoir moral, à commencer par le dialogue avec soi-même : « Connais-toi toi-même et tu connaîtras l'Univers et les Dieux ».

Cachée au plus profond de l'individu sous le masque de la personne (*personare* : qui résonne, retentit), autant qu'agissante quand elle s'exprime au nom des « vraies » valeurs, l'éthique est *complexe* et sa tâche aussi noble qu'exigeante, car la contradiction et la réconciliation sont raisons à partager, à jauger, juger et équilibrer dans l'ordre des problèmes qu'elle soulève.

Penché sur la pensée de Spinoza, Alain est assertif : « Sans doute, tant que les hommes ne sont pas conduits par la Raison, il est bon qu'ils soient conduits par la crainte, afin qu'ils fassent à leurs semblables le moins de mal possible. Mais il ne faut pas être dupe de toutes ces conventions utiles, et croire que les hommes valent réellement mieux lorsque, par crainte du châtiment, ils ne cèdent plus à la haine ou à l'envie : ils ont changé d'esclavage, voilà tout. » (*op. cit.*, 1901, p. 75).

CHAPITRE VI

LA DIALECTIQUE DU SYSTÈME ET DE L'OUTIL

L'éthique est un système d'intentions et de dispositions individuelles appelées à être bienveillantes et altruistes au regard de finalités collectives dédiées aux usages et bonnes mœurs dans la société : c'est *l'éthique-système*, agent de la conformité des conduites à l'intérêt général et au bien commun. Mais l'éthique est aussi son propre outil au service de ces *intentions-miroir*, dont le caractère est qu'elles sont universelles, singulières et particulières à la fois : c'est *l'éthique-outil*, instrument de la mise en œuvre des *finalités du système* en termes de comportements résultant de la dualité du système et de l'outil.

C'est là une conception de l'éthique s'inscrivant dans les perspectives de la pensée complexe : a) l'éthique est *dialogique* : le système et l'outil sont les deux sous-systèmes différents et complémentaires reliés par un sous-système d'information ; b) l'éthique fonctionne selon le *principe de la récursion organisationnelle* : des boucles de récursion vont du système à l'outil en régulant les flux d'informations en interne pour s'adapter aux sollicitations de l'environnement ; et, c) l'éthique procède du *principe hologrammatique*[165] où la partie est dans le tout, qui est dans la partie. Autrement dit l'éthique est tout entière dans l'œil de la complexité. Idéal tendu entre le bien et le mal, les individus et la société, le réel et l'imaginaire, fruit de toutes les transactions morales entre le général et le particulier, elle n'échappe pas aux obstacles et contradictions aux frontières de l'ordre qu'elle crée et du désordre qui la menace. Elle tisse la toile de ses relations dialectiques entre *le système* (*la pensée*, fait anthropologique, psychologique et social) et *l'outil* (*l'opérationnalisation* de *l'action*, fait inter-individuel et culturel) : *relations positives* quand ces deux systèmes concordent et assurent les enchaînements conformes aux

165 *Ibid.*, p. 100.

finalités, buts et objectifs de l'éthique (*néguentropie*) ; et *relations négatives* quand elles discordent et produisent des actes, non conformes quand les *doubles liens*[166] se replient sur elles-mêmes et les contradictions se multiplient (*entropie*).

Comment donc se représenter cet *ambi-système opérande/opérateur, conjonction inséparable,* entre le champ théorique de ses finalités et le champ social de ses pratiques ?

I. LIENS, RELIANCE ET COMPLEXITÉ

Fondée sur les liens irréductibles, contradictoires et paradoxaux, qui la tissent là où la positivité du négatif fait surgir du choc des contraires le tiers unissant les opposés, l'éthique est dialectique. C'est pourquoi, parmi toutes les voies d'observation qui la reflètent, *le paradigme écosystémique de la complexité* fait figure, de rassembleur suprême et d'harmonisateur.

I.1. Liens et complexité

L'éthique est système ; l'éthique est outil. Mais, système *et* outil, elle peut n'être que système *ou* outil. La nuance est de taille, revenons-y[167], car elle ne s'épuise pas sous le flou du libellé « et/ou ». Le fait est que :

a) Dans ses *feedbacks positifs majorants*, l'éthique est, par la force de ses liens et la variété de ses connexions, système *et* outil : les phénomènes de *liance* se développent et l'éthique entraîne l'éthique.

b) Dans ses *feedbacks positifs minorants*, l'éthique est système *ou* outil, et génère de la *déliance* : moins de liens et de fermeté de ces liens, moins de connexions, et moins il y a de cohésion organique, moins il y a d'éthique.

c) Dans les *feedbacks négatifs*, les boucles sont équilibratratrices et adaptatrices : elles *délient* quand les liens risquent de bloquer (« trop

[166] Concept de l'école de Palo-Alto (G. Bateson), un *double lien* est un dilemme introduit dans la communication du fait de la contradiction entre deux ou plusieurs messages. Toute réponse au problème posé ne peut être que fausse. Exemples : Épiménide le Crétois dit : « Tous les Crétois sont des menteurs », vrai ou faux ? Sois spontané ! *Double bind* : impase, situation inextricable, injonction paradoxale.

[167] L'éthique est contenue dans cette nuance, qui est le creuset de ses réussites comme de ses échecs (*cf.* chap. I, V1).

d'éthique peut tuer l'éthique »), et elles *re-lient* en fonction de l'état du système.

Le modèle dynamique ainsi conçu montre *l'unité et la dualité du système et de l'outil* qui font de l'éthique une tentative de cohérence et d'harmonie toujours renouvellée entre l'idéal visé (les *finalités de l'éthique*) et la réalité obtenue (ses *objectifs réels*), en fonction des moyens organisés (les *buts pour atteindre les objectifs*).

Quelle que soit la situation et la nature des liens, la complexité caractérise l'éthique dans ses rapports généraux et particuliers à la théorie (*logos*), à la pratique (*praxis*), au savoir (*épistémé*) et à l'action (*pragmatiké*). Complexe de liens sociaux, l'éthique est indissociable des représentations qu'elle crée et qui la créent dans les milieux où elle intervient.

Parmi les nombreux chercheurs à s'être penchés sur une systématique de la question des liens, J. Miermont, à cheval sur les thérapies familiales, les thérapies systémiques, les théories de la communication et *l'écologie des liens** a développé un modèle descriptif et explicatif applicable à l'éthique. Selon sa théorie, les *rituels*, les *mythes* et les *épistémès*, sont les trois opérateurs fondamentaux de *la perception*, de *l'observation* et de *l'action*. Ceux-là mêmes qui sont à l'œuvre dans l'éthique, et que nous pouvons interpréter d'un point de vue théorico-pratique.

– ***Les rituels dans l'éthique*** commencent dès la naissance avec la relation à la mère. Le lien éthicisé entre la mère et l'enfant devient le véritable *premier lieu* de l'éthique. Il se caractérise selon Winnicott par un aspect de transitionnalité dans un espace interpsychique qui serait lieu de possible chevauchement, mais de différenciation aussi entre puissance et vulnérabilité, progression et régression. Protéiforme le lien éthique se développe ensuite au cours de l'existence de chacun là où il vit et où l'éthique épouse des protocoles dont le sens n'échappe pas à la loi de l'ambivalence, source d'aliénation et d'autonomie. Mais les rituels ne sont-ils là, que pour soutenir la portance psychique et sociale de l'éthique ? Pour J. Miermont, chez qui le lien est « le germe du logos » (1993, p. 31), les rituels conduisent à l'élaboration des signes et à leur interprétation. Ils constituent une *sémiogenèse* qui sert de fondement à toute observation de type phénoménologique centrée sur le repérage du « quoi ? ». Ainsi l'éthique est ce qu'elle est, à travers ce qu'elle donne à voir. D'où la valeur de *l'exemple* (la pensée en action, qui rend éthique), transmis par l'éducation (l'action en pensée, qui apporte les clés de l'éthique).

– ***Les mythes dans l'éthique**,* vont des problèmes du quotidien jusqu'à l'intervention de la justice divine : comment répondre de manière responsable aux besoins sans cesse croissants du consommateur ? L'éthique dans le domaine du droit n'est-elle pas sacralisée ? Quelle est la véritable portée pratique du discours éthique véhiculé par la famille, les groupes, les institutions, la presse, les médias ? L'éthique correspond-elle à un véritable prestige moral dans la société ? Pour J. Miermont, chez qui le lien est « ce qui assure une connexion temporo-spatiale entre des personnes physiquement disjointes » (*ibid.*), les mythes sont générateurs d'ordre et d'organisation. Ils conduisent à l'édification des systèmes de croyance et assurent la cohésion et les modes de protection des groupes conjugaux, familiaux et sociaux. Mettant en relation l'homme et l'univers, autant que l'homme et ses semblables, ils se fondent dans une *cosmogénèse* de l'humanité, et participent à l'émergence du sens en servant au repérage du « pourquoi ? ». D'où la nécessité de finalités fortes et clairement exprimées pour entretenir l'image une éthique intelligible et transcendante.

– ***Les épistémès dans l'éthique*** permettent de maintenir les liens entre les acteurs entre eux, et les acteurs et le milieu. Ces liens entre la pensée (*l'éthique-système*) et l'action (*l'éthique outil*) sont l'essence de la reliance psychique et opérationnelle. Les épistémès participent à la structuration des modes de connaissance du monde, de soi-même et d'autrui à partir des médias naturels et artificiels. Elles représentent le « schème de liaison » décrit par Gregory Bateson, le « pattern wich connects » qui se déploie à travers les effets de *noogenèse* que produit l'éthique, et déterminent son organisation mentale et sociale. Pour J. Miermont, les épistémés « relativisent le certitudes mythiques et didéologiques par la création d'unités d'esprit conflictuelles qui font surgir de nouveaux états d'esprit. » (*ibid.*, p. 24). Elles correspondent à une *morphogenèse* d'entités structurellement stables, de leurs relations, de leurs agencements, de leurs transformations : repérage du « comment ? ». D'où le principe que l'éthique est soumise à la loi de la socialisation permanente.

Chacun de ces trois opérateurs met ainsi en oeuvre des circuits arborescents qui relient *les sphères biologiques, psychiques et sociales interactives* et *enchevêtrées* de l'éthique. Et, d'un opérateur à l'autre, chaque circuit ne prend sens que dans ces enchevêtrements boroméens.

Multiplexe à l'image du lieu cinématographique où se jouent plusieurs films en même temps dans des salles différentes, l'éthique est, d'un point de vue systémique, une entité qui se présente comme *unitas multiplex*, c'est-à-dire paradoxe, quand on la considéré sous l'angle du *tout* où elle est *une et homogène*, et multiple sous l'angle des *composants* où elle apparaît *diverse et hétérogène*. La complexité des liens ainsi conçue par J. Miermont apporte à l'éthique un modèle dont on peut se servir comme grille d'analyse. On est amené à considérer que l'éthique est prisonnière des interactions qu'elle développe au sein d'un système dont chaque élément est jaloux de sa propre autonomie. Les représentations, passions, désirs, mémorisations, apprentissages*, attitudes, conduites, organisation reposent sur des processus auto-reproducteurs évoluant dans un entrecroisement permanent de processus cognitifs et communicationnels qui déterminent les comportements. C'est pourquoi argumente J. Miermont, la complexité qui débouche sur le principe de la prise en compte des paradoxes sémantiques, syntaxiques et pragmatiques invite à adopter une démarche *interdisciplinaire*[168]. Toute spécificité a à voir, en effet, avec l'unité de l'être humain, que l'éthique, a pour fonction de protéger. Aussi la conception écologique des liens de J. Miermont est-elle une clé fondamentale pour l'analyse systémique de l'éthique dans tout ce qui fait bloc avec les paramètres de sa dispersion. En transposant ces paramètres à la modélisation de l'éthique-système dont la viabilité hétéroréférencée procède des systèmes autodéterminés (décentrement des systèmes d'auto-bouclage), nous retiendrons que l'éthique, :

– implique la notion de non exhaustivité des moyens d'appréhension et d'action qu'elle a pour fonction de mettre en œuvre ;

– se caractérise par la relation d'incertitude entre phénomènes actuels et phénomènes potentiels ;

– se reflète dans l'absence de solution réelle et absolue d'une valeur complexe dont la traçabilité finit toujours par se perdre dans les

168 *L'interdisciplinarité* est un « art du tissage » qui se construit (en technique et en conscience) avec et dans la reconnaissance mutuelle des disciplines, sous la forme d'un « humanisme » de la pluralité et de la convergence.

entrelecs des principes hologrammique, récursif et auto-éco-organisateur ;
– s'entretient dans le relativisme des positions de l'acteur et de l'observateur ;
– et en appelle, compte tenu de l'antinomie des niveaux d'apprentissage et de l'éventuelle incompatibilité de ses finalités, buts et objectifs, au nécessaire recours aux inférences abductives[169] ;

L'éthique en tant qu'objet d'investigation simplificatrice [170] est insaisissable, et nulle quête rationaliste et positiviste envisageable à son égard. Processus complexe, qui se joue entre le tout multidimensionnel et les parties multiples qui le composent, l'éthique est un défi.

I.2. Reliance et complexité

Il n'est pas facile d'être *agent de l'éthique,* c'est-à-dire garant et porteur des valeurs de soi-même confrontées aux valeurs des autres, dans les situations communes où les liens organiques de l'éthique couvent sous les désirs, les passions, les tensions, la crise, mais ne sont pas toujours à l'œuvre au moment où les faits les attendent. L'éthique n'échappe pas à la loi du temps et des contre-temps. Hétérochronique, elle connaît ses temps forts et ses temps faibles.

La complexité de l'éthique montre que son action ne peut pas se concevoir, et encore moins *se manager*, selon les principes réducteurs d'un utilitarisme primaire contraire aux principes, sous peine de tourner en rond et de plonger, du projet politique à la

---

169 En logique, épistémologie et psychologie cognitive, *l'abduction* est un mode de raisonnement qui consiste à sélectionner les hypothèses les plus vraisemblables en éliminant les plus improbables pour expliquer le phénomène observé en vue d'aboutir à une conclusion probable mais pas certaine, qui concorde.

170 La complexité ne conduit pas à l'élimination de la simplicité, mais apparaît là où la *pensée simplifiante* défaille. Elle intègre en elle tout ce qui met de l'ordre, de la clarté, de la distinction, de la précision dans la connaissance. Mais, là où la simplification désintègre la complexité du réel, *la pensée complexe* intègre et refuse les conséquences mutilantes, réductrices et aveugles des simplifications qui se prennent pour le le reflet de ce qu'il y a de réel dans la réalité. (E. Morin, 1992). Il faut se garder de confondre *complexité* et *complétude* en général, et *pathologie du savoir* et *intelligence aveugle* en matière d'éthique en particulier.

fonctionnalité de la personne en société, dans une suite de tâtonnements mécaniques évacuant la profondeur de l'objet. Par contre, ce dont il s'agit pour affronter le défi de la complexité de l'éthique, c'est de *la ménager*, c'est-à-dire d'en disposer habilement et de se montrer loyal envers elle, de la régler avec soin et de se régler avec elle. De la faire advenir moralement en somme, en s'interrogeant sur la nature de l'agir et le sens de sa démarche pour aboutir à des effets conformes à ses finalités, à ses buts et à ses objectifs.

L'éthique est action de réflexion et de décision. Elle relève d'une philosophie politique et sociale où *l'utilitarisme* consiste à agir ou ne pas agir de manière à maximiser le bien-être collectif. Et s'il existe une éthique de l'ingénierie, il serait déplacé d'envisager l'avènement d'une ingénierie de l'éthique, au sens où l'on confondrait former des ingénieurs à l'éthique, et inventer une *géométrie de l'éthique* pour experts. Ce que n'ont certainement pas manqué de relever les disciples de Spinoza eux-mêmes, rebutés comme le rappelle F. Lenoir (*Le miracle Spinoza*, *op. cit.*, p. 149-152) par les démonstrations impénétrables et les scolies qu'ils ont rencontrées dans leur lecture de *L'Éthique démontrée selon la méthode géométrique* où, inspiré par la conviction de l'être suprême du Dieu créateur, le philosophe apparaît « convaincu que la structure du monde est mathématique et que l'exposition d'un problème sera d'autant plus parfaite qu'il épousera la forme d'un raisonnement exposé de manière géométrique » (*ibid.*, p. 149).

Ainsi voit-on apparaître, au-delà des liens physiques et matériels de la communication et des interactions à l'œuvre dans l'agir-éthique, des formes d'actions logiques reliées entre elles (*reliance conceptuelle*), comme celles que l'on peut tirer de la *Condition de l'homme moderne* où Hannah Arendt (*op. cit.*, 1953, 1958) distingue trois types de « faire » que l'on peut s'essayer à appliquer à l'éthique comme cadre d'analyse : *l'activité*, *la poïésis* et *la praxis*.

1) ***L'activité***, au sens de *travail* et de *labeur*, est du domaine de la vie biologique dans lequel, l'homme, *homo laborans*, cherche à satisfaire ses besoins vitaux et recherche la sécurité. L'activité réside dans la pénibilité de la tâche quand le corps (se)débat avec la nature pour en obtenir de quoi assurer sa propre subsistance. Au risque de ne pas respecter la terre qui le nourrit, car l'homme oublie parfois que la paix est agent de sécurité autant que la sagesse, garante de l'état de la Planète. Les produits du labeur sont éphémères, consommés aussitôt qu'apportés. Le travail, travail de

l'éthique notamment, peut se dépeindre comme « un métabolisme avec la nature ». Tout humain dans ce type d'activité est *animal laborans* en tant que vivant soumis au processus biologique du corps et n'assure pas seulement la survie de l'individu. L'éthique est dans l'acte physique et psychique, ici et maintenant, mais au-delà de cet acte proximal, il est dans tout l'espace où cet acte se déroule.

2) ***La poïèsis*** est du domaine de *l'œuvre* et de *l'instrumentalité*, de l'existence et de la création d'un monde commun d'objets conquis sur la nature et résistant au flux d'un cycle, qu'H. Arendt nomme « vie biographique » (*bios*). L'œuvre crée le décor humain qui confère une certaine permanence à la vie mortelle, et une durée au caractère fugace du temps. Ces artefacts constituent *l'habitat humain*, le monde à l'intérieur duquel se loge chacune des vies individuelles. Des vies où l'éthique joue un rôle moral et politique dans les crises où les tensions éclatent entre l'intime, le public et l'opinion. Cette notion d'*œuvre*, terme emprunté à Aristote, signifie que *le faire est un moyen en vue d'une fin qui lui demeure extérieure*. Il en est ainsi de l'éthique, *manière d'être* correspondant au comportement de fabrication, *tekné*, c'est-à-dire *savoir-faire éthique* que, dans notre modèle, nous situons à l'interface de *l'outil* et de l'environnement. Il n'est pas dans l'agent producteur. La réalisation achevée est indépendante de ce dernier. De plus, le produit devient indépendant de son but initial et peut satisfaire des buts divers en tombant dans le cercle infini des moyens et des fins. Cette synthèse de l'œuvre se situe au niveau de l'instrumentalité. Appliquée à l'éthique, cette notion d'œuvre ou *poïésis*, signifie que des savoirs-faire peuvent être appris de l'extérieur, par opportunisme et conditionnement, ce qui contreviendrait à l'éthique puisque l'éthique est, dans l'altérité, conscience de soi en rapport avec quelque chose de moral et d'extérieur à soi.

3) ***La praxis.*** Domaine de *l'action*, la praxis* intervient dans le champ de la vie publique où l'homme abandonne sa vie privée, son abri intime *(zoé),* et s'expose. Le champ de la praxis est celui du *bios politikos* où le héros de la liberté se dévoile dans le courage et la hardiesse. Pour H. Arendt, la praxis n'a pas d'autre fin qu'elle-même : elle n'est que l'usage et l'exercice de l'action d'où il résulte un perfectionnement de l'agent, et non un produit *(ergon)* qui lui serait extérieur. La *praxis,* par conséquent, ne s'épuise pas dans la production, elle demeure tout entière dans le sujet. Ainsi, pour

Aristote, la vue trouve sa fin dans la vision ; elle est tout entière dans le sujet qui voit, et échappe alors à la catégorie des moyens et des fins.

Appliquée à l'éthique, la manière d'être éthique correspondant à la praxis est *la phronésis,* c'est-à-dire le mode de mise à découvert, de *prudence* (Jules tricot) et de *sagacité* (Richard Bodeüs) dans l'action pour « être-dans-la-vérité » : le but de la praxis n'est pas à côté de l'agent. Il est son *être* même. La praxis perfectionne l'agent. Ainsi, le champ de la *praxis* est le lieu de l'excellence humaine parce qu'elle est l'espace même du politique. Les formes de praxis idéalisées dans l'éthique correspondent à une action qui n'a pas d'autre fin qu'elle-même dans l'altérité, c'est-à-dire dans ce qui est autre, extérieur à « soi », réalité de référence qui peut être un individu, un groupe, une institution ou la société tout entière pour quelque chose à atteindre en quelque lieu où cette chose se situe. Chez les Grecs, Aristote distingue la praxis de la poïésis : l'action, au sens strict, est en opposition avec le faire, car la praxis a une finalité interne à l'action ; une finalité non séparable de l'action qui traduit que « le fait de bien agir est le but même de l'action » et les liens bien tissés, la condition de cette action. Être éthique, interpréterons-nous, est le but même de l'éthique.

L'univers de « l'Homme moderne » remonte ainsi aux liens de la réalité : ce qui fait le prix des affaires humaines, c'est le partage des paroles et des actes. C'est pourquoi, dans le politique, domaine de la praxis par excellence, rien n'est inscrit à l'avance, et l'action y relève du *kairos*, c'est-à-dire de l'art de saisir les occasions au bon moment : « L'acte est vierge, même répété. »[171], a écrit René Char, que cite H. Arendt pour opposer le citoyen courageux à l'expert rationnaliste. C'est là une porte ouverte à la réflexion sur les faire de l'éthique soumise aux tensions entre citoyenneté et politique, technique et progrès, vie privée et vie sociale, imaginaire et réalité.

J. Miermont et H. Arendt se rejoignent sur le plan des rapports entre la technique, la science et le langage. Tous deux définissent l'humanité en tant qu'organisation technique et symbolique en quête d'équilibres. Mais le procès d'humanisation est ambivalent, car la technique porteuse de progrès suscite des convoitises, des jalousies, des inégalités, des violences et, paradoxalement, le procès d'hominisation

---

[171] R. Char : *Feuillets d'Hypnos (1943-1944)*. Œuvres complètes, Gallimard, « Bibliothèque de la Pléiade », 1983, p. 186.

se développe suivant les aléas de la déshumanisation. Risque inévitable et inévité à toutes les époques : la Shoah et la bombe nucléaire, il n'y a pas si longtemps et risque accru aujourd'hui encore, si l'on songe aux effets contradictoires et paradoxaux du progrès. Que penser, en effet, des exosquelettes et des NBIC (nanotechnologies, biotechnologies, informatique et sciences cognitives) ? Que penser de la biologie quand elle compromet ses éprouvettes à la recherche d'une « une vie sans fin » ? Rêve permanent déjà gravé sur les tablettes d'argile qui racontent en sumérien *L'Épopée de Gilgamesh*, où l'on voit le roi d'Uruk parcourir la Terre pour obtenir le seul attribut divin qui manque à son pouvoir. Fontaine de jouvence, promesse de Calypso à Ulysse, Olympes des nouveaux maîtres du monde et de la Silicon Valley, — jusqu'où l'homme et la société iront-ils pour se surpasser en dépassant la mort[172] ? Et à quel prix ?

En s'hominisant, l'homme transforme la société et se transforme lui-même (Th. Dobzhanski). C'est ce que symbolise le *mythe du Golem* avec sa créature artificielle qui n'est pas une créature divine, mais une invention technique de l'homme. Ce mythe est une métaphore de la complexité : le Maharal, rabbin de Pragues, décide de créer un être parfait et autonome pour en faire son serviteur. Mais, très vite le Golem cherche à s'affranchir de son maître, et commence à semer le trouble dans la ville. La légende raconte que son créateur est alors obligé de le détruire.

I.3. Reliance et lien social

L'image des liens à soi, aux autres au ciel et à la terre est parlante. Mais que signifie-t-elle, quand on l'emploie pour dire la chose dans sa complexité, comme c'est le cas avec l'éthique.

Partant de l'étymologie *religare* : relier, M. Maffesoli associe religiosité à reliance pour décrire « la liaison organique dans laquelle interagissent la nature, la société, les groupes et la masse »[173]. Comme pour la *socialité*[174] et la *proxémie*[175], il considère que le lien est plus

---

[172] Sur ce thème de la science et de la vie éternelle, on peut se reporter à l'ouvrage d'Hélène Merle Béral : *Limmortalité biologique*. Odile Jacob, 2020.

[173] *Ibid*, p. 100. M. Maffesoli s'appuie ici sur les travaux de M. Bolle de Bal (La tentation communautaire. *Les paradoxes de la reliance et de la contre-culture*, *op. cit.*, 1985).

[174] *Socialité* : Rapport au monde non institué et création permanente qui découle de, et entretien, la pulsion à *être ensemble*. La socialité s'exprime

important que ce qui est relié. La reliance prend forme dans des réseaux, ensembles inorganisés et néanmoins solides, invisibles mais qui sont le squelette et le système circulatoire même de la société. Sans ce foisonnement de structures et de fonctions, il n'y aurait pas de société dont le cerveau a, entre autres responsabilités, de veiller aux valeurs de *la démocratie* en reconnaissant la pluralité des solidarités divergentes et associées. Dans cette société, l'Etat, au lieu d'imposer la domination par la force ou par la loi, doit être l'arbitre entre de multiples groupes jouissant tous des mêmes droits. Mais de la pluralité des groupes finissent toujours par naître de nouvelles valeurs qui qui font courir à la démocratie le risque de la division. Or ce risque n'est souhaitable ni pour l'individu ni pour la société. L'éthique et la reliance sont au cœur du problème.

Pour M. Maffesoli, *la reliance* est « une étonnante pulsion qui pousse à se rechercher, à s'assembler, à se rendre à l'autre »[176]. Ce qui me relie aux autres c'est aussi la confiance que je peux éprouver pour eux, ou la confiance que j'éprouve avec eux devant quelque chose qui nous est extérieur. Elle est ce qui rend possible l'existence humaine où la prise de conscience des autres et de soi se crée en fonction des liens que nouent les relations interindividuelles dans le temps et dans l'espace. De même, pour M. Bolle de Bal, la reliance « permet de relier les situations collectives où l'individu est sans cesse immergé et les processus psychologiques qui confèrent leur sens à ces situations, en fonction d'une dynamique personnelle »[177].

---

dans les coutumes et les échanges qui, en développant le lien avec la communauté, participent de la sacralisation des rapports sociaux. Elle est porteuse d'une éthique, à l'opposé de ce que M. Maffesoli appelle « la morale surplombante » des solidarités mécaniques. Là, prend sa source, selon le sociologue, la solidarité comme liant, ciment d'un ensemble qui trouve sa cohésion dans l'organicité de la société.

[175] *Proxémie* : marquant le rapport à l'espace, la proxémie est nécessaire à la socialité. C'est un processus de correspondance, de participation qui se joue dans l'ici et maintenant. Elle naît du territoire commun. Elle est synonyme de pulsion d'être ensemble dont elle traduit la viscosité, la société étant faite d'une myriade de groupes polycentrés, plus ou moins ajustés entre eux, en mouvement perpétuel, produisant à la fois la ségrégation et la tolérance.

[176] M. Maffesoli : *La transfiguration du politique,* 1992, p. 41.

[177] M. Bolle de Bal : *La tentation communautaire, les paradoxes de la reliance et de la contre-culture*, 1985, p. 251.

Selon ces visions croisées de la reliance sociale, le droit à l'échange est aussi inaliénable que le droit à la liberté. Elles signifient que le lien suppose qu'au lieu de particulariser et de diviser pour comprendre en pensée et en action, on s'attache à voir la synergie des forces en présence. Energie psychologique et sociale vitale, le lien est à l'origine de l'activation des réseaux de communication qu'il sert à connecter et de l'organisation des formes de vie communautaire qu'il génère et régénère. Ainsi vu sous l'angle de la reliance, le lien social n'est pas tourné vers la polarité de l'individu primant sur le groupe, mais vers la communauté et la collectivité en sa totalité.

1.4. En termes de connaissance scientifique et méthode

Phénomène dont la finalité est dialogiquement *proaïrésis* (projet visée) et *boulèsis* (projet programmatique), l'éthique interroge la morale qui renvoie à l'éthique, comme chacun d'entre nous les interroge l'une et l'autre pour savoir ce qu'il faut faire et de quelle façon le faire au mieux avec elles. Hegel par exemple, pour qui la conscience n'est pas une intuition achevée, introduit la distinction entre éthique (*sittlichkeit*) et moralité (*moralität*). Pour lui[178], l'éthique correspond à l'*action immédiate*, alors que la moralité correspond à l'*action réfléchie*. On revient à la distinction entre « être » et « avoir » de l'éthique.

A. Du point de vue épistémologique, l'éthique est un artefact qui mord sur le réel. Elle a fait l'objet de la curiosité des philosophes depuis la nuit des temps. Mais, si elle suscite toujours aujourd'hui la connaissance pure, elle se préoccupe davantage, à en juger par la multiplication et la diversification de ses applications, des façons d'opérer pour *être éthique* face aux valeurs qui évoluent et aux normes qui se redistribuent. Dévoiement utilitariste de l'éthique craignent certains, pour qui l'essentiel est d'*avoir de l'éthique* ; nécessité de ne pas confondre le labeur, l'œuvre et la praxis, pour d'autres. Concept abstrait et intangible pour d'autres, l'éthique est une recherche permanente de jugements des actes et d'ajustement des comportements aux situations réelles qui impliquent, la décision immédiate, ici et maintenant (Hegel), sans la dissocier du terreau culturel et social où plongent ses racines. Nous voici revenus à la

---

[178] G.W. friedrich Hegel : *Phénoménologie de l'Esprit*, 1807. Vrin, Bibliothèque des Textes Philosophiques, 2006.

dualité théorique où l'éthique va chercher sa voie entre *le système* et *l'outil*.

L'éthique pénètre tous les champs de la réflexion personnelle pour agir au quotidien, comme elle se propage à ceux de la recherche dans toutes les disciplines. Jean-Paul Caverni, par exemple, s'intéresse à l'éthique dans une discipline particulièrement concernée par le sujet : *L'éthique dans les sciences du comportement* (*op. cit.*, 1998). Et Jean-Louis Genard et Marta Roca i Escoda se posent, dans leur *Éthique de la recherche en sociologie (op. cit.,* 2019) la question de savoir comment hiérarchiser les intérêts de la connaissance et les exigences éthiques dans cette discipline.

Toute recherche, de la réflexion personnelle aux méthodes du savoir et de la découverte, est assujettie aux principes de l'éthique : sciences médicales, bioéthique, éthique du numérique, management, etc., qui, aujourd'hui, comme les sciences politiques et les sciences économiques ne sont plus concevables sans *réflexion éthique* préalable à tout projet de recherche, expérimentation ou application courante. Des règles aussi complexes que l'objet qu'elles investissent, car l'éthique se présente à la science comme une entité multi-dimensionnelle et multifactorielle (caractère d'individualité, d'identité et d'unité) pluri, inter et transdisciplinaire, à l'aplomb de laquelle se retrouvent des scientifiques de tous horizons, mais aussi des acteurs individuels et collectifs : personnes, groupes, médias, juristes, citoyens et législateurs aux prises avec l'éthique au quotidien à travers des réseaux maillés aux *hiérarchies enchevêtrées**. Des acteurs qui questionnent l'éthique, son système, ses principes, ses règles, sa philosophie. Des principes et une philosophie qui sont en eux de façon plus ou moins innée, et que l'éducation et les groupes sociaux ont intégré à la *personnalité de base*[179] de chaque individu, et que chacun développe ou enveloppe selon ses valeurs et son degré d'adhésion à la philosophie générale de l'éthique.

---

[179] Concept élaboré par Abram Kardiner, la *personnalité de base* est le commun dénominateur des personnalités individuelles dans un groupe social donné. Autrement dit, la *personnalité de base* relève d'une analyse psychologique qui décrit comment la société dans son ensemble vit la culture en sa totalité, et y intègre l'éthique, en posant la question de son rôle, de sa place et de ses moyens dans la société (*cf. supra* : chap. IV, III.2.3).

En renforçant les théories psychosociologiques de la *conscience morale*, la personnalité de base, en ce qu'elle peut apporter à un constructivisme de l'apprentissage du bien vivre en société, joue un rôle important en tant que discipline fondamentale dans le domaine de l'éthique. Elle rejoint le courant phénoménologique de G.W.F. Hegel renaissant aujourd'hui avec sa philosophie de la sagesse, qui, il y a deux siècles, proposait déjà une vision apaisante de la vie engagée, c'est-à-dire l'élévation authentique de la conception des relations humaines guidées par la conscience du lien essentiel, naturel et culturel, entre l'homme et la société.

B. Du point de vue de la méthode, l'éthique, entre *épistémé* et *pragmatiké*, est assimilable aux démarches classiques de la *recherche-développement* et de la *recherche opérationnelle* :

— Elle trouve sa voie dans la *recherche-développement* quand elle recourt à des activités scientifiques en vue d'accroître la somme des connaissances relatives à l'homme, à la culture et à la société dans leurs rapports à la morale pour de nouvelles applications. La recherche-développement s'intéresse ici à l'éthique en tant que *concept en intension*[180], c'est-à-dire à tout ce qui fait référence au concept qui la définit.

— En tant qu'objet d'action stratégique, l'éthique est impliquée dans la *recherche opérationnelle* quand celle-ci se définit comme ensemble de méthodes et techniques rationnelles orientées vers la recherche du meilleur choix possible dans la façon d'opérer, c'est-à-dire de concevoir la réflexion éthique en termes de projets d'applications concrètes, en vue d'aboutir à des résultats posés *a priori* comme finalité conditionnelle de ces applications. Ainsi, la recherche opérationnelle s'intéresse à l'éthique en tant que *concept en extension*, c'est-à-dire à l'ensemble des choses du concept (l'éthicité) auxquelles l'intension (sa définition) s'applique en situation.

Peut-on concevoir la mise au point d'une forme d'*ingénierie* de l'éthique pouvant se définir comme la discipline d'applications rationnelles et systématiques à un projet éthique ? Cette démarche, aussi performante soit-elle, serait-elle éthique ? Montaigne et l'éthique

---

[180] En logique, *l'intension* est de l'ordre de la compréhension. Exemple : le concept de maison fait référence à un lieu d'habitation. L'intension est ce qui définit le concept. En philosophie, elle traduit l'ensemble des prédicats qui appartiennent à un concept. Autre exemple, « les rois de France » illustrent le concept de roi.

sceptique de ses *Essais* ne sont pas morts ! Et Pyrrhon d'Élis non plus, pour qui : « rien n'est beau ni laid, juste ni injuste ; et que de même pour tous [les attributs de ce type], aucun n'existe en vérité, mais que c'est par coutume et par habitude que les hommes font tout ce qu'ils font. »[181]

C. En termes d'engagement éthique

La pluralité des consciences attachées ou rattachées à l'éthique est toujours humaine tant que la barbarie ne réduit pas l'homme à l'état, non pas d'animal – car les animaux sont des être sensibles qui manifestent un attachement à leur propre vie, à leur intégrité physique et à leur liberté de mouvement –, mais de chaos. De fait, les valeurs de l'éthique sont omniprésentes dans la culture à travers l'action de l'homme, en famille, tribu, groupe, institutions et société. Et leur objet, l'homme *a priori* dans son humanitude, c'est-à-dire les liens qui permettent aux humains de se rencontrer, n'en est pas moins ouvert au-delà même de l'espèce, sur le monde et le cosmos, avec lesquels nous faisons un à notre propre échelle de grandeur.

– **Au niveau de la société tout entière**, l'époque contemporaine a vu l'éthique avancer dans la direction de droits supposés évidents depuis déjà plusieurs siècles : « droits de l'homme » (disposition des libertés fondamentales d'opinion et d'expression, de choix démocratique des gouvernements, etc.), et plus récemment « droits du vivant » (droit de survivre, bio-éthique, etc.). En France, on l'a vu (*cf.* chap. IV, III.3.), la défense du consensus éthique a indéniablement joué un grand rôle dans le débat de société des années 1960 dont l'onde de choc se répercute aujourd'hui.

– **Au niveau des savoirs et de la recherche**, les progrès de la science et des techniques ne sont pas sans questionnements quant à l'avenir de l'homme et de la société sur la Terre. C'est notamment ce qui a donné l'impulsion nécessaire à la rédaction de la *Charte de la transdisciplinarité* [182], signée le 6 novembre 1994 au Couvent d'Arrábida au Portugal, dans le cadre du *Premier Congrès Mondial de Transdisciplinarité.* Charte que l'on retrouve dans l'ouvrage de Basarab Nicolescu : *La transdisciplinarité*, où l'auteur s'adresse à

181 *Vies et sentences des philosophes illustres*, IX, 61.

182 Comité de rédaction : Lima de Freitas, Edgar Morin et Basarab Nicolescu.

quiconque croit « au-delà de tout dogme et de toute idéologie à un projet d'avenir »[183]. Parmi les sept « considérants » inscrits en préambule de cette charte, quatre ont un lien direct avec l'éthique :

1) « Considérant que la vie est lourdement menacée par une technoscience triomphante, n'obéissant qu'à la logique effrayante de l'efficacité pour l'efficacité,

2) Considérant que la rupture contemporaine entre un savoir de plus en plus accumulatif et un être intérieur de plus en plus appauvri mène à une montée d'un nouvel obscurantisme, dont les conséquences sur le plan individuel et social sont incalculables,

3) Considérant que la croissance des savoirs, sans précédent dans l'histoire, accroît l'inégalité entre ceux qui les possèdent et ceux qui en sont dépourvus, engendrant ainsi des inégalités croissantes au sein des peuples et entre les nations sur notre planète,

4) Considérant ce qui précède, les participants au Premier Congrès Mondial de Transdisciplinarité [...] adoptent la présente Charte, comprise comme un ensemble de principes fondamentaux de la communauté des esprits transdisciplinaires, constituant un contrat moral que tout signataire de cette Charte fait avec soi-même, en dehors de toute contrainte juridique et institutionnelle. »

Suivent 14 articles et un « article final » qui procèdent d'une éthique de la pensée appliquée à la science et aux techniques, telle que définie à l'article 13 de cette Charte : « L'éthique transdisciplinaire récuse toute attitude qui refuse le dialogue et la discussion, quelle que soit son origine – d'ordre idéologique, scientiste, religieux, économique, politique, philosophique. Le savoir partagé devrait mener à une compréhension partagée, fondée sur le respect absolu des altérités unies par la vie commune sur une seule et même Terre. »

Vus du balcon des savoirs, les liens qui s'attachent à l'éthique sont infinis.

II. LES FACTEURS DE LA RELIANCE

Produit de la reliance sociale, l'éthique est un construit social, une « organis-action » de la reliance. Elle interroge les problématiques de la relation, telles que celles de la psychologie génétique (Piaget), de la psychologie expérimentale (Fraisse) et de la psychopédagogie

---

183 Nicolescu B. : *La transdisciplinarité, Manifeste*. Eitions du Rocher, Monaco, 1996, pp. 214-229.

(Lerbet), sur lesquelles nous pouvons appuyer la réflexion pour concevoir que toute situation éthique relie une *personne P* à elle-même et à une ou plusieurs autres personnes *P2*, qui créent ensemble une *situation S* dans un contexte aux frontières de l'individuel et du collectif, pour produire un *résultat R*. En croisant les *référents épistémologiques* (psycho-socio-pédagogiques) des théories, avec les *référents conceptuels* de l'action (les sujets en relation), nous distinguerons *l'éthique en première personne* $\mathcal{E}_1$, *l'éthique en deuxième personne* $\mathcal{E}_2$, et *la relation qui les unit* $\mathcal{E}_3$.

II.1. Les référents épistémologiques et conceptuels de la reliance

– *R,* est le symbole des *conduites* et des *comportements* : *Réaction, Réponse et Résultat* ;
– *P,* symbolise les *Personnes* en relation, acteur principal et co-acteurs au contact, dont les éléments internes organiques et mentaux, font apparaître la *personnalité* comme le noyau dur de l'agir-éthique, produit du milieu et construction interactionniste ;
– *S,* représente la *Situation*, rencontre des différents milieux physique, physiologique et psychique interactifs ou isolés, dans l'environnement commun.

Adapté à la construction du présent modèle :
– P_1, symbole de $\mathcal{E}_1$, représente l'acteur principal, sujet et agent d'éthique ;
– P_2, symbole de $\mathcal{E}_2$,représente le ou les co-acteurs de la situation ;
– *R*, symbole de $\mathcal{E}_3$, représente la relation produite/productrice des interactions en interrelations dans le milieu.

II.2. Essai de systématisation. Si l'on croise ces référents entre eux, le modèle ainsi conçu donne à voir neuf catégories paramétrées des facteurs dans le champ de l'éthique, aux différents niveaux de sa genèse (*Fig. 20*).

1- *Les facteurs de type P-R.* sont *constitutionnalistes*. L'accent porte sur les facteurs personnels. P_1 et P_2 sont irréductibles au milieu, et le rôle de S est minoré voire exclu. Ce type de facteurs valorise *l'assimilation*[184]. Appliqué à $\mathcal{E}_1$, $\mathcal{E}_2$, il met l'accent sur l'expérience

[184] En psychologie du développement (J. Piaget), *l'assimilation* est le processus qui transforme le milieu pour l'adapter aux connaissances du sujet : connaître ne consiste pas à copier le réel, mais à agir sur lui. Processus d'adaptation par lequel le sujet intègre de nouvelles informations et

vécue $\mathcal{E}_3$, comme facteur de réussite des comportements, qui déterminent la socialité par l'intégration et la communication. *Les* acteurs restent centrés sur l'attention que chacun porte à lui-même. D'où la nature *subjectiviste* de $\mathcal{E}_1$; et celle, *inculcatrice* de $\mathcal{E}_2$, relativement à leurs interactions : P_1 dit « je veux », P_2 pense *« Je dois », et tous deux* se construisent au gré des interrelations, selon la logique *égocentriste bipolaire* qui en découle en $\mathcal{E}_3$ *(« On peut »).*

Référents conceptuels / Réf. épistémologiques	ℰ 1 ⇄ Ethique en première personne	ℰ 3 ⇄ Ethique en troisième personne	ℰ 2 Ethique en deuxième personne
P – R (Assimilation)	Ethique subjectiviste *Je veux*	Ethique bipolaire *On peux*	Ethique inculcatrice *Je dois*
S – R (Accomodation)	Ethique opérante *Je dois*	Ethique altruiste *Nous voulons*	Ethique actualisante *Je peux*
S – R – P (Adaptation)	Ethique active relativiste *Je peux*	Ethique relationnelle psychosociale *Nous devons*	Ethique culturelle relativiste *Je veux*

Fig. 20. Les facteurs de la reliance

2- *Les facteurs de type S-R* correspondent au *courant réaliste* (platonisme transcendental, dialectiques objectivistes et constructivistes de la nature) qui valorise le rôle du milieu physique, psychologique et social. Ce type de facteurs correspond aux principes du *processus d'accomodation*[185]. Appliqué à l'éthique, il traduit les comportements finalisés du sujet en direction de l'objet. P_1 porte ici

---

expériences à des schèmes existants, l'assimilation va de l'objet vers le sujet. En sociologie, *l'assimilation culturelle* est le processus par lequel passe un individu étranger (ou un groupe) pour faire partie d'un nouveau groupe social ; elle s'accompagne souvent d'une *assimilation linguistique.*

[185] Le processus d'*accommodation* s'oppose au processus d'assimilation ; il va du sujet vers l'objet.

son attention sur la personne d'autrui, en fonction de l'influence du milieu qui oriente ses comportement. D'où la nature *opérante* de $\mathcal{E}_1$ *; et celle, actualisante* de $\mathcal{E}_2$: P_1 pense « Je dois », P_2 dit *« Je peux », et tous deux* s'accordent sous la forme altruiste : « Nous voulons ».

3- *Les facteurs de type S-R-P* se retrouvent dans le courant *interactonniste* au sens où Piaget considère le référent épistémologique comme l'interaction même du sujet et de l'objet. Ce type de facteurs centrés sur la relation R répond au principe objectiviste de la psychosociologie relationnelle. Appliqué à l'éthique, il traduit la dynamique des comportements objectifs et subjectifs des acteurs à la recherche d'équilibres et d'harmonies pour adapter leurs conduites aux situations vécues entre pouvoir, vouloir et devoir.

1– *L'éthique en première personne* ($\mathcal{E}_1$) recouvre, d'un point de vue fonctionnel et opérationnel, toutes les éthiques vécues possibles qui prennent acteur principal (le sujet qui exprime son « moi ») comme pôle d'une situation réduite à un effet de centration sur l'individu, plus que sur l'action elle-même. $\mathcal{E}_1$ est identifiable sous une *forme d'agir-éthique relevant d'une psychologie personnelle de l'éthique.* Celle-ci s'exprime subjectivement par *assimilation* (schème P-R) dans la relation à l'Autre, à travers des comportements marqués par l'intentionnalité et la volonté : « Je veux ». L'accomodation, (schème S-R) correspond, elle, à une configuration de l'action où l'éthique se joue dans la conscience du bon sens et du devoir : « Je dois » et signifie la responsabilité à engager pour « être éthique ». Ainsi déterminée entre *le vouloir,* et *le devoir* en termes de *pouvoir,* l'éthique s'incarne dans les intégrations et équilibres (schème S-R-P) que les comportements mobilisés permettent d'atteindre pour réaliser les objectifs visés en conscience (« je peux »), avec « cette capacité qu'à un être humain de formuler des pensées à la première personne » (*L. Naccache,* 2006).

2 – *L'éthique en deuxième personne* ($\mathcal{E}_2$) oppose la polarité du ou des sujets en relation avec l'acteur principal, (eux, on, les autres), à l'unipolarité de l'éthique en première personne. Il y a décentration du point de vue de l'agent principal sur le point de vue d'autrui. À ce pôle de la situation en cours de réalisation, $\mathcal{E}_2$ est assimilable à une *forme dynamique d'agir-éthique en profondeur.* Celle-ci *relève d'une psycho-sociologie* où l'assimilation, l'accomodation et les équilibres qui en découlent suivant leurs schèmes respectifs, établissent une hiérarchie où la conscience de l'altérité s'organise en fonction de

l'empreinte culturelle et des rapports de proximité, qui induisent une priorité du devoir (« je dois ») par rapport au pouvoir et au vouloir.

3 – *L'éthique en troisième personne* (ε_3), correspond non plus à une forme d'action donnée, mais à l'état du système en situation résultant des interactions en interrelations de ε_1 et ε_2. Ce *niveau de l'agir-éthique* correspond au *moment de cristalisation du processus* que l'on peut qualifier d'*éthique effectrice d'une réalité,* au sens où l'agir-éthique émerge du contexte en se construisant et en se transformant en fonction des états de reliance sociale du système. À ce niveau d'observation interactionniste de l'éthique, ε_3 est assimilable à un *phénomène écosystémique* inscrit dans un espace et une temporalité, qui établissent le lien entre les acteurs et le milieu dans lequel ils évoluent ensemble. Ecosystème où l'acteur principal agit selon les schèmes de son discernement (P-R, « Je peux ») en se référant aux *normes conventionnelles*[186] ou *contractuelles*[187] des groupes au sein desquels il évolue et par rapport auxquels il forme son projet d'action (S-R, « Je veux ») dans le but d'atteindre les objectifs qu'il pense les plus conformes à la situation dans laquelle il est engagé (« S-P-R, « Je dois »).

III. UNE DIALECTIQUE VERTUEUSE

Le *principe dialogique*[188] illustre l'image que l'on peut se faire de la *complexité duale de l'éthique-système* et de *l'éthique-outil*, dont

---

186 Prescrites par des normes sociales et hiérarchiques, *les relations conventionnelles* sont des relations organisées qui ne sont pas librement choisie, par opposition à des *relations non conventionnelles* qui font intervenir une dimension personnelle de choix libres et une plus grande implication.

187 *Les relations contractuelles* relèvent du droit en tant que convention par laquelle une ou plusieurs personnes s'obligent envers une ou plusieurs autres, à donner, faire ou à ne pas faire quelque chose. Elles reposent sur la liberté contractuelle, l'équilibre économique, l'égalité des parties, la loyauté des parties et la sécurité juridique. Les conditions de validité du contrat sont soumises au consentement formé par la rencontre de l'offre et de l'acceptation qui ne doivent, en aucn cas, être viciées par l'erreur, le dol ou la violence.

188 « Le principe dialogique nous permet de maintenir la dualité au sein de l'unité. Il associe deux termes à la fois complémentaires et antagonistes.» : E. Morin, *Introduction à la pensée complexe*, op. cit., p. 99.

l'interdépendance se nourrit des différences et complémentarités qui poussent à distinguer la morale de l'éthique comme pour mieux les assembler dans un rapport où les principes cherchent à atteindre l'opitimalité de l'action pragmatique.

III.1. Selon le principe du regard abductif sur la réalité

L'éthique relève d'une complexité où l'action évolue des attitudes les plus favorables au système, aux comportements les plus contraires. Du « doigt dans le pot de confiture » de la morale familiale d'autrefois, jusqu'à la déclaration de guerre entre nations et autres injures, offenses et blessures à la planète, l'éthique est toujours impliquée positivement et négativement, dès lors que l'*homo sapiens* devient *homo demens*, quand son comportement ne répond plus aux principes de la morale, de ses règles et de ses lois. Pour *être éthique*, il faut bien penser en amont de l'acte (il est bon, il convient, il est juste et équitable, il faut… il faudra) pour ne pas être mal jugé en aval (il est mal, il convenait, il est injuste et inéquitable, il fallait… il aurait fallu).

C'est là un trait fondamental de l'humanité qu'approfondit E. Morin : « société et individualité ne sont pas deux réalités séparées s'ajustant l'une à l'autre, mais il y a un *ambi-système* où complémentairement et contradictoirement individu et société sont constitutifs l'un de l'autre tout en se parasitant l'un l'autre. »[189] Aussi, dans *Éthique*, l'auteur du *Paradigme perdu* ne nous aide-t-il que mieux à comprendre qu'être sujet, « c'est conjoindre l'égoïsme et l'altruisme, [car] tout regard sur l'éthique doit reconnaître le caractère vital de l'égocentrisme ainsi que la potentialité fondamentale du développement de l'altruisme. »[190] De la vie à la mort, l'éthique nous accompagne dans le mouvement dialectique des forces internes et externes qui la gouvernent. Elle assemble, rassemble et équilibre. C'est là un constat que corrobore la définition du philosophe quand il énonce, dans *Le vif du sujet :* « la dialectique est un art, non une logique. C'est l'efficacité de la pensée qui assume les systèmes de pensée contraires, non par amalgame éclectique ou confusionnel, mais par tensions polarisantes. »[191]

S'agissant de l'éthique et de sa relation duale à la morale, on peut observer *de façon abductive* que les liens des systèmes de pensée qui les définissent toutes les deux, sont menacés dès leur conception. Ils

---

189 *Le paradigme perdu, La Nature humaine.* Seuil, 1973.

190 *Éthique. La Méthode 6*, Seuil, 2004, p.15.

191 *Le vif du sujet*, Points/Seuil n°137, p. 56.

sont menacés par l'ambivalence, les paradoxes et les effets pervers du double système de signifiants qui les porte de la morale à l'éthique, et récursivement. D'où la multiplication des applications pratiques en fonction de ce que chacun attend subjectivement, « égoïstement » de l'une ou de l'autre, là où le projet d'éthique des uns n'est pas nécessairement le projet moral des autres, au point de ne plus savoir exactement quels principes il faut suivre et à quelles valeurs il faut adhérer. Il y aurait là comme une *dépolarisation de l'éthique et de la morale* où individus et société seraient renvoyés dos à dos, et finiraient par confondre les visées de leurs projets (*proaïrésis :* l'intention, la décision) avec les objectifs de leurs programmes (*boulèsis* : l'éclosion des désirs). On se retrouve, dans ce type de situation, pris au piège de *hiérarchies enchevêtrées,* où ce qui est ordonné à un niveau logique I par un agent A1, fait l'objet d'un « englobement du contraire »* à un niveau II (*Fig. 21).*

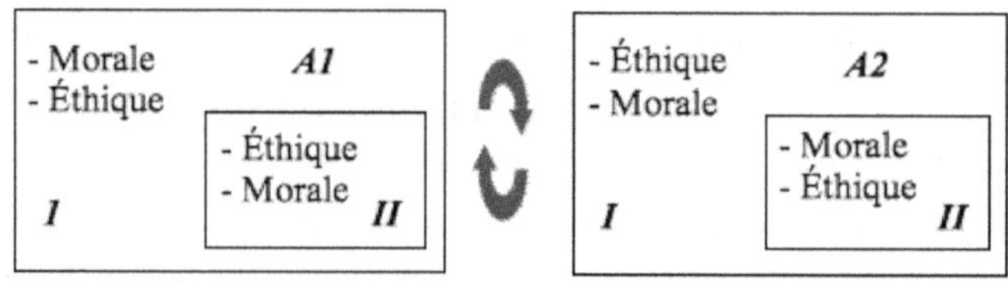

Fig. 21. Le piège des hiérarchies enchevêtrées

Les processus de *dissonance cognitive* et des *doubles liens* sont très prégnants dans les opérations de l'éthique quand elles se compliquent plus qu'elles ne se complexifient. De fait, si depuis le XIXe siècle on dit que « l'enfer est pavé de bonnes intentions », n'est-ce pas pour signifier que, sous l'apparence de la bonne conscience, l'acte moral peut être immoral ? Au point que sous l'emploi du mot « éthique », faisant plus moderne et imposant peut-être que celui de « morale » et plus libéral aussi, libertaire et assertif à la fois, fonctionnerait une sorte de *pensée magique,* capable d'absoudre tous les désirs plus ou moins avouables de quiconque a besoin de se rassurer face aux injonctions de la morale, voire de s'affranchir de ses règles au grès de son libre arbitre et de sa conscience. N'entend-on pas aujourd'hui : « J'ai mon éthique », « Au nom de mon éthique », qui en disent long sur un mouvement de fond capable de s'installer en faisant courir à l'éthique le risque de s'ériger en *écosystème de la division* plutôt que de la cohésion, par la perte des repères entre le local et le global, l'égoïsme et l'altruisme, l'individualisme et la solidarité.

Cette dialectique du système, que la pensée complexe éclaire autant que l'art qui consiste à savoir utiliser les valeurs, ne réfute pas le terme *éthique* comme générique de tout ce qui est d'ordre moral et contribue à servir le système dual ainsi considéré. Du moins est-ce la position criticable et amandable de toute spéculation systémographique qui s'interroge sur cette dialectique, tissée des dialogies complexifiantes et compliquantes entre la morale et l'éthique. Des dialogies en quête d'équilibres durables et de résilience (*l'éthique-système*) pour lutter contre les blessures que subissent les relations humaines au sein de leur environnement changeant et évolutif (*l'éthique-outil*).

III.2. Selon le besoin de conjoindre, opposé au risque de disjoindre

Le principe dialogique d'E. Morin permet de se représenter conjointement l'éthique et la morale comme l'avers et le revers d'une même médaille. L'image fait penser à la figure à deux visages adossés l'un à l'autre du Dieu Janus, le dieu des commencements et des fins, qui veille sur les portes. On y retrouve le symbole de deux différences qui fondent ensemble une unité entre un passé révolu et un futur en voie d'advenir selon que l'on regarde le profil barbu du personnage (l'âge, le solstice d'hiver) ou le profil imberbe (la jeunesse, le solstice d'été) du même personnage, chacun tourné dans sa direction opposée depuis le même lieu et au même moment.

Les débats sont nombreux aujourd'hui sur *l'éthique*, ce vieux concept neuf. Réflexions philosophiques, certes, sur les idées de la morale ancienne d'où l'éthique moderne émerge en prenant le pas sur la première – pour dire la même chose, en somme –, mais recherches surtout dédiées aux applications de ces idées, face aux progrès des sciences et des techniques, aux besoins évolutifs, aux comportements changeants et aux valeurs mutantes de la société où éthique et économie, éthique et médecine, éthique et management, éthique et éducation, éthique et sport, éthique et écologie, éthique et religion, éthique et droit, bref éthique et politique ne peuvent que se rencontrer. Autant de liens qui, s'ils ne tissent pas de façon chaotique et désordonnée peuvent faire des ponts. Ainsi sommes-nous en train d'assister au passage de la morale philosophique d'autrefois, à la judiciarisation de l'éthique, qui semble prendre désormais la forme d'une « science » normative et s'appliquer avec prédilection à toutes les activités de la vie quotidienne où les nouvelles technologies foisonnantes, à commencer par l'intelligence artificielle, suscitent de plus en plus de motifs à en appeler à des considérations éthiques aussi formelles que complexes et dialectiques. Le trouble et la complication surgissent là où on ne les attendait pas quand, par exemple, le débat s'engage chez les députés au sujet de la « reconnaissance faciale éthique », qui pose à *la société de vigilance* la question du risque de faire oublier *la devise républicaine* : « Si la reconnaissance faciale appartenait hier aux films de science-fiction, elle est aujourd'hui une dimension méconnue de la compétition géopolitique et industrielle mondiale. »[192]

Le monde change et l'éthique a besoin de s'adapter. Depuis quelques décennies, on constate un mouvement vers l'éthique au sein des entreprises, administrations et autres institutions (éducation, sports, santé, justice, etc.). Le désir d'éthique et les *représentations sociales* [193] qu'il exprime, sont partout, dans les groupes, les associations, les syndicats, etc.. Toutes ces organisations sont préoccupées, sous la pression du politique et de la législation, par les rôles et la place de l'éthique dans la gestion de leurs activités publiques et privées (nouvelle gouvernance, assurance de la qualité des produits et des services aux clients, patients, administrés, etc.). Elles doivent apporter une attention accrue aux conditions de travail des salariés et bénévoles (droit du travail, déontologie, climat d'entreprise, etc.), assurer le respect et la satisfaction des consommateurs pour tendre vers ce que l'on appelle l'entreprise citoyenne. La maîtrise de l'éthique, ainsi promue au rang d'outil de gestion des ressources humaines, et donc de facteur de productivité, intéresse le monde d'aujourd'hui. Et, du politique à l'économique, chaque groupe, association, institution s'appuie sur son expérience des relations humaines pour revisiter la morale traditionnelle et la mettre au goût du jour, en termes d'*éthique appliquée*.

Le paysage de la gouvernance évolue, et *l'éthique-système* se singularise et se particularise. Au niveau local, la « culture d'entreprise » influence les conceptions de l'éthique. D'un type d'organisation à l'autre, les situations ne sont pas identiques et les conditions d'application de l'éthique varient selon les spécificités. Il

---

[192] D. Baichère et St. Séjourné, *Le Monde*, Idées, 25 octobre 2019, p. 25.

[193] *Les représentations sociales* se construisent sur la base de connaissances co-élaborées et partagées. Cette façon de voir et de penser a une visée pratique qui concourt à la construction d'une réalité commune à un ensemble social.

n'y a plus une éthique, mais des éthiques. Le modèle de la morale traditionnelle demeure en toile de fond, mais l'éthique nouvelle s'ouvre sur d'autres horizons, plus neufs et adaptables aux élans de la nouvelle gouvernance des années 2000. Les étiquettes s'empilent : éthique du quotidien (attention à l'autre, aide, soins, etc.), éthique de la famille, de l'éducation, du travail, du sport, de la conversation, éthique de la résilience… toutes porteuses de volontés de protection et d'évitement des mésusages par méconnaissance ou utilitarisme.

IV. SOUS LE SCEAU DE LA RELIANCE

Comme le rappelle Y. Coppens retraçant l'histoire de la conquête humaine, « l'homme est sorti du monde animal lentement après une longue lutte contre la nature, en imposant sa culture contre le déterminisme inné. Nous sommes aujourd'hui merveilleusement libres – nous jouons avec nos gènes, nous faisons des bébés en éprouvettes, mais nous sommes aussi très vulnérables. Si l'un de nous grandissait à l'écart de la société, il serait démuni, il n'arriverait même pas à marcher sur ses pattes de derrière, il n'apprendrait rien. Il a fallu toute l'évolution de l'univers, de la vie et de l'homme pour acquérir cette liberté fragile qui nous donne aujourd'hui notre dignité et notre responsabilité. » (« L'homme »,1996, p. 152).

Plus trivialement et quand la nostalgie s'en mêle et s'emmêle avec l'éthique, comme on le constate actuellement sur les réseaux sociaux, le paradoxe du progrès émerge qui hante les esprits : « Quand le téléphone était attaché avec un fil, les humains étaient libres… » ! Cette année 2019, à Pau, le thème des *Rencontres littéraires* annuelles qui réunit les plus hautes personnalités du monde littéraire, scientifique et artistique sous le label « Les idées mènent le monde » posait, pour sa sixième édition, la question : « En quoi faut-il croire encore ? ». L'an dernier, avec plus de 30 000 participants en trois jours, c'était : « Demain un autre monde ? ». Et chaque année, le public est plus nombreux ! Que (re)cherche-t-on exactemment ?

IV.1. Être ou avoir de l'éthique ?

Observer l'éthique, ce qu'elle est, comment elle fonctionne et vers quel destin elle évolue, c'est manquer de critères formels, c'est courir le rêve impossible de tout cerner, de tout rationaliser. Alors, il faut se contenter d'en appeler à la mesure et au discernement. Ce qui est d'autant plus difficile que, comme l'analyse Ivan Illich du point de vue général de l'homme et de la société, « la définition des valeurs rend extrêmement difficile à l'usager de percevoir la structure profonde des moyens sociaux. Il a du mal à saisir qu'il existe une autre voie que l'aliénation du travail, l'industrialisation du manque et la surefficience de l'outil. Il a du mal à imaginer que l'on puisse gagner en rendement social ce que l'on perd en rentabilité industrielle.» *(La convivialité, 1973, p. 39).*

Certes on peut assimiler l'éthique à un ensemble de finalités reposant sur des capacités à mettre en jeu des comportements adaptés (*le système*) pouvant s'appuyer sur des techniques pour structurer les conduites et normaliser la relation à autrui avec un souci d'efficacité (*l'outil*). Certes on peut instrumentaliser l'éthique. Mais, à la réflexion comme au faîte de l'expérience, ce que l'on finit toujours par comprendre, c'est *qu'être éthique*, ce n'est pas seulement raisonner sur des valeurs ni appliquer des idées en conscience. *Etre éthique*, c'est *avoir en soi* le germe de *la condition humaine* et le sens de la cohésion sociale, c'est-à-dire cette faculté complexe et paradoxale d'être autonome tout en étant dépendant.

É*tre ou avoir de l'éthique ?* — voilà qui relève d'une dialectique dans la dialectique. D'un pas supplémentaire dans la complexité ou la complication, car si l'éthique existe dans sa profondeur, l'acte lui-même, subit en surface le déterminisme des conditions personnelles, socio-culturelles, politiques et économiques.

IV.2. Les réseaux d'efficacité de l'éthique

Qu'on la gouverne donc autant qu'elle nous gouverne dans la vie publique ou privée, au travail ou hors travail, l'éthique est un système dont la dynamique générale produit une *efficacité vertueuse* au sens où elle s'oppose à tout ce qui serait contraire à ses principes. Mais cette dynamique repose sur des équilibres sans cesse menacés entre la société et les hommes, qui jettent des codes entre eux comme des ponts pour habiter *l'Espace des* idées dans l'ordre et la cohérence. Car l'efficacité de l'éthique n'est ni dans l'homme ni dans la société, mais – comme la surface de l'eau qui n'appartient ni à l'air ni à l'eau – dans l'entre-deux de la reliance, à l'interface de l'homme et de la société.

IV.2.1. Le point critique de l'efficacité. Certes, les organisations sontt une force aujourd'hui, mais elles ne mettent pas à l'abri des contradictions que Socrate ne manquerait pas de fustiger. Notamment celle qu'illustre bien *le sophisme du management* : « Ce qui est efficace est vrai. Or ce qui est vrai est juste. Donc, ce qui est efficace est juste. ». De fait, l'éthique n'a jamais manqué d'être courtisée par les experts en raisonnements habiles à jouer avec le langage. La proximité entre « juste », « justesse » et « justice » se prête, en effet, à toutes les confusions et manipulations possibles. *Le sophisme*, explique Jacques Le Mouël[194], met en évidence « cette facilité avec laquelle on voudrait nous faire passer de la morale de l'efficacité à l'efficacité de la morale. ». Mais, la fin justifie-t-elle les moyens ? Certes, l'éthique est excellence, et son efficacité entre investissement et consommation a un coût. Et quand on parle de la « vision » que l'on peut avoir de l'éthique, à la maison, au travail, en société, de quelle vison s'agit-il exactement ? De celle de soi-même, des autres, du « décin des idéologies » ou de la « crise des valeurs » ? Le terme d'« efficacité » est-il adapté et adaptable à cette complexité ? Que signifie-t-il exactement entre l'observance et l'inobservance des principes de l'éthique ?

De fait, l'excellence éthique repose sur un axiome de résultat positif, ce qui renvoie au problème de son efficacité, c'est-à-dire le questionnement sur le bien fondé de ses croyances, principes, codes et lois qui la déterminent. Penser l'efficacité de l'éthique n'a donc pas d'autre sens que de se représenter la structure de sa dualité entre l'individu et la société, pour valider la pertinence du modèle social qu'elle représente, au-delà des savoirs, des rituels et des mythes qui poussent à convaincre, mais ne suffisent pas à imposer.

Tout autre est, bien entendu, la problématique de l'évaluation de l'action éthique proprement dite. Car, même s'il est indispensable de penser la qualité de l'éthique, il ne peut pas être question de la confondre avec un « produit zéro défaut ». L'agir-éthique relève de *la dialectique système-outil* et la révèle, au cas par cas, dans la singularité de situations.

IV.2.2. Les paramètres de l'efficacité. La complexité axiologique (*niveau du système*) et praxéologique (*niveau de l'outil*) de l'éthique, est celle de la relation des phénomènes de l'esprit (le cerveau, l'être bio-psycho-anthropo-social) confrontés aux conditions socioculturelles (la vie matérielle, sociale, politique, etc.), telles que la connaissance scientifique, l'idéologie, la noologie, la paradigmatologie et la logique, les donnent à comprendre. Il ne fait nul doute

194 *Critique de l'efficacité*. Paris, Seuil, 1991, pp.14-15.

que les finalités de l'éthique reposent sur des bases promises à l'efficacité, ce qui est son principe premier et sa valeur essentielle.

Les théories modernes du management et leurs applications ont amené un nouveau regard sur la gouvernance de l'éthique dans les organisations (éducation, santé, travail social, commerce, industrie, numérique, économie, politique, sport, etc.). Elles ont contribué à développer son usage et donc à promouvoir son efficacité sous des formes multiples et variées (éthique de la décision, de la responsabilité, de la discussion, de la conviction, etc.), prouvant en cela que l'éthique est un système intégré à d'autres systèmes, à travers un réseau maillé de processeurs qui fonctionnent en boucles d'actions et de rétroactions. Un tout intégré à la vie des individus, des groupes, des institutions et de la société.

De nombreuses recherches en management menées dans les entreprises les administrations, l'enseignement, les hôpitaux, etc., nous mettent sur la voie d'un schéma réaliste. Ainsi, Gérard Donadieu[195] en s'intéressant à la part du « social » dans l'entreprise, et P. Peyré [196] à la qualité des relations humaines dans les hôpitaux et le travail social, ont repéré des liens de causalité réciproque entre l'efficacité managériale et la gouvernance de l'éthique. Dès lors que l'on conçoit l'éthique comme un *système organisé-organisateur (Fig. 22)*, il devient possible de représenter ce système sous la forme d'un modèle dont la dynamique fonctionne sur la base de trois opérateurs de « la chose organisée » qui définissent ensemble son efficacité. Les observations convergent pour vérifier que l'efficacité générale *(Eg)* de tout système managérial est le produit des actions conjuguées d'une efficacité stratégique *(Es)* couplée à une efficacité organisationnelle *(Eo)*, elle-même liée à l'efficacité humaine *(Eh)*, au service d'un projet où l'éthique intervient.

Ainsi paramétrée du point de vue managérial, la gouvernance de l'éthique peut se décliner suivant ces trois opérateurs qui concourent à son efficacité, en faisant la part de l'efficacité de la conduite du projet (fait managérial, *construit social*) et de de l'efficience des effets obtenus (résultat, *acquis social*). La première est évaluable et

---

[195] Donnadieu G. : « Un nouveau regard sur l'entreprise », *Entrepreprise et personne*, N° 286, mai 1987. Et : *Manager avec le social. L'approche systémique appliquée à l'entreprise*. Paris, Editions Liaisons, 2000.

[196] *Cf.* Bibliographie générale.

contrôlable ; la seconde, moins accessible au jugement objectif, ne peut être comprise que dans sa complexité, à travers de nombreux indicateurs dont *la cohésion sociale* est l'élément de référence en termes de totalité, de transformations et d'autoréglages des performances attendues.

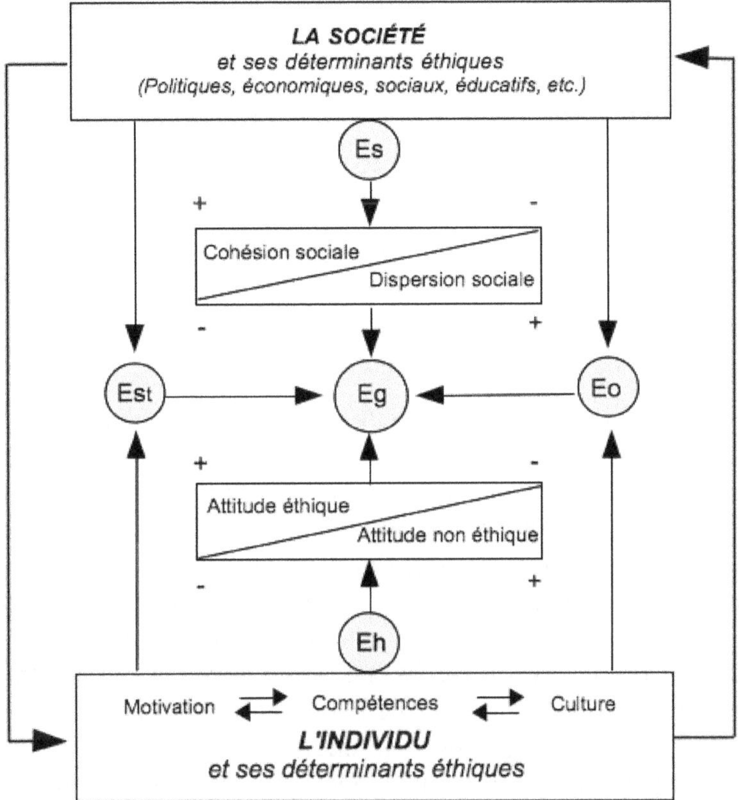

Fig. 22. Les réseaux d'efficacité de l'éthique-système

1. L'*efficacité stratégique* (*Es*), provient du choix de plans d'action coordonnés, individuels et inter-individuels affirmant les valeurs humanistes portées par l'éthique dans l'ordre de l'action collective ;

2. L'*efficacité organisationnelle* (*Eo*), est fonction de l'attention apportée structures sociales et à la qualité des conditions de vie dans les institutions pour atteindre leurs objectifs, en prenant en compte l'optimisation du climat social ;

3. *L'efficacité humaine* (*Eh*), synthèse des deux premières, correspond à la capacité des hommes à mettre en œuvre des stratégies et à faire fonctionner les organisations sous tensions entre la technique et

l'humain. Ce type d'efficacité est dialectique entre le général et le particulier. Elle s'incarne dans une culture voulue et réfléchie de l'éthique où elle se manifeste comme la conjonction de la motivation des acteurs (volonté d'agir et d'adhérer), de *leurs compétences sociales* (condition de l'efficacité individuelle) et de *la culture* (condition de l'efficacité collective, du langage commun, des valeurs partagées, de la reconnaissance d'autrui et de la communication mutuelle).

D'où la formule récapitulative : $Eg = Es + Eo + Eh$.

Du maximalisme au minimalisme, voire au déni d'éthique selon le degré d'ambivalence des contradictions, en passant par les divergences d'opinion ou d'incapacité à être conforme aux normes, l'éthique, de fil en fil et de boucle en boucle, est au cœur de l'organisation.

IV.3. De l'universel au particulier

Le lien est statique en soi, mais il porte en lui tout le potentiel des énergies qu'il connecte et réunit entre elles. Avant de se nouer positivement ou négativement, le lien se polarise ou se dépolarise comme les neurones qui conduisent l'influx nerveux. À l'image de *la biologie de la sélection des idées* et à l'instar des neurosciences de la cognition, le lien participe à la conscience collective à partir des contenus conscients individuels. Aussi faut-il s'attacher à l'état des liens de l'éthique avant qu'ils ne se dégradent et perdent leurs fonctions médiatrices et régulatrices des valeurs morales, au cœur du *tissu social* [197]. Nous rejoignons là encore l'ordre du « réseau-nable » avec L. Naccahe qui observe cliniquement que « l'entretien de la santé des démocraties constitue une mesure d'hygiène de la vie macroscopique fondamentale afin de prévenir l'épileptie de nos sociétés. » (*ibd.,*p. 115).

Le tout que composent ensemble la morale et l'éthique dans les situations où les facteurs individuels et les facteurs collectifs entrent

---

197 Pour la sociologie des rapports sociaux, *le tissu social* représente l'ensemble des interactions entre les individus et les groupes. Avec l'exemple du tisserand éclairant l'art du politique, Platon développe l'idée que l'homme est pris dans le tissu social où il établit des liens qui libèrent autant qu'ils contraignent. Mais la dimension libératrice est ambiguë car elle peut aliéner.

en *résonance* [198] peut être plus ou moins que la somme des parties, selon les régulations des systèmes qui le composent dans ses relations avec son environnement. Ainsi, quand l'éthique est morale et la morale éthique, le tout est supérieur à la somme des parties. Par contre, quand on ne sait plus ce qui est éthique et ce qui ne l'est pas, alors on risque de perdre le fil et d'aboutir à des situations paradoxales, telles que celle évoquée par E. Morin : « les conséquences d'un acte d'intention morale peuvent être immorales »[199]. De même que « la tapisserie est plus que la somme des fils qui la tissent » (E. Morin, 1992, p. 113), l'éthique est un tout dont les liens entre les parties transcendent ceux du sens car, selon les conditions individuelles particulières qui déterminent ce tout et les circonstances objectives générales, matérielles et socio-culturelles dans lesquelles l'action se déroule, l'éthique peut-être (*Fig. 23)* :

1. *Plus que la somme des parties* quand les liens sociaux sont forts, conformes à ses finalités et rencontrent des dispositions favorables dans l'écosystème considéré, c'est-à-dire là où la reliance est efficiente et les *feedbacks positifs majorants* : plus il y a d'éthique, plus l'éthique se propage et se complexifie, et plus il y a d'éthique.

2. *Moins que la somme des parties* quand les liens sociaux se distendent ou se brisent, et que les *feedbacks positifs sont minorants* : plus les valeurs sont en crise et s'effondrent, moins elles sont respectées ; et moins il y a d'éthique, plus les situations se compliquent, et plus le système dysfonctionne. Ses seuils d'efficacité et de fermeté se dégradent. Les pessimistes, annoncent sa mort cérébrale !

3. *Plus et moins que la somme des parties*. Cet état est difficile à reconnaître pour nos structures mentales, mais se conçoit par la force

---

198 Comme par effet miroir ou vibratoire, la résonance est ici vue comme un phénomène où l'attirance, la répulsion et la mémoire interviennent. Consciente et à l'œuvre dans les relations humaines et l'ensemble des liens structurels, logistiques et fonctionnels que nouent les fils de l'éthique, elle est déterminante de l'agir-éthique dans le positif comme dans le négatif.

199 *Op. cit.*, 2004, p. 40.

ÉTAT DU SYSTÈME	CONCEPTION DE LA SITUATION	RAPPORT AU LIEN SOCIAL	ORIENTATION DU PROJET	ACTION À CONDUIRE
A. L'éthique est plus que la somme des parties	L'éthique est la meilleure possible.	Reliance forte, productrice de liens sociaux.	Normalisation et intégration permanentes.	Adapter, surveiller, contrôler, développer, optimiser l'éthique.
B. L'éthique est moins que la somme des parties	L'éthique est déficiente dans son sens, ses valeurs et leurs applications.	Déliance avec tendance au risque d'anomie sociale.	Parer le risque de crise ou de confusion des valeurs.	Ne pas laisser pourrir ni détruire les situations, colmater, redresser.
C. L'éthique est plus et moins que la somme des parties	Minimaliste, l'éthique est une fin en soi, un objet de contemplation. Maximaliste, un dogme. Pour trouver sa voie, l'éthique est appelée à entretenir ses équilibres.	Reliance régulée, par reproduction sociale des liens moraux et éthiques, et effort d'adaptation sociale simultanée aux valeurs évolutives de la société.	Ne pas rester dans la concertation spéculative de pure forme. Développer la conscience de l'éthique : projet-visée (*proaïrésis*).	Observance active engagée vers l'identification des problèmes et la moralisation du sens pratique de l'éthique par les habitudes, l'éducation et la socialisation : projet programmatique (*boulèsis*).

Fig. 23. La dialectique du tout et des parties

du probable et de l'improbable, du maximalisme au minimalisme entre lesquels l'éthique oscille pour accomplir sa route vertueuse entretenue par les *feedbacks négatifs équilibrateurs*. Ceux-ci tendent à maintenir l'homéostasie du système. Mais, avec cette catégorie de feedbacks, l'équilibre s'il est favorable dans un sens, le sera moins dans un autre. On est là dans le monde paradoxal du réel où, comme dirait Paul Watzlawick, « Plus ça change, plus c'est la même chose. » *(op.cit.)*. Drame pour certains, tragédie pour d'autres, le fait est que l'éthique se construit. Elle n'est jamais acquise. À l'image de la tapisserie d'E. Morin, ses fils ne sont pas disposés au hasard. Comme dans tout système, « ils sont organisés en fonction d'un canevas, d'une unité synthétique où chaque partie concourt à l'ensemble. Et la tapisserie elle-même est un phénomène perceptible et connaissable, qui ne peut être expliqué par aucune loi simple » (*ibid.,* p. 114).

V. ÉTHIQUE ET EFFICACITÉ

Avec *l'analyse stratégique des organisations*, Michel Crozier et Erhard Frieberg ont ouvert un champ de réflexion fondamental : « L'acteur n'existe pas au-dehors du système qui définit la liberté qui est sienne et la rationalité qu'il peut utiliser dans son action. Mais le système n'existe que par l'acteur qui seul peut le porter et lui donner vie, et qui seul peut le changer » (*L'acteur et le système*, *op. cit.* 1977, p. 11). Ce sont là des liens inséparables, car l'action sur les structures est vaine sans action sur les hommes et réciproquement. Qu'elle veille donc ou qu'elle agisse, l'éthique est médiatrice, physique autant que morale, pour s'exprimer à travers des comportements visibles et invisibles en quête d'équilibres où l'éducation et l'enseignement ont un rôle majeur à jouer, car « toute éducation est une éducation à la liberté » (J.M. Blanquer, 2020, p. 93).

V.1. L'éthique au cœur du débat

Les progrès de la science et des techniques nous gouvernent, semble-t-il, plus que nous les gouvernons. « Semble-t-il » ? La formule est rassurante, d'autant que le rôle de l'éthique est de conduire à la sagesse et à la sérénité pour entretenir les forces morales, en vue de son efficacité. Hélas, les cris d'alerte se répercutent aujourd'hui dans les organisations, de l'école à l'université, des hôpitaux aux établissements médico-sociaux, et de la ville à la campagne. Élèves, étudiants, enseignants, chercheurs, professionnels de la santé et du travail social, salariés et bénévoles de tous ordres, usagers, chacun se sent dépassé et invoque des valeurs auxquelles il ne croit peut être déjà plus lui-même. Le politique est secoué par le citoyen, vivant la crise qui s'étend, s'exprime avec ses représentants à travers la critique. Mais la critique procède par ordres dispersés. Et l'éthique s'entropise.

Le tout n'est plus supérieur ou égal à la somme des parties, mais perd ses repères d'un individu à l'autre, d'un groupe à l'autre, d'une institution à une autre. L'individu se cherche et son *efficacité humaine* (*Eh*) diminue ; l'institution bégaie et son *efficacité organisationnelle (Eo)* est mise à l'épreuve ; l'intelligence collective des situations est déstabilisée et son *efficacité stratégique* (*Es*) n'est plus opérationnelle. L'éducation, la formation et l'acculturation et la socialisation perdent de leur influence sur les conduites et ne suffisent plus à guider le jugement moral et les comportements. Les individus et la société sont menacés.

Faut-il en déduire que, sous le couvert du discours, l'éthique n'est pas sur le devant de la scène et que, cantonnée aux seconds rôles, elle n'occuperait que les coulisses, laissant les acteurs errer ou s'agiter d'acte en acte, quel que soit leur désir de bien jouer leur partition ? Que se cache-t-il sous le masque (*persona*) de chacun ? On peut s'interroger : les parties ne sont-elles pas en train de prendre le pas sur le tout, au risque de perdre toute *efficacité globale* (*Eg*) en déliant ce qui doit être relié ?

Régulièrement invoquée dans les débats, l'éthique a du mal à se frayer un chemin dans l'ordre des grandes causes prioritaires au niveau de l'État confronté à des urgences plus immédiates. Trop d'obstacles se dressent, pour que l'on puisse vraiment délibérer sur l'éthique. A commencer par l'idée que l'éthique – dont on attend tant depuis des temps immémoriaux – étant politique autant que philosophique[200] –,

[200] Au sens large, la politique est ce qui est de l'ordre de la civilité (*Politikos*), qui désigne la tendance à l'auto-gestion d'une cité ou d'un état cherchant à se construire dans l'exercice du pouvoir, dans une société organisée. Dans un sens plus restreint, la politique est l'art qui concerne la pratique du pouvoir (*Politikè)* ; elle réfère aux luttes de pouvoir et de représentativité entre les acteurs individuels et collectifs s'organisant pour gérer ce pouvoir, aux différents niveaux stratégiques où il se situe (groupes de pression, associations, syndicats, partis politiques).

elle ne peut pas s'imposer d'elle-même au sommet du pouvoir démocratique. Sauf à établir une dictature, seule organisation possible pouvant considérer qu'étant la loi, l'éthique sera ce que le pouvoir lui dicterait d'être et de faire. La loi du plus fort, en somme, avec la crise des valeurs et le risque de l'anéthique.

V.2. S'adapter et/ou critiquer ?

S'il est, au-delà de toutes les organisations, un domaine sensibe qui subit des injonctions lourdes en matière de besoins d'adaptation au changement, c'est bien celui des mondes de la santé et de l'éducation. Séparément et ensemble, ils sont à la croisée d'enjeux fondamentaux, culturels, sociaux, économiques et politiques où l'éthique intervient : enjeux vertueux quand elle relie, et enjeux pervers quand elle est absente ou instrumentalisée et que tout vacille et se délite.

Philosophe politique, Barbara Stiegler s'intéresse au mal qui ronge aujourd'hui la santé, l'éducation et la retraite. Elle observe et ausculte la crise. « Il faut s'adapter », juge-t-elle en ces termes incisifs comme un coup de scalpel, qui font le titre de son récent ouvrage[201] où la critique est claire, qui met le *néolibéralisme* au banc des accusés. Face à la colonialisation progressive du champ économique, social et politique par le lexique biologique de l'évolution en voie de faire de la santé et de l'éducation des machines à trier, s'adapter n'est plus un simple besoin naturel, c'est « un nouvel impératif » indique le sous-titre du livre. Il faut s'adapter, mais à qui, à quoi, et pour quelles causes ? Le tri commence dès le collège, observe l'auteure. Car il faut transformer les mœurs et les adapter aux exigences du marché en produisant des individus compétitifs. Dans leurs convergences l'éducation apportera des outils pour faire des êtres flexibles et adaptables, et la santé des moyens pour améliorer la souche humaine en transformant le système. Une *biopolitique*, en somme, faisant le lit d'un *projet néolibéral* susceptible de bouleverser les pratiques de l'enseignement, des soins et de l'action sociale. La santé désormais valorise l'innovation. Mais que sera-telle demain ? Jugé archaïque, le modèle de la médecine clinique construite autour de la souffrance du patient est en train de devenir obsolète. Il correspondait à un modèle

---

[201] Stiegler B. : *Il faut s'adapter. Sur un nouvel impératif. Paris, Gallimard* (NRF essais), 2019.

de « médecine réactive » auquel on oppose désormais un modèle de « médecine proactive » porté par le fantasme de l'élimination de la souffrance et de la maladie, fantasme du patient qui ne serait pas malade. La question des ressources est au centre du débat. La prise en charge financière et médicale est mise à mal. On classe les souffrances, on fait du tri. Dans les services et aux urgences dans les hôpitaux, la crise s'installe et dure. Partout on cherche des solutions : nouveau baccalauréat avec ses *connaissances transversales* qui aident à s'adapter à un monde compétitif mais délaisse le sens critique, et *politique des 4P* de la santé, qui prône une médecine prédictive, préventive personnalisée et participative. La liste n'est pas close…

Il faut s'adapter. Et quand l'environnement change, l'évolution se met en quête de nouveaux équilibres pour retrouver de nouvelles phases de stabilité relative, de régulation, d'homéostasie. D'où la grande question : l'éthique d'aujourd'hui pourra-t-elle être un pare-feu moral et démocratique, face à la colère qui gronde dans un monde en quête de solutions « efficaces » ?

RÉSUMÉ. L'éthique se construit dans le moule *de la socialisation* à travers laquelle elle développe les compétences nécessaires à la culture des liens qui entretiennent et développent le jugement moral*. Carrefour de dimensions microsociales et macrosociales, qui englobent les relations humaines les plus intimes et les plus générales comme la spiritualité, la religion et la démocratie, le système est un retour sur investissement. Un processus que *l'outil* a pour fonction de mettre en œuvre au service du bien commun.

Pour que le système et l'outil soit efficaces et efficients, la *dualité morale/éthique* ne doit pas se confondre avec la *duélité* de deux termes identiques qui se réduiraient à une *opposition bipolaire* véhiculant l'illusion de pouvoir trancher le nœud gordien inaliénable. L'heure n'est pas à la séparation des concepts. Le moment est celui des *groupes* ou *espaces de réflexion éthique* dans les organisations, qui sont des agents de socialisation. C'est un passage obligé entre le *Politikos* et le *Politikè* pour mobiliser les consciences et les énergies. Car, même si l'on ne saisit pas toujours la différence entre la morale et l'éthique, et qu'on les hiérarchise entre modèles rationnels et modèles de séduction (par commodité langagière ou accomodation personnelle allant d'une *méta-morale refoulée* à une *néo-éthique* pleine d'espérances), on n'échappe pas à la dualité des deux termes fondateurs qui nous prennent en otages entre deux miroirs de vérités, aussi puissants l'un que l'autre pour refléter les mêmes sens aux nuances près de termes qui les dénomment.

Dialectique sans fin, dialectique critique du discernement que n'épuisent ni les contradictions ni l'incomplétude des savoirs, l'éthique n'est pas désespérante face à une morale que nous pensions inébranlable, mais dont les valeurs s'effondrent au risque de dénaturer les liens qui les unissent. Du système à l'outil que transcende la morale, l'éthique est en quête d'ajustements permanents et de perpétuels recommencements. C'est ce qui la rend attachante, quels que soient les embarras où elle se plonge et nous plonge avec elle, dans la plénitude de sa complexité. L'éthique est joyeuse car elle est belle. Belle de l'histoire de chacune de nos vies, quand nous les regardons en face. Histoire qui nous réunit, et porte en elle les espérances de la société, qui sont nos inquiétudes et nos harmonies.

CHAPITRE VII

MOTS-CLÉS COMMENTÉS

Un mot-clé est un mot ou un groupe de mots qui a une importance particulière pour un texte et qui, mieux que le texte peut faire le travail du texte. Il ouvre à la réflexion et à la vérification en déclinant son identité. Il résume le ou les sens qui le qualifient et coordonne les thématiques. Au plus près de l'idée principale, les mots-clés sont là pour éclairer le lecteur et faciliter l'anticipation critique de sa réflexion.

De l'un à l'autre, les mots-clés commentés créent un réseau de significations qui aident à la perception objective du propos, contrôlent sa logique et témoignent de sa cohésion en rendant compte de son unité.

Ni index ni appendice, ce septième et dernier chapitre est destiné à rassembler les principaux termes et concepts trans-spécifiques du présent ouvrage dans un espace commun de définitions théoriques et pratiques, qui prolongent la lecture des précédentes parties et y renvoient à la fois. Quête inachevée et inachevable de sens, ce petit dictionnaire en forme de vademecum coiffe l'ouvrage avec des mots qui invitent à la délibération intra et inter-personnelle pour ne pas perdre de vue les liens du savoir et de la réflexion entre gnose et épitémè.

1. APPRENTISSAGE SOCIAL. Le concept d'apprentissage social renvoie aux travaux de Bandura, Rotter, Vygotski et Bruner. Bandura (Etats-Unis) distingue l'apprentissage par *imitation* (reproduction du comportement d'une personne prise comme modèle) du *modelage* (reconstruction active de la part de l'apprenant). Cet apprentissage s'incarne dans le phénomène de *l'empreinte* étudié les éthologues et les psychologues (Lorentz et ses oies cendrées). Pour le psychologue soviétique Vygotski, il ne peut y avoir de développement individuel que par le biais de la *socialisation.* Tout apprentissage est donc, par définition, un fait construit et acquis socialement. Selon l'américain Bruner, psychologue cognitiviste, les modèles apportés par les éducateurs, parents, maître, amis, contribuent à l'émergence de conduites nouvelles chez l'enfant.

Dans son rapport à l'éthique, *l'apprentissage social* est inscrit au plus profond du *processus de socialisation.* Il pose la question de l'inné et de l'acquis. L'éthique est-elle le propre de l'homme et inscrite dans les gènes ? Relève-t-elle de l'instinct ? Instinct communautaire, de protection, de résilience ? Ou, comme l'affirment les philosophes qui considèrent que nous sommes des êtres de morale autant que de culture, dans l'homme et dans la société à la fois ? L'éthique est-elle régie par les lois d'une grammaire universelle inconsciente, inscrite dans des codes pour réprimer les instincts animaux de la nature humaine et rendre possible la vie en société, en luttant contre tout ce qui peut faire « mal à l'humain » ? Ou bien, raison pratique, laïque ou religieuse spécifiquement humaine en l'état de la vie des espèces sur la terre où seul l'homme possèderait les capacités intellectuelles nécessaires pour réprimer ses pulsions, l'éthique est-elle exclusivement acquise, pragmatique et lisible, partout où les hommes la pratiquent, l'enseignent et la répandent au fil des évolutions ?

L'éthique est un vécu permanent et continu dans la recherche de soi, de l'Autre et du bien opposé au mal. Elle est dans *le faire,* travail, œuvre et praxis (H. Arendt), qui répond à ce besoin inné que prolonge l'acquis en développant le lien social, qui donne le « la » de la partition entre égoïsme, altruisme et ouverture au monde. Apprendre, c'est se socialiser. C'est tisser et potentialiser des liens cognitifs, affectifs et sociaux pour savoir vivre en société. Rencontre et assemblage de tous les liens humains et sociaux qu'elle exprime, l'éthique est *liance* qui permet d'acquérir des compétences intellectuelles pour savoir, et *reliance* qui permet de comprendre et de s'épanouir au contact d'autrui en développant les *compétences sociales* nécessaires à l'expression du *sens social.* Apprendre est fondamental pour « bien progresser en savoir et en vertu », affirme Rabelais dans la « Lettre à Gargantua » (*Pantagrue*l, 1532, chap. 8). L'éthique est un voyage que l'on ne fait jamais seul : « Il faut voyager pour frotter et limer sa cervelle contre celle d'aultruy », pensait Montaigne (*Les Essais*, Livre I, 1595).

La façon d'entrer en contact avec quelqu'un, parent, ami, inconnu, de le saluer, de se montrer discret et respecteux, la conduite au travail, le comportement en famille dans un lieu public ou la relation amoureuse, etc., relèvent d'apprentissages différents, qui obéissent aux mêmes fins du savoir et pouvoir vivre ensemble. Manifeste ou latente, l'éthique est partout en puissance, et l'*apprentissage social* en est la clé de voûte qui potentialise les énergies, quand elle ne les détruit pas dans la violence et l'anomie. Inscrite dans un réseau de savoirs et de compétences qui participent directement à la *sociabilité* (instinct à vivre en société) et à la *socialité* (résultat de la tendance à satisfaire cet instinct) l'éthique développe la capacité des individus et des groupes à vivre ensemble pour s'adapter et évoluer au sein de la société.

L'éthique, au-delà du caractère inné et des tendances naturelles au conformisme moral, est donc le produit d'un *apprentissage social* au sens d'une éducation morale plus ou moins formelle et encadrée, *auto-, co- et écosystémique* (en soi, par soi et pour soi, avec et pour les autres) dans des environnements donnés et appropriés. Cet apprentissage est permanent (il dure toute la vie) et continu (les savoirs se cumulent, s'intègrent, se reproduisent en laissant l'empreinte des expériences vécues, heureuses ou malheureuses).

Le *développement moral* de l'individu est le fruit de l'apprentissage social qui se réalise tout au long de la vie. Libre, empirique ou encadré l'apprentissage social de l'éthique se propage avec plus ou moins d'efficience, d'effectivité et d'efficacité selon les milieux. La tendance est aujourd'hui à l'institutionalisation de structures appropriées dans les collectivités. Des conseils, commissions, groupes de réflexion se constituent. Ces groupes sont, en général pluriprofessionnels, pluridisciplinaires et multicatégoriels ; ils abordent méthodiquement les situations problèmes sous l'angle de la délibération éthique et de l'agir éthique (*éthique casuistique*). La parole y est ouverte et respectée. Le fonctionnement régi par des chartes. Les objectifs sont de sensibiliser à la réflexion afin d'éclairer les décisions, de donner du sens aux pratiques professionnelles, bénévoles ou citoyennes pour promouvoir la culture de l'éthique. Consultés, ils donnent des avis.

Les robots de demain, apprendront-ils l'éthique, sauront-ils l'enseigner et seront-ils capables d'en perpétuer le sens originel afin d'optimiser les pratiques morales individuelles et collectives ?

2. AXIOLOGIE. L'axiologie se définit, soit comme la science et théorie des valeurs sociologiques et morales, soit comme une discipline philosophique ayant trait à l'étude des valeurs dans leurs différents domaines. Les valeurs morales contribuant à affirmer les finalités de la vie en société, l'axiologie a une place et un rôle essentiels dans l'éducation où elle tend à recouvrir le champ de la philosophie dans ce domaine où l'éthique est impliquée (finalités de l'éducation, réflexion sur les disciplines enseignées, les méthodes, les principes, la relation pédagogique, les attitudes éducatives, les ressources allouées, etc.). Il en est de mêmes dans le domaine de la santé et de toutes les activités institutionnalisées de la vie publique, aux carrefours des relations publiques et privées où se joue la qualité et le destin du vivre ensemble (éthique de l'éducation, bioéthique, éthique médicale, éthique du management, éthique de l'environnement, etc.).

L'axiologie suit deux axes complémentaires : 1) Le recensement des valeurs sur lesquelles s'accorde un groupe humain déterminé. En ce sens, elle tend à recourir à la sociologie, pour décrire les valeurs recevant l'approbation de tel ou tel groupe social. 2) La réflexion sur la nature et l'origine des valeurs. On se situe alors dans une perspective philosophique (qui crée les valeurs : la société ou les individus ?) Pourquoi les valeurs s'imposent-elles ? A propos de l'éducation ou de la santé, par exemple, peut-il y avoir apprentissage, attention à autrui, soins et protection, s'il n'y a pas foi dans les principes et les valeurs de l'éducation, de la médecine et la justice ? Comment les valeurs sociales d'un groupe humain se reflètent-elles dans ce groupe ? Comment les individus, les groupes et les institutions peuvent-ils à la fois maintenir et dépasser l'état de leurs valeurs actuelles pour s'adapter au changement ?

Ces questions relèvent de l'axiologie dans le cadre de toutes les applications où l'éthique se généralise et se particularise à la fois. Mais, si les buts des institutions sont en principe liés aux valeurs sociales en usage, le terme d'axiologie est souvent limité aux buts endogènes limités à l'espace de ces institutions. D'où la réduction fréquente du sens de la notion d'axiologie à celle d'ensembles d'objectifs localisés, sans faire la part des finalités générales, particulières et intermédiaires auxquelles l'organisation doit répondre globalement en tenant compte des facteurs environnementaux. Les effets de ce réductionnisme peuvent se propager sous la forme d'un utilitarisme pervers, synonyme d'*instrumentalisation* (efficacité pour l'efficacité, compétition, productivité, etc.) mettant en œuvre des moyens partiels et partiaux qui négligent les valeurs morales de l'éthique, et prennent le risque de produire de la déliance structurelle et sociale.

3. AXIOME, AXIOMATIQUE. Autrefois affirmation évidente, *l'axiome* est une « proposition tenue pour vraie par convention et servant de principe premier » (Cardinet), dont l'histoire est signifiante en termes de synonymie ancienne avec les origines de la morale. En mathémathiques, « l'ensemble des axiomes nécessaires pour fonder une théorie est l'axiomatique de cette théorie » (Stella Baruk : *Dictionnaire de mathématiques élémentaires*, Seuil, 1992, p. 45).

L'éthique, procède d'une *axiomatique*, c'est-à-dire d'un art des valeurs et des règles en tant que démarche d'une pensée méthodique fonctionnant suivant un ensemble de principes posés a priori, les *axiomes*, qui servent de base à un système de déductions qui oriente les conduites. Comme dans toute démarche de la raison, c'est à partir d'axiomes que l'éthique s'est construite en faisant découler ses propositions les unes des autres. Ce qui signifie que si l'on remonte la chaîne des valeurs, on doit revenir à un ou plusieurs axiomes, indémontrables, sources d'incertitudes, puisque non déduits de propositions antérieures. Toute axiomatique impose en effet la cohérence entre les axiomes qui la composent. Ainsi, les sciences pédagogiques et l'éthique ne sont pas composées de propositions déductibles ; elles exigent une cohérence interne et des raisonnements qui leur imposent, lorsqu'elles s'appuient sur des principes *a priori*, de constituer *une axiomatique*. Les principes de l'éthique, comme ceux de l'éducation, ne doivent donc pas être contradictoires entre eux et pouvoir composer un système de directions morales et pédagogiques. En ce sens, la philosophie de l'éthique, loin d'être une simple juxtaposition de valeurs ou de finalités qu'un groupe social s'assigne, gagne à se présenter comme ayant une axiomatique dont la cohérence interne et la systématisation logique sont vérifiables.

Ceci signifie que les principes premiers de l'éthique, qui composent une axiomatique en relation directe avec ceux de la socialisation et de l'éducation, doivent être énoncés clairement et recevoir une élucidation aussi complète que possible. Entre conscience et discernement, l'axiomatique et l'axiomatisation n'échappent donc pas à la *réflexion éthique*, lorsqu'il s'agit de penser *l'agir éthique* comme un système complexe dans ses dimensions théoriques et pratiques, individuelles et collectives, personnelles et institutionnelles, particulières et générales, intuitives et calculées, empiriques et scientifiques, inductives (du particulier au général) et déductives (du général au particulier), etc.

Dialectique entre le tout et les parties, l'axiomatique de l'éthique ne se réduit pas aux seuls bons sentiments, qui lui servent de stéréotype simplificateur.

4. COMPÉTENCE(S). Du latin *competere*, le premier sens est : *chercher à obtenir ensemble, en concurrence* ; il s'étend à : *rivalité* et a été supplanté par *compétition*, mot de la même famille. Le second sens est : *se rencontrer, coïncider, s'accorder, convenir. Rencontre, accord, symétrie*, la compétence est ainsi correspondance entre d'une part, des connaissances, et d'autre part des actes. La compétence, c'est l'aptitude, la capacité à accomplir certaines tâches. Relativement à l'éthique – compétence en soi –, on observera que le terme englobe les notions de *lien, d'entente et d'ouverture*, car compétence vient aussi de *competens* : *ce qui va avec, ce qui est adapté à*, et procède, par extension, d'un sens juridique : est compétent celui « qui a le droit de connaître d'une matière », et par là-même de « bien juger d'une chose en raison de sa connaissance approfondie » en cette matière.

De l'individuel au collectif, et comme les compétences sociales dont elles sont une forme transversale[202], on peut décliner *les compétences éthiques* au singulier et au pluriel, selon le contexte et les situations particulières où elles interviennent. Complémentairement aux *compétences éthiques collectives* qui la guident, l'englobent, la réfractent et sur lesquelles elle se réfléchit, la *compétence éthique individuelle* est une compétence propre à l'individu en interaction avec le milieu. Pensées individuellement et vécues collectivement, les compétences éthiques sont produites et mobilisées par un individu au départ (en amont de l'action), elles sont en interaction avec les éléments matériels, physiques et sociaux de la situation (l'écosystème au sein duquel l'événement a été, sera ou est produit), mais elles sont surtout liées (au niveau de l'activation du processus) à la réactivité de l'autre et des autres qui font partie du contexte de ce procès en

---

[202] Est *spécifique* une compétence dont la « production se réalise dans une classe limitée de situations ». Est *transversale* une compétence dont la « production se réalise dans une classe large de situations » (G. Wittorski, « De la fabrication des compétences », in : *La Compétence au travail.* Education Permanente, n° 135, pp. 57-69, p. 68).

situation, à la manière d'un acteur qui donne la réplique. Si bien que, si l'on veut appréhender la compétence éthique au niveau individuel, la distinction s'impose entre *être éthique* (état potentiel, plus ou moins stable) et *avoir de l'éthique* (fait avéré, quand le pourvoir être éthique est agi), car le processus éthique n'a de sens qu'au niveau dynamique de *l'être collectif* de la situation où il est engagé dans l'altérité (transformation).

Toute compétence éthique est une compétence co-élaborée dans l'interaction interpersonnelle tissée d'intentionnalités croisées entre partenaires liés dans le contexte d'une situation psychosociale partagée. La compétence éthique est *individuellement* une *compétence intrinsèque* (endogène, autoréférente), et *collectivement extrinsèque* (exogène par rapport à l'individu). C'est ce caractère collectif, qui donne à l'éthique sa *marque sociale* et son *empreinte sociétale* entre le déterminisme culturel et la liberté individuelle, le hasard et la nécessité, l'ordre et le désordre des enchaînements des relations sociales passées, présentes et à venir entre individus d'une même culture ou de cultures différentes, d'où l'importance fondamentale des processus de socialisation et d'acculturation dans les questions éthiques.

5. COMPÉTENCES SOCIALES. Avant d'être sociales et donc de pouvoir être déclinées dans chacune des dimensions, composantes et indicateurs qui les caractérisent, les compétences sociales sont d'abord des compétences. Elles demandent à être comprises (saisies ensemble) parmi toutes les autres formes de compétences spécifiques et transversales, comme des facteurs de qualification et d'épanouissement de l'homme en société, dans la vie personnelle et professionnelle. D'après la définition de Michael Argyle[203] : « Les compétences sociales sont des patterns de comportement social qui rendent les individus socialement compétents, c'est-à-dire capables de produire les effets désirés sur d'autres individus » (1996, p.87). Les compétences sociales représentent une classe générale de compétences dont l'éthique fait indissociablement partie.

Au singulier ou au pluriel, les compétences sociales qui intéressent la psychosociologie, *discipline charnière*, ouverte à toutes les formes d'interactions sociales et de relations inter et transdisciplinaires, sont

203 « Les Compétences sociales », in *Psychologie sociale des relations à autrui*, sous la dir. de Serge Moscovici, Nathan Université, 1994, pp. 87-118.

« un concept aux frontières »[204] des disciplines scientifiques qui les étudient, et des pratiques sociales qui les mettent en œuvre dans la vie quotidienne.

Les compétences sociales (*social skills*) sont des *configurations* comportementales assez spécifiques qui rendent les individus compétents dans certaines situations sociales. Ainsi l'*agir-éthique* s'incarne-t-il, pour et par la vertu de l'excellence, dans les situations de la vie sociale relationnelle dont il est une composante axiologique cardinale, puisqu'en raisonnant par l'absurde on peut se demander laquelle, parmi l'infinité des compétences sociales, pourrait bien ne pas être éthique. Car, ne pas « être éthique », cela signifierait anomie et *incompétence sociale*, par incapacité d'établir et de maintenir des liens sociaux avec la personne d'autrui.

6. COMPLEXE, COMPLEXITÉ. C'est un truisme de dire que l'éthique est complexe. « La complexité est un mot problème et non un mot solution » (E. Morin,1992). Système et complexité se rencontrent pour faire de la pensée complexe une *théorie constructiviste,* une théorie qui « ne propose pas un résultat, une vérité définitive, immuable, divine, mais un processus, une construction » *(ibid.).* C'est cette conception des systèmes complexes que développe J.L. Le Moigne qui, s'inspirant des travaux des précurseurs de *l'analyse systémique* (Héraclite, Pythagore, Hippocrate, Brentano, Pascal, de Condillac, Bertalanffy, Bateson, etc.), prône la pluralité des méthodes d'approche de la réalité dans ses ouvrages : *La théorie du système général, Théorie de la modélisation*, 1977, 1984 ; *La Modélisation des systèmes complexes*,1990 ; et *Le constructivisme*,1994. En imaginant *le macroscope*, ce nouvel outil de représentation (instrument symbolique), J. de Rosnay avait déjà apporté un regard neuf sur la nature de « l'infiniment complexe » grâce à un ensemble de méthodes et de techniques empruntées à des disciplines très différentes (*Le Macroscope. Vers une vision globale*, 1975).

Bien que marquant la rupture avec le rationalisme cartésien, l'approche systémique reste complémentaire de ses préceptes qu'elle n'exclut pas. Les voies de la perception sont ainsi renforcées et celles de l'action optimisées. De fait, comme l'établit E. Morin au fil de son

[204] Peyré P. : *Compétences sociales et relations à autrui. Une approche complexe*, Paris, L'Harmattan, 2000, p. 41.

œuvre, en posant le problème du « paradoxe de l'un et du multiple », *la complexité* (*complexus* : ce qui est tissé ensemble) « se présente avec les traits inquiétants du fouillis, de l'inextricable, du désordre, de l'ambiguïté et de l'incertitude… D'où la nécessité, pour la connaissance, de mettre de l'ordre dans les phénomènes en refoulant le désordre […] de désambiguïser, clarifier, distinguer, hiérarchiser… Mais de telles opérations, nécessaires à l'intelligibilité, risquent de rendre aveugle si elles éliminent les autres caractères du complexus… » (1992, p. 21).

7. CONGRUENCE. Attitude profonde, la congruence, à travers liens et espaces, est un *indicateur-clé* de l'éthique. En *géographie*, on parle de congruence pour signifier l'adaptation réciproque. En *sémiotique* le terme indique les homologies partielles pouvant être établies entre différentes couches de signification au sein d'un système pluri-isotopique. En *psychothérapie* il désigne la correspondance exacte entre l'expérience et la prise de conscience (Carl Rogers). En *psychosociologie*, la congruence est la marque d'une attitude existentielle et morale d'adéquation entre le discours et les actes.

Adaptation, homologies, correspondance, bref, relation idéale – comme *en anatomie* où deux surfaces articulaires sont congruentes lorsqu'il y a un emboitement parfait –, *la congruence* en matière d'éthique signifie tous ces termes à la fois et les humanise. Hélas, pas plus les relations sociales que les os n'échappent aux vicissitudes de la vie en société et de la maladie ! C'est pourquoi l'éthique, expression canonique d'une compétence sociale identifiable donne à l'agir sa valeur d'exemplarité : « dire ce que l'on fait et faire ce que l'on dit ».

8. CONSCIENCE, CONSCIENCE MORALE. Connaissance que l'on a de soi-même et capacité de se juger à l'aune de sa propre réalité, *la conscience* se définit d'un point de vue psychologique, comme la « relation intériorisée immédiate ou médiate qu'un être est capable d'établir avec le monde où il vit ou avec lui-même » (*Dictionnaire de philosophie*). D'un point de vue philosophique, l'idée de Socrate est que c'est un devoir qu'il est bon et nécessaire de savoir « prendre conscience de sa propre mesure, sans tenter de rivaliser avec les dieux. ». La conscience est reliée, entre autres notions connexes, aux termes de connaissance, de mémoire, d'émotion, d'existence, d'intuition, de pensée, de psychisme, de phénomène, de subjectivité, de sensation et de réflexivité (*bewusstsein* en allemand, et *consciousness* en anglais).

Au sens moral elle est « cette capacité de nous rapporter subjectivement nos propres états mentaux ». Elle consiste à porter des jugements de valeur moraux […] sur des actes accomplis par soi ou par autrui (*gewissen* en allemand, et *conscience* en anglais). En tant que critère de catégorisation, elle représente le trait distinctif caractérisant l'humanité d'un sujet (*conscience individuelle*) et, par extension, la spécificité caractérisant l'ensemble des sujets de l'humanité (*conscience collective*). Par métonymie, *la conscience* désigne la totalité formée par l'ensemble des représentations d'un sujet conscient, tout au moins de ses représentations conscientes. Mais en rapprochant les individus, les groupes sociaux renforcent la nécessité d'avoir une vision complexe des choses au sens où L. Naccache interroge le lien entre la sociabilité et la solidarité : « Pour penser, il faut avoir une continuité de vie intérieure. J'ai besoin de cela pour suivre mon fil »[205]. C'est à ce niveau des relations humaines et de la communication, que la personne se distingue de l'individu et s'implique en activant ses compétences éthique, cognitives et sociales réunies.

Si la conscience est une expérience prégnante pour tout être humain avec ses prises, ses épanouissements et ses crises, elle n'en reste pas moins, comme le souligne André Comte-Sponville « l'un des mots les plus difficiles à définir » (*Dictionnaire philosophique*, PUF, 2001, p.127). Difficulté qui se heurte à la problématique d'une conscience tentant de s'auto-définir. En effet, la possibilité qu'aurait une faculté de se discerner elle-même ne fait pas consensus et connaît des contradicteurs. Un proverbe bouddhiste formule l'adage selon lequel « un couteau ne peut se couper lui-même », et Auguste Comte assure que personne « ne peut [...] se mettre à la fenêtre pour se regarder passer dans la rue ». Défi de, ou défi à la conscience ?

9. CONTEXTE, CONTEXTUALISÉ. Dans l'épistémologie écosystémique batesonnienne « le terme contexte indique l'ensemble vivant – l'écosystème – composé d'un organisme et de son environnement, indissociables et liés par une constance dans la relation. » (*Dictionnaire clinique des thérapies familiales systémiques*, 1988, p. 88).

De l'individu à l'institution, en passant par le groupe, l'organisation des structures et des relations interpersonnelles, *le contexte* est à la

---

205 Entretien avec Loup Besmond de Senneville, *La Croix*, 08/09/2018.

fois l'organisation et le milieu dans lequel l'adulte travaille (transforme des objets), se forme et œuvre à des projets (se transforme en transformant). Soumise au principe de réalité, l'organisation doit se battre pour s'adapter et survivre. Or, les acteurs sociaux font partie de l'organisation. Ils doivent s'y conformer tout en agissant sur elle (*praxis*). Ainsi l'éthique, comme tout système organisé-organisant, n'est pas indépendante des institutions sociales.

Il faut donc se défier des éthiques plaquées, dépersonnalisées, c'est-à-dire sans véritables liens avec la réalité dynamique des milieux où on les observe.

10. CYBERNÉTIQUE. *L'éthique est un système ouvert.* Ses mécanismes et son fonctionnement procèdent des théories de l'information et de la communication, qui concernent tous les organismes vivants (Norbert Wiener). La transformation et la conservation des énergies en jeu dans ces systèmes sont cœur des phénomènes de régulation internes et externes qui s'y déroulent. Les thérapies familiales systémiques, par exemple, se sont développées avec les travaux de l'anthropologue, psychologue et épitémologue G. Bateson en prenant la famille et son contexte comme unité de base de l'observation et de l'intervention. Avec Carlos Sluzki (*Dictionnaire clinique des thérapies familiales systémiques*, *op. cit.*, p. 97), on voit apparaître la carte simplifiée des cybernétiques. Celui-ci distingue les « cybernétiques d'ordre UN » où le système observé est considéré comme séparé de l'observateur, cybernétiques qu'il divise en « cybernétiques de première vague » (centrées sur la façon dont les systèmes maintiennent leut homéostasie), et de « seconde vague » (centrées sur la façon dont les systèmes changent leur organisation). Viennent ensuite les « cybernétiques d'ordre DEUX », dites « nouvelles cybernétiques », qui incluent le rôle de l'observateur dans la construction de la réalité qu'il observe ? Une ligne et franchie dans l'approche de la complexité, qui éclaire l'éthique-système !

11. DISCERNEMENT. Capacité à apprécier ou à juger avec justesse et clairvoyance des faits et des situations, le discernement est la faculté de reconnaître distinctement en faisant un effort des sens et de l'esprit pour « y voir clair ». Le discernement peut se rapprocher de l'instinct ou de l'intuition et aider à discriminer le vrai du faux, sans prétendre à l'objectivité absolue. Ainsi agit-on de manière plus ou moins « consciente », éthique et responsable selon son niveau de discernement.

Lié à la conscience morale et aux apprentissages via la socialisation, *le discernement* est en rapport avec les facultés mentales, du double point de vue de la valeur intellectuelle et morale de la réflexion et de la capacité à prendre des décisions saines et équilibrées. Cette quasi évidence, ne devant en aucun cas laisser subsumer l'idée que la capacité à agir de façon éthique est totalement liée à la performance intellectuelle, au sens où l'on en viendrait à confondre le Q.I. que tout le monde connaît, avec un présumé Q.E. (quotient éthique) imparablement réducteur. Chaque jour ne nous apporte-til pas la preuve de l'opposition injuste et déséquilibrée entre l'efficiente bonté naturelle des plus intellectuellement modestes, et la ruse perverse des sophistes calculateurs à l'efficacité persuasive ?

12 ÉCOLOGIE DES LIENS (conscience écologique). Selon E. Morin, la complexité comme la méthode qui permet de la penser, procèdent d'une véritable écologie des liens. Dans « complexité », on retrouve en effet *plexus* (entrelacement) et *plectere* (tresser). Penser à tous les liens qui tressent l'éthique, c'est chercher à les comprendre (*cum prehendere,* prendre ensemble), à les saisir globalement (concevoir), mais à les distinguer aussi, à les discerner au sens où : « le complexe – ce qui est tressé ensemble – constitue un tissu de fils étroitement unis, même si ces fils sont extrêmement divers : « La complexité vivante, c'est bien de la diversité organisée » (*La méthode. 2. La Vie de la Vie.* 1980, éd. 1985, p. 361). La pensée du philosophe et sociologue rejoint celle du mathématicien, philosophe et moraliste Pascal (*Pensées*) : « Donc, toutes choses étant causées et causantes, aidées et aidantes, médiates et immédiates, et toutes s'entretiennent par un lien naturel et insensible qui lie les plus éloignées et les plus différentes, je tiens pour impossible de connaître les parties sans connaître le tout, non plus que de connaître le tout sans connaître particulièrement les parties ».

Pour le psychiatre-psychanalyste J. Miermont traitant des *archaïsmes dans la modernité*, le lien est : « ce qui unit une personne à d'autres personnes, à soi-même, et aux choses. Ces "choses" peuvent être des objets matériels, imaginaires ou symboliques qui caractérisent autrui ou soi-même. Il peut s'agir également d'un lien à des entités immanentes (le lien à sa propre pensée ou à l'esprit d'un groupe) ou transcendantes (le Cosmos, Dieu, etc.). L'enfant est lié à ses parents, à ses frères et sœurs, à ses grands-parents, à ses compagnons, à ses jouets, à sa maison. Mais il est également lié à lui-même, à l'esprit de sa famille et de la société dans laquelle il vit. Il se trouve ainsi sous l'emprise d'émotions, de pensées et de croyances. »[206]. Ainsi, le *processus de construction éthique* suppose que le sujet-auteur-acteur de cet objet de relation quasi transitionnel au sens winnicottien, et les autres protagonistes individuels ou collectifs, qui participent à cette démarche s'inscrivent dans un mouvement qui relie chacun à son histoire personnelle pour affirmer son identité et ses intentions (transformation opératoire de données), tout en reconnaissant celles de l'Autre (ajustement, auto-régulation, totalité), conformément à la philosophie de Paul Ricœur définissant les différentes relations en matière d'éthique (*Septième étude. Le soi et la visée éthique*, p. 227) :

- *relation avec soi-même,* selon l'idée d'Aristote d'une vie bonne ;
- *relation avec les autres* par la recherche de l'amitié et de la sollicitude ;
- *relation avec les institutions* par le sens de la justice et la recherche de l'égalité (« C'est par des mœurs communes et non par des règles contraignantes que l'idée d'institution se caractérise fondamentalement »).

L'éthique est un *écosystème social.*

13. ÉCOLOGIE DE L'ACTION. *L'agir-éthique* étant l'expression des capacités à vivre en harmonie avec l'environnement (soi, les autres et les choses), ces capacités rentrent de plain-pied dans le champ de l'écologie de l'action : « Toute action échappe à la volonté de son auteur en entrant dans le jeu des inter-rétro-actions du milieu où elle intervient. Tel est le principe propre à l'écologie de l'action … L'écologie de l'action c'est en somme tenir compte de la complexité qu'elle suppose, c'est-à-dire aléa, hasard, initiative, décision, inattendu, imprévu, conscience des dérives et des transformations… » (E. Morin, *Grand Débat du Réseau Intelligence de la Complexité*, 1er décembre 2010). L'enjeu est donc d'apprendre à se référer à un discours sur la Méthode, analyse l'auteur : un « discours de circonstance» écrit-il en développant l'idée d'une épistémologie non cartésienne qui invite à « affronter les conséquences de l'invasion de la technoscience sur la démocratie, sur la vie quotidienne et enfin sur la pensée. Nous avons à réapprendre à voir, à concevoir, à penser, à agir. Nous ne connaissons pas le chemin, mais nous savons que le

---

206 Miermont J. : *Ecologie des liens*, Essai. ESF (Communication et complexité), Paris 1993, p. 17.

chemin se fait dans la marche. ... » (E. Morin *et al.*, *Un nouveau commencement*, 1991, Seuil, p. 9).

En tant que démarche de l'esprit, l'éthique n'échappe pas à la logique du projet alternatif de « l'Agir↔Penser en Complexité » en général, et de sa propre gouvernance en particulier, dont la mission commence au seuil du besoin de ré-apprendre ensemble, chemin faisant, à voir, à *concevoir*, à *penser* et à *agir*, sans jamais séparer ces catégories verbales lorsque nous les distinguons, puisque chaque verbe interagit sans cesse avec tous les autres verbes qui se prononcent lorsque nous parlons aux autres et à nous-mêmes.

14. ÉCOLOGIE DE L'ESPRIT. Pour comprendre le comportement humain et social de l'individu, G. Bateson (*Vers une écologie de l'esprit*, op. cit.) postule qu'**il faut tenir compte des liens entre cet individu et les personnes avec lesquelles il est en relation**. Ce qui pense chez un homme, c'est un cerveau appartenant lui-même à un système organisé (corps, esprit, organisme) qui évolue au sein d'un environnement physique, matériel, spirituel et social. *L'écologie de l'esprit*, c'est cette organisation du réseau de communication qui relie l'homme à son environnement, mais aussi l'homme à l'animal et à tous les grands écosystèmes (l'univers, la nature, les plantes, etc.), dont chacun partage l'espace et la durée.

Concevoir l'éthique comme un système complexe émanant de l'esprit et s'y reproduisant dans l'action par adaptations successives, c'est donc chercher à se représenter et à expliquer le *processus mental* des comportements moraux individuels (genèse de la pensée éthique personnelle, normale et pathologique) et *l'expérience vécue* de ces comportements dans les interactions des individus entre eux. *L'éthique-système* procède ainsi d'un réseau de hiérarchies enchevêtrées faites de luttes, d'entraides et de solidarités, comme pour n'importe quel système vivant-social formant une écologie où l'homme raisonnable évolue entre le microcosme cérébral du corps qui porte son esprit et le macrocosme « réseau-nable » (L. Naccache) de la société qui porte les corps et les esprits.

15. ÉCOSYSTÈME, ÉCOSOPHIE : Ramenée à une vision globale des relations de l'homme avec son environnement, l'éthique peut être conçue comme un *écosystème social* au sens où E. Morin rappelle que la notion d'écosystème remonte à 1935 et qu'elle constitue une prise de conscience fondamentale : « les inter-actions entre vivants, en se conjuguant avec les contraintes et les possibilités que fournit le biotope physique (et rétroagissant sur celui-ci), organisent précisément l'environnement en système. » (1980, *op. cit.*, p. 17). L'environnement cesse de ne représenter qu'une unité territoriale, explique-t-il, pour devenir « une réalité organisatrice, un *éco-système*, qui comporte en lui et l'ordre géophysique et le désordre de la "jungle". L'écologie se fonde désormais sur l'idée d'éco-système, qui intègre et dépasse les notions de milieu, d'environnement, d'Umwelt » (*ibid*).

En paraphrasant Cl. Bernard pour qui « les conditions de la vie ne sont ni dans l'organisme, ni dans le milieu extérieur, mais dans les deux à la fois», nous pouvons concevoir que *les conditions de l'éthique* ne sont ni dans le sujet-auteur-acteur de ses modes de vie, ni dans le monde dans lequel il vit, mais dans les deux à la fois. Comme la reliance et le projet qui lui sont consubstantiels, l'éthique, est tiers inclus, lien, entre-deux relationnel, interface humaine. Elle fait penser à la métaphore de Léonard de Vinci, qu'aime à rappeler J.L. Le Moigne : « la surface de l'eau n'appartient ni à l'air, ni à l'eau, mais aux deux à la fois ». Dire, en ce sens que l'éthique est un processus moral qui s'inscrit dans un *écosystème social* présente l'intérêt heuristique et épistémologique de la prise en considération du contexte holistique et global dans lequel ce procès prend forme dans un milieu donné, s'y développe, rétroagit sur lui et finit par l'habiter, au prix d'une *dialectique* bio-psycho-anthropo-sociale entre des finalités (*l'éthique-système*) et des moyens qui lui sont propres (*l'éthique-outil*).

Issue des principes transversaux de l'écologie générale, *l'écosophie* est une forme d'écologie profonde qui invite à un renversement de la perspective anthropocentriste entre les dimensions individuelles et les conséquences collectives de l'éthique. Selon Félix Gattari (*Les trois écologies*. op. cit., 1989), *l'écosophie* (de « oïkos », la maison, l'habitat incluant la biosphère, et « sophia », la sagesse, mais la science aussi), articule entre elles l'ensemble des écologies scientifiques, politiques, environnementales, sociales et mentales. Selon ce philosophe et psychanalyste, l'écosophie est ainsi « appelée à se substituer aux vieilles idéologies qui sectorisaient le social, le privé et le civil, et qui étaient incapables d'établir des jonctions entre le politique, l'éthique et l'esthétique ».

« La question politique et celle de la justice sociale ne sont décidément jamais très loin lorsqu'on se prend à croiser lectures macro et microscopiques » (L. Naccache, *L'homme réseau-nable. op. cit.*, p. 33).

16. ENCHEVÊTREMENT (HIÉRACHIES ENCHEVÊTRÉES). Toute action est un enchevêtrement de liens qui s' « accrétisent », se disséminent et se potentialisent dans le temps et dans l'espace, diraient les astrophysiciens et géologues. Vue sous cet angle, il n'est pas faux de concevoir que l'éthique, comme tout ce qui relève du complexe, est un enchevêtrement de liens qui concourent à la morale, c'est-à-dire à ce qui est vrai et bien fondé en termes de valeurs.

Comment se représenter cette infinité de liens à l'œuvre dans l'éthique ? Comment ces liens se tressent-ils dans l'ordre et le désordre, et opèrent-ils, suivant leurs propres logiques ? Comment les relations multidimensionnelles et multifactorilles finalisées de l'éthique sont-elles, pensée et agies, vécues et assumées, pour s'accepter, se comprendre et coopérer ? « Primum non nocere » (*En premier ne pas faire de mal*) ! Justement, cela n'est pas simple de ne pas nuire, et l'éthique n'est pas un gendarme ! A vrai dire, comment joue-t-on avec l'éthique, quand on n'est pas un truqueur ou un voleur, et que l'on a quitté les cours de récréation ? Eh bien, on passe sa conscience au crible, on trie, on tamise. Bref on établit des hiérarchies personnelles, là où le monde s'organise et se hiérarchise.

Justice et équité, respect des autres et des choses, abnégation, échange, partage, égoïsme, altruisme, performance, efficacité, etc., dans quel ordre classer toutes ces valeurs qui n'épuisent ni l'incomplétude, ni les contradictions. Force est de considérer avec K. Gödel (1931) que le discours de *la consistance* (la *non contradiction*) de Russel et Withehead est impropre à l'éthique, qui ne saurait obéir à la loi des mathématiques. Les outils présupposés d'une démonstration, les axiomes ne pouvant contenir la totalité de ce qui les fonde, toute axiomatique* demeure, en effet, ouverte et incomplète. Et l'éthique, en ce sens des liens où le vivant-social déborde la *biologie de la sélection des idées*[207], le tout et les parties fonctionnent, entre « le

---

207 Autour de ce concept qui pose la question des sauts de la pensée d'un esprit à un autre, *cf.* L. Naccache (2015, pp. 82-83) qui, rapprochant les neurosciences de la cognition, de la sociologie, de l'historiographie et de l'ethnologie, assimile les échanges de contenus conscients entre individus à la « brique élémentaire de ce que nous appelons la conscience d'une société », en se référant à la génétique avec la transposition darwinienne de Richard

cristal et la fumée » (Atlan). L'éthique est un système bio-cognitif ouvert, et la plus petite parcelle d'éthique est voyage à travers le monde, voire au-delà.

Repère et repaire des bonnes conduites, l'éthique marque le sens de la vie, du monde et des gens. Mille voies s'en échappent et y reviennent ; des millions d'autres y convergent. Et chacun, petit atome social, s'exprime à sa manière, selon ses dispositions et sa libre volonté dans l'ordre et le désordre des liens universels et particuliers que les consciences individuelles et les normes de la société gouvernent corps à corps (*l'éthique*), quand ce n'est pas dos à dos (*l'anéthique*). Ce que nous écrirons de façon dialogique, récursive et hologramique :

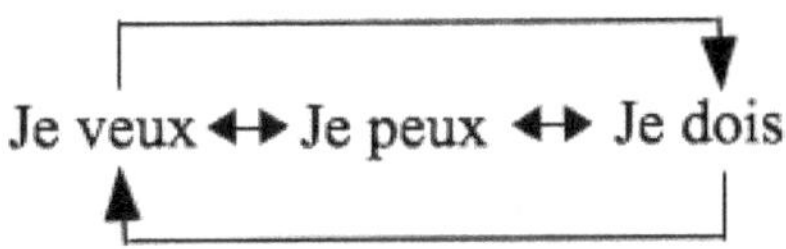

Ainsi, des finalités universelles qui la définissent, aux buts des institutions médiatrices et des objectifs particuliers des individus dans la société (*cf.* chap. V, IV.3.), l'éthique, attachée au bien fondé de toute relation humaine, subit-elle la loi des liens qui la tissent, plus qu'elle ne contrôle elle-même ces liens. C'est pourquoi le concept de *hiérarchie enchevêtrée* est, d'un point de vue systémique, inséparable de celui d'éthique.

Désordre dans l'ordre, une *hiérarchie enchevêtrée* dans les systèmes vivants autoréférentiels est une représentation de la réalité aux boucles étranges, « un englobement du contraire » (L. Dumont, 1978, p. 397)) qui, dans l'éthique, peut servir à expliquer des enchevêtrements significatifs comme ces *doubles-liens* (G. Bateson), paradoxes et contradictions qui font partie de la dynamique interne et externe du système ouvert. Selon J.P. Dupuy : « Il y a paradoxe à partir du moment où ce qui est hiérarchiquement ordonné à un certain niveau d'appréhension tend à être considéré autrement à partir d'un autre

---

Dawkins (op. cit., 1976) qui forge le terme de « même » à l'image de celui de « gène ». Élément culturel de langage reproduit et transmis par l'imitation du comportement d'un individu par d'autres individus ; le même est, selon Dawkins une « unité d'information contenue dans un cerveau, échangeable au sein d'une société ».

niveau (méta) qui englobe le précédent et remplit les conditions logiques pour engendrer de l'autoréférence. »

Les hiérarchies enchevêtrées sont à l'œuvre dans les dilemme acteur-sujet/personne, comme dans les relations individus-groupes/société où s'expriment les pouvoirs de chacun à limiter sa dépendance à l'autre et à l'environnement en s'auto-régulant pour s'auto-gouverner. La complexité sujet/acteur, par exemple, peut s'analyser comme un jeu subjectif qui fait primer, à un méta-niveau, le principe de la préférence de *Soi* par rapport à *Autrui*, dans une situation donnée (*S1*). Mais, simultanément, la conscience d'Autrui émerge, qui m'oblige à regarder l'autre comme un autre moi-même (*S2*) et à inverser l'ordre de ma préférence, ou à la relativiser, sans que l'on puisse parler pour autant d'altruisme plutôt que d'égoïsme. C'est dans l'action que se joue le sens de la relation.

Imaginons maintenant le cas de personnes-en-relation où *l'ipséité* (la chose, la personne en soi, ce qui lui est propre) est évidemment présente comme dans le cas précédent. Soit *Ap* l'acteur principal et *Pa* le partenaire actif représentés dans une situation de liens enchevêtrés tendant à se tresser au mieux des intérêts de chacun.

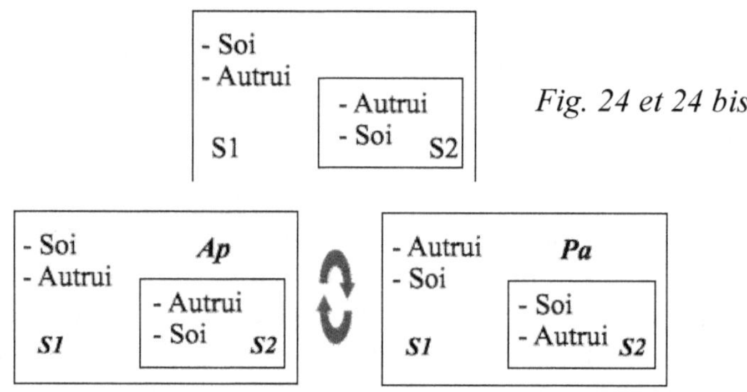

Fig. 24 et 24 bis

Dans ce jeu de relations croisées, diachroniques et synchroniques, chacun est donc à la fois lui-même et l'Autre en lui. Attentif à ses desseins, chacun s'observe en observant l'autre, en même temps qu'il est observé. C'est ce qui se passe dans toute situation où l'éthique intervient. Ce qui implique, d'un point de vue phénoménologique, la prise en compte des postulats de *l'empathie* et de *l'irénisme*[208] dans

---

208 *L'irénisme* est une *attitude* décrite par Leibniz à propos des rapports entre les Églises. Le terme désigne les conduites et comportements visant à la

l'éthique et, d'un point de vue systémique, le mécanisme de *l'autoréférence* qui est le pivot de la relation entre le sujet concerné et le ou les partenaires dans la relation qui les unit. Il y a là un entre-deux où les positions oscillent dans l'alternance et la réciprocité des rôles, des intentions et des intentionnalités entre les acteurs.

17. HEURISTIQUES DE JUGEMENT. Heuristique : de « eurisko », *je trouve*, c'est-à-dire inventer, faire des découvertes. En éducation, la méthode heuristique consiste à explorer les problèmes, la solution étant obtenue par évaluations successives à partir d'hypothèse provisoires et par comparaison au but à atteindre. Elle s'oppose à la méthode algorithmique. En psychologie, une *heuristique de jugement* est une opération mentale, rapide et intuitive. Dans le domaine de la cognition sociale, il s'agit de raccourcis cognitifs utilisés dans les opérations mentales face aux problèmes qui se posent en termes de décision, de jugement, d'estimation des valeurs et de prédiction des probabilités.

Les heuristiques de jugement interviennent dans le processus d'élaboration et de conduite des comportements. La création d'un acte éthique n'est pas le fait d'un processus inné ou imaginaire, mais le résultat d'une réflexion qui obéit aux lois du raisonnement *ante-per-post* de l'action en situation, avec les assurances et les risques de la démarche, biais et erreurs dans le choix des décisions.

Décrites par les psychologues Amos Tversky et Daniel Kahneman en 1974 et développées autour des notions de représentativité, de disponibilité, d'ancrage et d'ajustement, les heuristiques de jugement ne font pas l'unanimité dans la communauté scientifique, même si elles sont appliquées dans la santé publique, la politique, la justice et le marketing. Sur le plan cognitif, elles font partie du champ des opérations de la pensée où interviennent les représentations mentales avec les modes de construction qui les produisent et les modes de raisonnement qui les exploitent comme autant de richesses individuelles et collectives. Mais si l'éthique est un gisement de bonnes résolutions et autres représentations positives possibles, elle ne coule pas de source et s'expose (*cf.* chap.I, IV.4.), pour le meilleur et pour le pire, aux pièges de la logique et aux et trahisons de la raison :

---

compréhension mutuelle dans l'union et le rapprochement, par opposition à tout ce qui réduit, amène au conflit et sépare.

dissonance cognitive, biais cognitifs, doubles-liens, hiérarchies enchevêtrées, paradoxes et contre-paradoxes, etc.

18. INTENTION, INTENTIONNALITÉ. Le concept d'*intention* se décline[209] en *intension* (sa définition, son contenu, pour l'identifier et le comprendre), et en *extension* (référents auxquels le terme est applicable, propriétés dérivées). Le mot est familier au sens de délibération mentale et de décision prise ou à prendre ; il induit une orientation après jugement, mais il s'étend aussi à des connotations qui le compliquent, telles la *volition*, qui est un acte occasionnel de volonté, ou une déformation de son sens premier par négation plus ou moins consciente de son affirmation : « j'en ai bien l'intention ! », qui peut signifier : « je ne suis pas sûr », « je n'en ferai rien ».

Phénomène psychique, facteur mental discriminant qui procède de la conscience et du discernement, *l'intention* est délibération intrapsychique, facteur cognitif, qui oriente le jugement personnel et détermine la décision. Notion charnière, le *vécu intentionnel, idiosyncrasique,* procède de l'écosystème cognitif qui relie l'intention à l'intentionnalité. Le concept, sous cette forme, désigne le processus idéel qui dirige l'esprit au sein de l'unité du corps et de la conscience, c'est-à-dire de la cognition incarnée : « Le corps n'est pas au service de l'esprit : il en fait partie » (F. Varela, 1993). L'intention et l'intentionnalité obéissent à la loi des *hiérarchies enchevêtrées* aux prises avec le vécu des relations sociales.

Par son extension au global et à l'universel, *l'intentionnalité*, état psychique omnifonctionnel (en sanskrit, intention, volition et intérêt convergent), serait plus appropriée au langage de l'éthique que l'intention, acte mental certes justifiable en conscience, mais dont le contenu intentionnel se limite à l'objet sur lequel repose le jugement plus ou moins ponctuel de l'action projetée, alors que l'éthique est,

---

[209] L'analyse linguistique (Grammairiens de Port-Royal, 1683) indique que les concepts peuvent être définis : a) Soit *en compréhension ou intension*, par définition du terme représentant le concept (expl., Rois de France au XVIIe siècle : individus ayant gouverné la France de 1600 à 1700). L'intension marque *le sens* du concept. b) Soit en *extension*, par désignation des référents auxquels le terme peut être appliqué (Rois de France au XVIIe siècle : Henri IV, Louis XIII, Louis XIV). L'extension marque *l'étendue* du concept.

par excellence, un état mental et moral dont la caractéristique est l'étendue, la permanence et la régularité, indépendamment de l'acte lui-même.

Au-delà du vagabondage sémantique, suggestif en matière de prédispositions éthiques entre la pensée et l'action, la réalisation d'une intention bonne se fera toujours dans l'aboutissement de son intentionnalité, au sens du paradigme constructiviste écosystémique de la complexité.

19. JUGEMENT ET DÉVELOPPEMENT MORAL. Opinion ou verdict, selon le lieu et les circonstances, *le jugement moral*, qu'on le regarde au niveau des principes (distinguer le bien du mal, bien se comporter, etc.) ou de leur application (faire ce que l'on pense en conscience), est imprégné par la morale et l'éthique et non pas par la morale ou l'éthique. L'expression est associée aux mœurs, coutumes, valeurs et croyances, sous forme de normes à respecter par chaque individu responsable de lui-même, au sein d'un groupe social.

Lié aux concepts de socialisation, d'éducation et *d'apprentissage social**, *le développement moral* peut être conçu de différentes manières selon les théories : par phases, par paliers ou par stades. L'un des premiers à s'être intéressé au développement moral de l'individu après Jean Piaget (*Le Jugement moral chez l'enfant, 1932)* est Lawrance Kohlberg, connu depuis sa thèse de doctorat portant sur le développement de *la pensée morale* (Chicago, 1958). Pour Kohlberg le développement moral ne s'achève pas sur un mode conformiste. Il est le produit d'un processus de construction de principes moraux perçus et conçus comme universels par le sujet, qui peut être en désaccord avec les lois en vigueur et l'opinion commune.

Selon le protocole qu'il met en place, Kohlberg présente à de jeunes sujets des petites histoires sous forme de dilemmes moraux en leur demandant de porter un jugement moral sur le comportement de l'acteur principal de la situation évoquée. Il se dégage de ces expériences trois niveaux de jugement moral qui se distribuent en six stades successifs de progression vers la conscience altruiste de se comporter. *Au stade 1*, entre 2-3 ans et 5 ans, l'enfant cherche à éviter les punitions ; *au stade 2*, de 5 à 7-9 ans, il apprend qu'il a intérêt à bien agir (attrait de la récompense) ; *au stade 3* entre 7 et 12 ans, il apprend à s'adapter aux règles du groupe ; *au stade 4*, entre 10 et 15 ans, il réfléchit à la portée de ses actes en cherchant à évaluer leur degré de conformité aux normes et lois de la société ; *au stade 5*, dès

12 ans, il prend conscience de sa liberté d'adhésion et de la contractualité de ses engagements ; l'accès *au stade 6* marque, la découverte de l'universalité des principes moraux qui influencent la conscience du bien et du mal et l'orientation des conduites à adopter.

Le jugement moral est lié au développement moral dès l'enfance. C'est dire l'importance de l'éthique dans l'éducation sociale à partir du plus jeune âge, avec notamment, la prise en compte de la sécurité émotionnelle dans le développement affectif et intellectuel. Sans sécurité émotionnelle, toute éducation et apprentissage aussi positifs soient-ils sont prédisposés à l'échec. L'éthique, par les liens qu'elle tisse entre l'enfant et les parents, le climat qu'elle développe avec l'entourage, la confiance qu'elle donne en soi et l'attachement aux autres qu'elle entretient, est facteur d'équilibre et d'adaptation. *La théorie de l'attachement* est connue des cliniciens, qui voient en elle un socle sécurisant pour vivre des relations épanouies et épanouissantes avec autrui. C'est là un programme inscrit dans les schèmes, qui se développe tout au long de la vie et engage les relations à la maison, à l'école, au travail scolaire et professionnel. Plus qu'un jeu de conduites et de savoirs-faire, l'éthique est un patrimoine lié à la personne de l'individu. Un programme dont on sait qu'il commence à la naissance avec l'hormone de l'attachement mère-enfant, *l'ocytosine*, sécrétée par l'hypophyse au moment de l'accouchement et de l'allaitement. Des chercheurs ont montré que cette hormone joue un rôle dans le lien social et qu'elle peut même stimuler la spiritualité. Avec la sérotonine (qui a des effets sur la gratitude) et d'autres facteurs qui favorisent le lien social (endorphine, dopamine), on la qualifie d' *« hormone du bonheur »*.

20. LIEN SOCIAL. L'étude de l'éthique relève de la psychosociologie, *science de l'interaction* entre les membres d'une société. Elle s'intéresse au *lien social*, élément à la fois producteur et produit de *socialisation.* Concept-clé avec ses corollaires : *la reliance* et *les compétences* sociales, le lien social est beaucoup plus abstrait qu'il n'y paraît a priori. Complexe, contradictoire, il est « fondamental et insaisissable » (Pascal Hintermeyer[210]).

1. ***Le concept en intension*** (ou compréhension) : C'est dans *l'interaction* et *l'interactivité* qu'il se forge. Les transactions de la vie

---

[210] Hintermeyer P. : "Penser le lien social", *Actions et recherches sociales*, Créteil 1989, p. 14.

quotidienne sont centrées sur des besoins, des motivations, des attitudes et des valeurs qui fondent un système complexe de relations comportementales et d'actions qui lient les individus entre eux, créant ainsi des réseaux maillés d'interrelations en interactions entre les individus et la société.

a) *L'interaction*, est le principe même de la communication qui, en matière d'éthique, suppose que tout message soit un aller-retour. On retrouve le même principe sous des appellations diverses (feedback, rétro-action, effet-miroir, message en retour) dans des situations variées où deux ou plusieurs personnes peuvent être en interaction par dialogue verbal, discussion, échange de regards, communication non verbale, etc.

L'éthique, désir et/ou besoin de se conformer à l'idée du bien, transaction, explication, mise au point, négociation, régulation, jugement ou réflexion, est un phénomène d'interactions. Chaque intervention réagit sur celle qui précède et conditionne en partie la suivante. C'est pourquoi bien des interrelations à visée éthique ont des difficultés à tenir le cap et se laissent « embarquer », là où la vigilance est nécessaire.

b) *L'interactivité*, où les racines latines, *in* et *inter* (en et dans, entre et de l'intérieur), sont rattachées à *ag* et *agere* (pousser devant soi, faire aller et *actum* : fait accompli), prend tout son sens dans la *communication éthique* où elle crée une stimulation par l'échange, et démultiplie les idées et les actes en fonction des l'intentionnalité des acteurs.

Le lien social est à la fois *lien individuel* (de *soi à soi*), *lien sociétal* (se rapportant à la *socialité* locale) et *lien institutionnel* (c'est-à-dire *sociétaire*). Il peut être étudié à travers des transactions. Prenons le cas de transactions éthiques au cours desquelles des « exclus » négocient non seulement leur identité mais aussi leurs conditions de vie : ils utilisent leurs capacités personnelles, leur potentiel d'autonomie, leur réseau relationnel. À travers leurs attitudes et leurs comportements, ils manifestent leur caractère et leur personnalité. Si ces transactions aboutissent à tisser des liens entre les protagonistes, alors ceux-ci auront réellement une chance de s'intégrer. L'absence de lien social, c'est-à-dire l'absence de relations entre société et exclus est, ici, synonyme d'échec social, voire de violence symbolique. De *déliance*. Il pourra alors être fait appel, dans ce cas, à l'intervention de travailleurs sociaux dont la compétence de médiateurs professionnels qu'ils sont consistera à développer les transactions palliatives nécessaires à l'adaptation, à l'insertion ou à l'intégration ou la réintégration, selon le type de situation rencontrée. Le *lien social* tresse l'éthique. Il correspond à la définition de Serge Paugam (*cf.* chap. III, IV.3.) : « tout à la fois le désir de vivre ensemble, la volonté de relier les individus dispersés, l'ambition d'une cohésion plus profonde de la société dans son ensemble. »

2. *Le concept en extension* (référents auxquels le terme est applicable). Le caractère du *concept de lien social* est abstrait, et il est habituel de procéder par métaphores. Selon P. Hintermeyer le lien social fait référence à de nombreuses images :
– l'idée de « *machine* », permet de mettre l'accent sur les aspects d'interdépendance, d'autorégulation, de rétroaction. La société est un système homéostatique, qui cherche à maintenir ses équilibres ;
– le « *corps social* », est un ensemble de parties solidaires, chacune étant nécessaire à la survie des autres. Le lien social est « organique », nécessaire et essentiel. C'est un échange, une circulation continue, le groupe dans l'individu et l'individu dans le groupe ;
– la notion de « *tissu social* », exprime les relations elles-mêmes : texture lâche ou resserrée (comme une peau qui respire et s'expose, ajouterons-nous ici), résistance, etc., qu'elle ne porte sur la société globale, elle-même ;
– le « *champ social* », met en relief les dynamiques et les transformations ;
– le « *jeu social* », envisage la vie collective comme une compétition ou comme une pièce de théâtre où chacun interprète des rôles en rapport avec son statut.

Chacune de ces images, fait ressortir différentes propriétés du lien social, telles qu'elles correspondent à l'éthique au plus profond de *l'agir*, c'est-à-dire là où les relations sont intriquées, emmêlées, enchevêtrées et souvent embrouillées car, comme tout type de lien social, les liens de l'éthique fonctionnent (P. Hintermeyer, *Ibid.*, p. 21), selon les lois de la hiérarchie, des distinctions, du fonctionnalisme, des interdépendances, adaptations, résistances et proximités, conflits et alliances, régularités et ingéniosité.

De par son rôle et sa nature symbolique, le lien social est un lien *statutaire* garant des identités sociales individuelles et collectives, et un lien *fonctionnel* qui établit les contacts entre partenaires dans toute relation de communication particulière, d'échanges, de solidarité et d'action en général. Il sait rester naturel et discret quand tout va bien, et se révéler intempestif et problématique quand les choses se compliquent.

Fonctionnellement le lien social, marque l'éthique de son empreinte et des replications de ses « mèmes » à travers le jeu des représentations et formalisations sociales. Il est déterminant de *l'identité sociale.* Construites par les individus au cours de la vie, *les représentations sociales* structurent l'identité et permettent à la personne d'élaborer ses stratégies d'existence. Elles comportent trois dimensions : Lorsqu'il dit « je », l'individu actif fonctionne selon un triple lien à autrui : 1) *le langage*, qui articule ses désirs (*ça,* « je veux »,) et équilibre les contraintes qu'il subit en fonction de ses représentations de la réalité et de la façon dont il perçoit que les autres le voient ; 2) *les pouvoirs* qui mettent en jeu son implication et donc *son identité* (*moi,* « je peux », son moi idéal) en fonction de l'image qu'il a de lui et de la façon dont il se voit capable d'ajuster ses stratégies comportementales ; 3) la relation qui l'engage vis-à-vis d'autrui dans la conduite de projets qui le rendent responsable (*surmoi,* conscience de soi : « je dois »).

Mais, si le concept *d'identité individuelle* est assez facile à se représenter, celui *d'identité collective*, l'est beaucoup moins, voire impossible. Aussi, devant cette difficulté retiendrons-nous avec le sociologue Claude Dubar que l'identité sociale est duale et n'a de sens que comme « articulation entre deux transactions : une transaction interne à l'individu et une transaction externe, entre l'individu et les institutions avec lesquelles il entre en interaction »[211].

La socialisation construit en même temps les individus et les institutions. Déterminante de l'éthique, elle gouverne les *mécanismes ambisystémiques* des entités et des identités dans leurs rapports à la dualité du lien social.

21. MODÈLE, MODÉLISATION, MODÉLISATEUR. À l'origine, L. Von Bertalanffy construit sa *Théorie générale des systèmes* (1937) après la « première cybernétique » plutôt statique et centrée sur les systèmes fermés. Viennent ensuite le stucturalisme en France, la cybernétique et la théorie de l'information aux Etats-Unis (1950-1970) et l'avènement de la « deuxième cybernétique », née à l'aube des années 1970 avec l'apparition des concepts d'émergence et d'auto-

211 DUBAR (C.) : *La socialisation. Construction des identités sociales et professionnelles*. A. Colin, 1991, p. 111.

organisation, qui débouchent sur une conception plus ouverte et appliquée aux systèmes complexes. J.L. Le Moigne élabore, alors, sa *Théorie du Système Général* qu'il conçoit comme une *théorie de la modélisation* (1977). Conjoignant la vison macroscopique des systèmes (J. de Rosnay, 1975) à la vison microscopique des éléments de tout objet complexe observé entrant dans la composition de ces systèmes sans prétendre au holisme, il développe la méthode systémique en proposant au modélisateur d'analyser la réalité en la « systémographiant » à partir d'un modèle pragmatique général.

En sociologie, le modèle est un « système de relations, entre des propriétés sélectionnées, abstraites, construit consciemment à des fins de description, d'explication ou de prévision, et par là parfaitement maîtrisable » (P. Bourdieu). De même, pour les spécialistes du management, *l'analyse des systèmes* est devenue « un des maîtres-mots de notre civilisation et une des ressources essentielles des experts ; chaque métier puise sa justification dans sa propre analyse de la société, de l'organisation, du management » (J. Mélèse : *Approche systémique des organisations, vers l'entreprise à complexité humaine*, 1985, p. 128). Et dans toutes les disciplines aujourd'hui, il est reconnu que « L'ingenium – comme le proclamait G.Vico – a été donné aux humains pour comprendre c'est à dire pour faire ».

Au-delà des méthodes classiques d'analyse, chacun d'entre nous peut, face à un objet à connaître, construire son propre schéma d'analyse basé sur un modèle ; démarche que l'auteur de la *Théorie de la modélisation* (*op. cit*., 1984, p. 14) appelle *les règles du jeu* : « Dès lors que nous puissions exercer notre raison et communiquer nos raisonnements, il devient indispensable que nous rappelions à nous-mêmes et à l'autre, les règles du jeu que nous avons retenues pour concevoir et construire ce modèle de la réalité perçue et conçue à l'aide duquel nous raisonnons » .

La systémographie , *cybernétique d'ordre Deux* par excellence, constitue un mode de représentation assimilable à un « instrument de conception-construction de modèles des phénomènes ou des projets perçus complexes...» (J.L. Le Moigne i*bid*, p. 22). Modéliser, « c'est concevoir puis dessiner une image à la ressemblance de l'objet » (*ibid*., p.75). Modéliser repose ainsi sur une problématique nécessitant une réflexion plus exigeante sur la façon de « poser les problèmes », autrement dit « de percevoir et de représenter les perceptions des objets que l'on considère » (*ibid*., p. 83). La pensée raisonnante (H.

Simon) précède, en effet, toute action de conception. Aussi, précise J.L. Le Moigne, cherche-t-on à se faire « l'intelligence d'une situation » : à se construire le *Système de Représentation* par lequel on la modélisera ». Par sa conception, *le Système de Représentation*, marque l'intervention de l'observateur se percevant comme un système et exprime l'intentionalité de la connaissance. « Loyal », le *SR* intervient donc dans toute systémographie, ne serait-ce que parce que l'observation d'un objet est toujours relative à la position de l'observateur.

L'exercice est délicat, mais n'est-il pas, en soi, une démarche qui relève de l'éthique de l'observateur, d'une conscience de soi et de sa façon de raisonner en mesurant ses capacités à faire ? A raisonner sous la forme de modèles de modèles ?

22. OUTIL. L' outil est « un objet fabriqué qui sert à agir sur la matière, à faire un travail » (*Le Petit Robert*), c'est un instrument, une machine. Concevoir l'éthique comme un *outil* serait donc une instrumentalisation abusive s'il n'était pas usuel de concevoir qu'il existe des « outils » pour penser et donc se représenter pour agir. Des outils pour apprendre, des outils pour s'exprimer, des outils pour vivre et s'épanouir. Concrètement, l'outil sert à quelque chose de précis, mais, il n'est qu'un moyen et jamais une fin. D'où le danger des utilisations inappropriées, falsificatrices, pouvant aboutir à des simplifications abusives, telles que le fait d'instrumentaliser quelqu'un ou quelque chose en manipulant une situation à son avantage. L'outil, c'est la méthode au service d'une cause et de ses raisons. C'est, chercher une méthode, c'est-à-dire « un système d'opérations extériorisables qui fasse mieux que l'esprit le travail de l'esprit » P. Valéry, *Variétés*. Bref, l'outil est un concept abstrait, autant qu'un objet matériel. Il est composé d'éléments organisés qui fonctionnent en vue d'un but à atteindre. Au propre comme au figuré, l'outil est un système.

L'éthique en ce sens où elle encadre et optimise les relations humaines à travers des flux d'information, de matière et d'énergies, est un outil qui fonctionne comme un système (*l'éthique-système*), qui permet aux liens qu'elle crée et qui l'agissent de s'exprimer et d'aboutir (*l'éthique-outil*).

Produite par la pensée d'où elle émerge et où elle opère, l'éthique se reproduit de l'individuel à l'universel. Hors la socialisation et l'éducation qui forment la personnalité de base et forgent le sens moral (*le système*), il n'y a pas de notice d'utilisation pour une éthique prête à l'emploi. Comme la démocratie, l'éthique est fondée sur *la probité*[212]. Mais celle-ci n'est qu'une valeur parmi tant d'autres, temporelles ou intemporelles, probables et improbables que l'outil a précisément pour rôle de mettre en synergie.

23. PRAXÉOLOGIE. Science de l'action, « théorie de la pratique », la praxéologie (de *praxis*) intervient sur des domaines de la réalité où elle constitue une approche analytique. Née en 1890 (A. Espinas), elle a pour objet l'analyse de l'action humaine limitée aux faits, sans jugement de valeur : « les faits, juste les faits et rien que les faits ». Mais le terme a progressivement pris des sens différents, et ses acceptions ont varié en fonction des applications.

« Science ou théorie de l'action ou encore connaissance des lois de l'action humaine » (J. Poinsac-Niel., *Vocabulaire de l'éducation*, *op. cit.*, p. 352), la praxéologie permet d'arriver à des conclusions opératoires et se rattache à la recherche opérationnelle, et à la cybernétique. Elle intéresse la recherche scientifique confrontée aux progrès de la technique. D'après la *Théorie du Système Général* (J.L. Le Moigne, 1984, p. 21), la praxéologie « postule une calculabilité de l'action efficace », mais ses modèles, s'ils sont trop rigides, peuvent contraindre « la liberté cognitive du modélisateur ».

Par nature, l'éthique, fait de « l'agir complexe », est *praxéologique* car elle a pour but l'optimisation de la conduite et des comportements en vue de l'harmonisation des relations humaines. La praxéologie occupe donc une position épistémologique fondamentale en matière d'éthique, car elle articule la théorie (*logos*) et la pratique (*praxis).* Dans la logique de notre modélisation, la praxéologie se situe, à l'interface de *l'éthique-système* et de *l'éthique-outil*, c'est-à-dire ce lieu de transition où s'opère la dialectique de *l'éthos*[213] entre le système et l'outil.

24. PRAXIS. Action, la *praxis* est ce qui est relatif ou ordonné à une fin. Elle signifie l'activité (physiologique et psychique) en vue d'un résultat. Concept philosophique, *la praxis* désigne l'activité morale de

---

212 « Qualité morale de droiture, de bonne foi et d'honnêteté qui se manifeste par l'observation des règles morales et des principes de la justice » Wikipédia.

213 Au sens de mise en synergie des caractères communs aux individus appartenant à une même société.

transformation du sujet agissant, théorisée notamment par Aristote dans *l'Éthique à Nicomaque* et la *Métaphysique* où elle désigne la pratique, c'est-à-dire les activités qui ne sont pas seulement contemplatives ou théoriques, mais qui transforment le sujet. Le terme est repris par les marxistes pour désigner l'activité de transformation des conditions socio-économiques, par lesquelles l'homme transforme la nature et le monde, ce qui l'engage dans la structure sociale que déterminent les rapports de production à un stade donné de l'histoire (Legrand, 1972).

Pour les sciences psychologiques et sociales, *la praxis* est l'« action consciente dans le milieu, impliquant une stratégie et une tactique, visant une modification du milieu. Pratiquement, elle est synonyme d'action concrète organisée ; » (R. Mucchielli : *L'observation psychologique et psychosocio-logique*, ESF, 1996).

Action en vue d'un résultat pratique de nature morale, l'éthique relève de la praxis. *Praxique*, elle est ordonnée à l'action : action de penser, action de s'exprimer, de s'engager, de faire et d'être responsable. Plus qu'un processus, *l'éthique est une praxis*. Elle se dévoile par ses finalités morales universelles (*l'éthique-système*) activées par des projets singuliers et particuliers (*l'étique-outil*) : « Singuliers », parce qu'ils ne désignent qu'une seule idée ou un seul objet partagé par plusieurs individus, comme dans l'organisation des tâches ou du travail ; « particulier », quand il s'agit du projet relatif au dessein et à la volonté d'une seule personne.

Rempart à l'anéthique, *la praxis* est détermination future du champ des possibles idéalisé : métabolisant des représentations, elle est « posée, dès le départ, par un dépassement projectif des circonstances matérielles, c'est-à-dire par un projet », au sens où P. Foulquié et R. St-Jean la définissent (*Dictionnaire de la langue philosophique*, 1962). La dialectique entre le système et l'outil correspond globalement à l'ensemble des transformations psychiques et matérielles qui s'opèrent dans le champ de l'éthique, sans préséance ou prétendue supériorité de la pensée sur l'action ou de l'action sur la pensée.

Si l'on se rappelle la fameuse thèse sur Feuerbach (1888) : « Les Philosophes jusqu'ici n'ont fait qu'interpréter le monde. Il s'agit maintenant de le transformer », la question qui vient à l'esprit est celle de la place de l'éthique dans ce grand projet, dont le mérite est d'avoir à confronter les vertus de la sagesse aux risques de la modernité.

25. RELIANCE. « L'éthique est reliance et la reliance est éthique » (E. Morin : *op. cit.,* p. 37). Pour M. Maffesoli (1992, p. 41), la reliance consiste en « une étonnante pulsion qui pousse à se rechercher, à s'assembler, à se rendre à l'autre ». Elle implique une synergie des forces qui sont à l'œuvre dans le foisonnement des formes relationnelles et communicationnelles. Selon M. Bolle de Bal, la reliance émerge comme une force de remédiation, un antidote, à la déliance, c'est-à-dire à la rupture des liens humains fondamentaux qui déchire, aujourd'hui, le tissu social, comme un trou dans la couche d'ozone.

Tapie au plus profond du *sujet* confronté à l'intrigue qu'il noue avec autrui (Hegel, Lévinas), la relation sociale est ce miracle entre conscience et discernement, qui permet de sortir de soi grâce aux liens que l'on est capable de nouer avec chacun et tous à la fois. C'est dans le creuset de la reliance sociale que se génère et s'exprime l'éthique en tant que compétence sociale, première et essentielle. C'est dans les liens sociaux que l'éthique se noue et se creuse.

Relier, c'est à la fois unir, rendre solidaire au moyen d'une attache (*Le Petit Robert*), assembler, attacher et donc lier en joignant, en réunissant et en (se) rappochant. Mais, si le lien (latin, *ligamen*), est à la fois ce qui lie, attache, rapproche et unit pour le meilleur, c'est aussi ce qui enchaîne et contraint pour le pire. Des *liens asociaux* et *antisociaux* peuvent ainsi se créer à la faveur de conduites et de comportements négatifs, sous une forme de *déliance sociale* contraire à l'éthique, dont la vertu est d'être *prosociale*.

D'où les contradictions et les paradoxes pragmatiques et autres doubles liens (injonctions paradoxales, prévisions paradoxales, prescriptions paradoxales, etc.), qui peuvent en découler et détruire la relation à travers des conduites morales non conformes (délinquance, violence physique et symbolique, etc.) et des comportements asociaux (mensonge, jalousie, incivilité, agressivité, fraude, etc.), ou antisociaux (en famille, au travail ou en société par refus des normes sociales ou ignorance des droits individuels).

26. SOCIALISATION. Concept général qui, allant du psychologique au social et de l'individuel au collectif, *la socialisation* est le processus global et local à la fois que la psychosociologie étudie en s'attachant à l'analyse de ses fonctions, de ses mécanismes et des rôles et place des *agents socialisateurs*. D'où la posture centrale de la psychosociologie dans l'espace des disciplines qui s'intéressent à l'éthique et à ses corollaires, les compétences sociales et le développement moral. Consubstantielle à l'éthique qu'elle produit et qui la produit, la socialisation est le processus par lequel les ensembles humains transmettent la culture avec ses systèmes de valeurs, de normes, de rôles sociaux et de sanctions ; standardisent la personnalité de leurs membres ; et permettent aux individus de s'adapter à la société structurée sur ces bases.

1. ***La transmission culturelle*** : La socialisation procède de l'acquisition des manières de faire, de penser et de sentir propres aux groupes et à la société globale dans lesquels la personne évolue. Ce processus commence à la naissance et se développe toute la vie : la socialisation est un *processus biographique d'incorporation de dispositions sociales* issues, non seulement de la famille et de la classe d'origine, mais de l'ensemble des systèmes d'action traversés par l'individu au cours de son existence.

Juriste et sociologue Maurice Duverger distingue la socialisation des enfants et l'acculturation permanente des adultes :

– *La socialisation des enfants* et des adolescents est la plus déterminante de toutes les étapes qui suivent. C'est celle où l'enfant découvre et se découvre, tout en construisant les bases du *développement de sa personnalité* et de son *jugement moral**.

– *L'acculturation permanente,* à l'âge adulte, se prolonge tout au long de la vie. Le mariage, la naissance d'un enfant, une reconversion professionnelle, une transplantation géographique, sont autant de passages vers la découverte de nouvelles *règles*, de nouvelles *valeurs* et de nouvelles *façons de se comporter* qui marquent une évolution dans le processus de socialisation vécu par l'individu.

La socialisation assure la transmission et la continuité des cultures. Elle est un *apprentissage social permanent* qui draine les *éléments de culture* que les individus intègrent et transmettent à leur tour. Elle est, au sens même où c'est le rôle de l'éthique d'y pourvoir, le moyen fondamental qui assure la *permanence et la cohésion de la société*.

2. La standardisation des personnalités : L'apprentissage social qui se construit au cours de la socialisation structure la personnalité de l'individu. Elle établit la *relation personnalité-culture-société*, et assure l'adaptation de l'individu au milieu social en impactant la personnalité et la capacité de jugement, c'est-à-dire la personne dans sa globalité et sa totalité, en tant *qu'unité bio-psycho-anthropo-sociale* avec ses composantes psychiques et ses traits de caractère confrontés aux *besoins* et *désirs* de l'individu. La personnalité, qui est « l'organisation dynamique dans l'individu des systèmes psycho-physiques qui déterminent ses ajustements singuliers à son environnement » (G. W. Allport), est au cœur de l'éthique.

Les premiers, les ethnologues se sont penchés sur le problème des rapports entre la personnalité et la société. Outre les études de Margaret Mead et de Ralph Linton[214], grands classiques des relations anthropologiques entre les pratiques de socialisation et les différents types de personnalité, l'américaine Ruth Benedict teste l'hypothèse qu'à un certain type de culture correspond un certain type de personnalité. Elle étudie deux sociétés indiennes sans écriture : les Zuni du Sud-Ouest des Etats-Unis et *les Kwakiult* de la côte Ouest du Canada. Les Zuni sont pacifiques et aimables. Ils considèrent que la contemplation est l'activité la plus noble pour l'homme, et n'ont que mépris pour la lutte et la compétition. A l'opposé, *les Kwakiult* fonctionnent selon un système de valeurs qui veut que l'homme s'affirme contre autrui, s'exalte en l'abaissant et en dominant le monde. Pour R. Benedict les institutions sont le moule de la personnalité, et la personnalité des individus est bien le produit d'une culture.

Selon A. Kardiner et R. Linton[215], la culture est un ensemble supposé cohérent de manières d'agir, de penser, de sentir et de ressentir, apprises et partagées par une pluralité de personnes et propres à un ensemble social. Elle est, avec les liens sociaux qui en tissent la toile, le creuset dans lequel se construit *la personnalité de base*, c'est-à-dire « l'ensemble des traits de personnalité que l'individu reçoit de la société comme modèle au cours de la socialisation » (*ibid.*).

Acquis et produit de la culture, l'éthique est un processus lié à la construction de la personnalité de base des individus. Comme la culture dont elle est une composante cardinale, l'éthique consiste à transmettre et appliquer les valeurs, les normes, les rôles sociaux et les

---

214 Mead (M.) « Adolescence à Samoa », in *Mœurs et sexualité en Océanie*, trad. Paris, Plon, 1963 ; LINTON (R.) : *Le fondement culturel de la personnalité*, Dunod, Paris, 1959.

215 Kardiner (A.) et Linton (R.) : *The individual and his society*, Columbia University Press, 1939, Press, 1939.

éventuelles sanctions contrôlées par les codes, les règles et les lois. Elle donne une cohérence d'ensemble aux comportements individuels et apporte de la substance à la « personnalité de base ». En appliquant le modèle de Kardiner et Linton à l'éthique, il est possible de relever, parmi d'autres, quelques données concernant les catégories d'éléments logiques, organiques et fonctionnels qu'apporte la personnalité de base à l'individu pour discerner et agir : *Les techniques de pensée* qui concernent la manière de percevoir la réalité et d'agir sur elle ; *les systèmes de sécurité*, c'est-à-dire les défenses institutionnalisées auxquelles les individus ont recours pour résister aux anxiétés produites par les frustrations de la réalité physique et sociale ; *le surmoi*, qui repose sur le désir de jouir de l'amitié et de l'estime d'autrui ; *les attitudes religieuses ; etc.*

Clé et moteur de l'éthique, la personnalité de base, intègre ce qu'il y a de commun entre les membres d'une même culture, ouverte sur d'autres cultures. Elle imprègne et s'imprègne de l'éthique, dont les fibres consolident et assouplissent le tissu des relations humaines.

3. La fonction adaptatrice : La personnalité de base est le noyau dur de l'éthique, constituée des éléments socio-culturels transmis par la société et reçus, puis intégrés par le sujet ainsi adaptable à son environnement. Entre liberté et contraintes, l'éthique participe de la fonction adaptatrice opérée par la socialisation. Elle équivaut à une « *domestication* » utile et nécessaire de l'individu. Le concept d'adaptation sociale va de pair avec celui d'intégration sociale : un individu se rend apte à appartenir à un groupe, apprend à vivre dans sa culture, à en intégrer les valeurs et les normes grâce au *processus de socialisation.*

– *Au niveau collectif* (pour le sociologue), la socialisation est le processus qui permet d'apprendre à vivre selon les valeurs et les normes véhiculées par la société.

– *Au niveau individuel* (pour le psychologue), l'enfant vient au monde avec moins de conduites instinctives, réactions innées qu'un animal, mais avec une plus grande plasticité qui lui permettra de s'imprégner de la culture de son groupe et d'apprendre ses valeurs.

En résumé : Nous retiendrons avec J. Maisonneuve que « Le propre de l'homme, c'est d'être simultanément un être *sociable* et un être *socialisé*. Entendons par là que l'individu est à la fois sujet aspirant à communiquer avec ses semblables et *membre* d'une société qui existe préalablement, le forme et le contrôle bon gré mal gré. » (*La psychologie sociale*, op. cit. p. 25).

27. SOCIALITÉ. La socialité est un indicateur global, quantitatif et qualitatif, de l'état d'une société en fonction des moyens dont elle dispose pour construire l'union au sein des groupes et renforcer *l'harmonie* dans les communautés. Socialité et lien social sont consubstantiels : *la variété* de la première détermine *la fermeté* du second, qui la nourrit en développant des réseaux de communication et d'échanges qui sont cause et effet à la fois de cohésion sociale. L'harmonie, c'est l'union qui rend plus fort ensemble et individuellement. L'éthique est facteur d'harmonie, et l'harmonie entretient l'éthique qui accompagne la concorde et veille à la solidarité. Et quand l'harmonie vacille, le *travail social institutionnalisé* est appelé à la rescousse pour soigner, adapter, rééduquer la socialité « de plus en plus faible, de plus en plus soumise, de plus en plus artificielle » (A. Lion et P. Maclouf : *L'insécurité sociale*, *op. cit*., p. 15).

Sacralisée par les coutumes, les rituels, les mythes et les actions en tant qu'ensembles d'usages et de comportements qui développent le lien social avec la communauté et les rapports sociaux, la socialité, est la condition et le résultat de la solidarité en acte, le liant nécessaire à la cohésion sociale. Solidarité et socialité définissent ensemble « l'organicité de la société » et la confrontent à ses capacités de *jugement moral**.

28. TÉLÉOLOGIE, TÉLÉONOMIE. Science de la finalité, la téléologie recouvre l'étude des fins humaines. Face aux grandes questions philosophiques (le bonheur, la justice), *la téléologie morale*, est une théorie de l'idéal, composée de deux sciences du réel : la science de la valeur et la science du bonheur (P. Lapie, *Logique de la volonté*, 1902, p. 385).

Selon A. Wilden (*System and structure, essays in communication and exchange*, 1972, p. 363), *la téléonomie* est l'étude des systèmes finalisés par une recherche de stabilité structurelle et non de changement (*goal-seeking system*), alors que la *téléonomie* concerne les systèmes finalisants, acceptant différentes plages de stabilité structurelle et capables d'élaborer ou de modifier leurs finalités (*purposefull system*). La première serait, selon la théorie des *cybernétiques de type UN* de première vague, c'est-à-dire centrée sur la façon dont les systèmes maintiennent leur homéostasie ; alors que la seconde, centrée sur la façon dont les systèmes changent leur organisation, serait une cybernétique de la deuxième vague. Ce qui permet d'établir que la *philosophie de l'éthique* s'apparente à l'épistémologie batesonienne des systèmes (l'éthique-système), et que les techniques des applications de l'éthique s'apparentent à la *thechnologie des systèmes* (l'éthique-outil).

D'une manière générale, *est téléologique* tout système autoréférentiel qui peut élaborer et créer lui-même ses finalités ; ce système est finalisant par opposition à un système *téléonomique*, finalisé sous contrôle extérieur et donc hétéroréférentiel. Ainsi, *l'éthique individuelle* (personnelle) est téléologique, alors que *l'éthique sociale* (normative et générale, avec ses différentes formes et ses applications spécialisées, éthique de la société) est téléonomique.

L'éthique, en tant que système bio-cognitif ouvert, est un système téléologique et téléonomique à la fois. *Téléologique*, elle est un produit individuel finalisé par un « système-personne »[216], une *éthique du dedans* en somme, vécue et activée par l'individu. Selon J.P. Boutinet (1990, p. 154), *téléologique* (*télos*, fin, but) signifie le « caractère de tout système finalisé qui n'est plus agi par une simple finalité à la fois extérieure et inscrite dans sa structure, mais qui montre une capacité à se déterminer lui-même, par la manipulation des causes finales ». T*éléonomique*, au sens où elle est un construit social qui impacte et se répercute sur chacun, l'éthique s'incarne dans la rencontre inter-individuelle contrôlée par la société.

C'est donc dans les enchevêtrements du dedans et du dehors et les hiérarchies sans fin qui les unissent dans le temps et dans l'espace, que l'éthique accomplit sa tâche universelle en traçant son chemin de l'un à l'autre des individus, des groupes et des institutions qui « font l'éthique » qui « fait » les individus, qui « font » les institutions. On en revient à la distinction entre l'action programmée de l'extérieur et l'action finalisée de l'intérieur du sujet.

L'approche différentielle, téléologique et téléonomique, permet de comprendre que quiconque cherche à être objectif dans ses conduites éthiques, pratique une forme de « systémographie » permanente où le sujet se projette dans l'objet, selon son intentionnalité*. Ce qui

---

216 Comme le développe G. Lerbet dans son ouvrage *Une nouvelle voie personnalsite : le système–personne,* la personne conçue comme un système « est un lieu d'échanges [...] et se construit dans et par le rapport à l'autre ».

signifie que l'idée de l'éthique préside à toute représentation *ante-per-post* de l'agir-éthique, selon la façon dont on se pose le problème et avance avec lui pour le résoudre. L'agir-éthique, c'est se regarder regardant l'éthique et s'organiser pour la comprendre en cherchant à se comprendre en action. C'est la situation du modélisateur se modélisant.

29. SYSTÈME, SYSTÉMIQUE. À l'image d'Hippocrate qui disait que pour accéder au malade, il faut d'abord traverser la maison, connaître un objet, c'est découvrir et pénétrer son environnement. Par opposition au *réductionnisme*, l'idée de système embrasse le *globalisme* et prend en compte la relation *système-objet-environnement* pour comprendre les finalités de l'objet : « Un système est un ensemble d'éléments en interaction dynamique organisés en fonction d'un but » (J. de Rosnay, 1975, p. 91). Définition que les constructivistes complètent en insistant sur les relations du système avec son environnement.

La méthode systémique introduit la notion d'« analyse dynamique ».Variété, mémoire, interconnexion, projet, auto-organisation, ouverture, milieu, environnement, finalité, tous ces concepts et d'autres qualifient les propriétés des *Systèmes Complexes*, permettent de les modéliser et de les représenter en fonction de la position de l'observateur. Suivant la manière dont on met l'accent sur l'une ou l'autre de ces propriétés, en effet, on a une voie d'accès privilégiée à la connaissance générale ou particulière du système observé. Avec J.L. Le Moigne et la *triangulation systémique* qu'il propose, tout système complexe peut être décrit, du global au local et de la réflexion à l'action, sous trois aspects différents et complémentaires :

1) *L'aspect structural* à travers lequel le modélisateur cherche, conformément à la méthode scientifique classique, à décrire la structure du système en analysant l'agencement de ses composants et en décrivant les réseaux à travers lesquels ils se connectent. Un hôpital, « milieu d'hommes au service des hommes » selon la formule consacrée, est une *structure* (de *structura*, struere : construire). Il porte la marque de cette institution en fonction du tout et des parties qui la composent et l'organisent. Modéliser l'éthique à l'hôpital, c'est donc commencer par se pencher sur son organisation avant d'interroger son fonctionnement et son évolution par rapport à ses finalités.

2) *L'aspect fonctionnel*, donne accès aux finalités du système : que fait le système dans son environnement, et à quoi sert-il ? La mission de

l'hôpital correspond à *la fonction* de cet établissement conçu comme un système (accueillir, soigner, héberger) ; *la finalité* de la structure (apaiser la douleur, traiter la maladie, réparer les blessures) épouse la conception de la santé pour subvenir à sa mission de service public. Sans cette finalité, qui porte les valeurs de l'éthique en direction des patients, des familles, du personnel et de la société, la structure hospitalière ne peut pas évoluer, car elle est privée de sens. Les fonctions soins et éthique sont *co-connectées* au sein de l'établissement, et subissent l'influence (sociale, politique, économique, etc.) de l'environnement tout en ayant une action en retour sur lui ; elles sont étroitement liées aux finalités de la structure qu'elles *co-orientent*, et auxquelles elles sont interdépendantes. La fonction peut être définie en terme de régularité mais aussi de stratégie : prospective, prévision, scénario, planification, programmation, activité...

3) *L'aspect génétique* (ou historique), est lié à la nature évolutive du système, doté d'une mémoire et d'un projet capable d'auto-organisation. L'histoire du système permet de rendre compte de son fonctionnement.

La notion d'évolution est inséparable de celle de dynamique globale des systèmes, au sens où J. Mélèse s'intéresse aux phases de stabilité relative, de crise et de changement, qu'il analyse en termes d'équilibres dynamiques (*homéostasie*) qui incluent « l'adaptation et l'apprentissage et par la même, une évolution progressive en réponse à celle de l'environnement » (1985, p. 29).

D'une manière générale, la « révolution systémique » est une méthodologie qui permet d'organiser les connaissances en vue d'une meilleure efficacité de l'action, développe J. de Rosnay dans *Le macroscope*, qu'il décrit comme un outil qui n'a d'intérêt que s'il débouche sur l'opérationnel en permettant de « dégager, à partir d'invariants, des propriétés et du comportement des systèmes complexes, quelques règles générales destinées à mieux comprendre ces systèmes et à agir sur eux. » (1975, p. 119). Synthèse de tous les types d'approches systémiques possibles, la *Théorie du Système Général* (Le Moigne, 1984) se définit, quant à elle, comme la théorie de la modélisation des objets naturels ou artificiels, complexes ou compliqués.

L'éthique fait partie de ces objets qui appellent à la modélisation. Comme tout système complexe, elle demande à être analysée, c'est-à-dire décomposée en ses parties, afin d'observer les éléments qui les structurent à des niveaux de complexité observable. Décrire un système consiste donc à construire une maquette où, du global au local, vont apparaître les réseaux de relations, processeurs et processus qui l'activent au regard des éléments qui le composent. « Nous ne raisonnons que sur des modèles » (Paul Valéry).

Sur quels modèles, *la bioéthique* par exemple, va-t-elle évoluer dans les années à venir pour traiter – après les lois de 2011 (autorisation du don croisé d'organes) et de 2013 (régime d'interdiction de la recherche sur l'embryon avec dérogation à une autorisation encadrée – la grande question, la question politique majeure, philosophique, scientifique et technique actuelle : « Une humanité génétiquement modifiée est-elle possible ? ». Nul doute que cette question majeure ne fait que s'ajouter à tant d'autres, capitales pour le futur et la démocratie. Elle interroge l'éthique en questionnant chaque individu et la société tout entière sur les modes de vie et l'avenir de la planète ; sur les crises qui se multiplient ; sur les rumeurs qui égarent ; sur le numérique qui donne à s'inquiéter des ingérences qu'il apporte dans la vie publique et privée ; sur l'intelligence artificielle avec les peurs qu'elle suscite, etc. Or, si l'on observe que, quand la question est éthique, la réponse ne peut qu'être morale, sauf à ne pas prendre conscience du danger qu'il y aurait à confondre *le système* et *l'outil* en inversant les rôles du système qui pilote (*système opérateur*) et du système piloté (*système opéré/opérant*), par manipulation inconsciente ou instrumentalisation volontaire.

C'est ce qu'exprime *la loi de la variété requise* (law of Requisite Variety) : « Plus un système est complexe, plus le système de contrôle doit, lui aussi, être complexe, afin d'offrir une "réponse" aux multiples perturbations provenant de l'environnement. » (J. de Rosnay, 1975, p. 118). Ce qui conduit à penser que plus l'éthique est complexe, plus les questions qu'elle pose appellent des réponses diverses ; et plus ces réponses se doivent d'être morales, plus le système qui les contrôle doit être, lui même, complexe.

CONCLUSION GÉNÉRALE

De la bio-sphère à l'anthroposphère où la noosphère constitue le champ des idées qui habitent la psychosphère et la sociosphère, l'éthique marque la vie d'une empreinte indélébile qu'elle cultive et qui la cultive. L'éthique est un bien commun, un patrimoine social de l'humanité ne pouvant être compris sans l'examen de ses multiples dimensions morale, politique, culturelle et psychiques. Elle est précieuse. Or, « tout ce qui est précieux est aussi difficile que rare », observe Spinoza. Est-ce à dire que l'éthique est rare ? N'est-elle pas tout simplement complexe ? C'est-à-dire tissée de mille liens qui s'enchevêtrent dans l'ordre et le désordre, en quête de cohérence, de cohésion et d'équilibres. Sans elle, il y a longtemps que, face à la barbarie, l'humanité serait rayée de la carte.

L'éthique est paradoxale. Dès la première ligne du *contrat social*, Jean-Jacques Rousseau énonce : « l'homme est né libre et partout il est dans les fers ». Peut-on au nom de la morale et/ou de l'éthique, imposer en même temps la liberté et ses corollaires, l'égalité et l'équité ? Peut-on dissocier les grands problèmes des petits ? Le pouvoir légitime des valeurs dans la République exprime la volonté générale. Mais cette volonté n'est pas systématiquement la volonté de tous. La démocratie est tissée de paradoxes, elle laisse à chacun le droit d'en contester l'existence. On peut la voir comme un épiphénomène de l'histoire, ou juger qu'elle ne promet qu'elle même. Arc-boutant des consciences individuelles et collectives, l'éthique, quelle est-elle ? Comment fonctionne-t-elle, et que va-t-elle devenir ? Au-delà du vocabulaire, l'éthique ne serait-elle pas la question, et la morale, la réponse ?

Pluridimensionnelle et mutlifactorielle, l'éthique puise à de multiples sources de savoirs et en premier lieu dans celui de la philosophie, des sciences psychologiques et sociales, du droit, de la politique et de la religion. L'éthique est un concept *bio-psycho-anthropo-sociologique trans-spécifique*, et la méthode pour l'approcher, vieille comme le monde, est *pluri, inter et transdisciplinaire*.

Tapie au plus profond des instincts, du bon sens et des âmes vertueuses au cœur des relations humaines qui sont le fondement de la vie en société, l'éthique interroge l'homme et la culture, dont elle est le reflet. Autrefois morale traditionnelle dictée de l'extérieur, elle tend à prendre aujourd'hui le sens d'une morale individuelle où la *clause d'authenticité* serait, en conscience, motif à jugement intime et réflexion personnelle pour agir.

Par la pensée, sans cesse actualisée, au rythme du progrès scientifique et technique sur fond d'héritages du passé, l'éthique investit et s'investit. Elle met la vie en possession des « vraies » valeurs : *ses vérités*. Elle s'applique et s'implique dans la société où elle véhicule la morale qu'elle passe au crible des nouvelles manières de penser et de se comporter. Elle cherche à maintenir les principes du pouvoir bien penser et bien vivre ensemble, en s'appuyant sur les normes et les lois qui protègent et permettent d'avancer. Elle pousse à croire, à comprendre et à espérer.

Par la socialisation qui la porte et les jugements qu'elle opère, l'éthique est préventive, accompagnatrice et évaluatrice à des fins tout à la fois régulatrices, égoïstes, altruistes, géométriques, aléatoires, unes et multiples. Mais, c'est là que le bât blesse entre *autonomie* et *hétéronomie*, car avant d'être un acquis personnel, l'éthique est un *construit social* où chacun peut jouer aux dès de la morale avec le sentiment collectif. L'éthique, en ce sens est une *compétence sociale*. Comme la culture et l'éducation dont elle est corollaire, elle est un art qui flirte avec la sagesse plus qu'avec toute science susceptible de dire la sagesse. Elle est un bien d'investissement, par opposition à un bien de consommation.

État d'esprit, l'éthique n'est pas un algorithme. Comme la morale, elle est discipline de soi et porte sur les jugements de l'action qui forment sa colonne vertébrale, sans que l'on ait besoin de se poser la question de savoir ce qui est moral dans l'éthique et éthique dans la morale. L'éthique et la morale partagent le même corps de principes et de valeurs. Ensemble elles se nourrissent de leurs applications, qui dépendent de leur degré de généralisation et de capacité à rassembler. *Système-vivant social*, l'éthique se construit, du global au local et de l'individuel au collectif, depuis les finalités qu'elle proclame (*l'éthique-système*) et met en œuvre (*l'éthique-outil*), jusqu'aux effets qu'elle produit dans la relation des acteurs avec le milieu.

Art du bien faire et des belles manières, l'éthique est une compétence. Le rapprochement des concepts d'éthique et de *compétences sociales* est fécond, car l'éthique, qui réunit des compétences individuelles et des compétences collectives est par excellence une *compétence sociale* :

— *Compétence personnelle* au sens où, comme tout élément de la classe, elle procède de « l'ensemble des comportements potentiels (affectifs, cognitifs et psychomoteurs) qui permettent à un individu d'exercer efficacement une activité considérée comme complexe. » (F. Raynal et A. Rieunier, 1997, p. 76).

— *Compétence sociale* au sens où : « Les compétences sociales (*social skills*) sont des patterns de comportement social qui rendent les individus socialement compétents, c'est-à-dire capables de produire les effets désirés sur d'autres individus » (Michæl Argyle, 1996, p.87).

Comme les compétences sociales, à la famille de laquelle elle appartient, l'éthique est au carrefour d'un plus individuel et d'un plus collectif. Le plus individuel, c'est le rapport aux désirs, aux valeurs, à la motivation et à l'efficacité en vue de relations de qualité avec la personne d'autrui. Le plus collectif, c'est ce besoin de lien social indispensable pour réaliser des intentions, des plus sporadiques, locales et immédiates, aux plus existentielles, générales et médiates.

Compétence sociale, l'éthique tisse *les liens de la reliance* entre les personnes, les groupes les organisations et la société. Elle optimise les relations et aide à maintenir la communication en luttant contre l'incompétence sociale, source de déliance pouvant conduire à des actes immoraux. Avec l'éthique, on rejoint la pensée d'A. Moles qui, traitant des *sciences de l'imprécis* (1995), parle de cet « équilibre délicat entre la surface et la profondeur [qui] est le problème majeur qui se pose aux hommes de notre temps. » : surface des comportements éthiques individuels observables, et profondeur des mouvements collectifs de la société. Comme la surface de l'eau qui n'appartient ni à l'air, ni à l'eau, l'éthique évolue à l'interface de l'individu et de la société. C'est là qu'elle se cultive et qu'on la cultive. ***L'éthique est reliance sociale.***

Globalement, l'éthique est reliance à soi, aux autres et aux choses, c'est-à-dire *écologie profonde des liens individuels et sociaux* qui la fondent ensemble pour s'opposer à la déliance. Elle est *écologie de l'esprit*, faite de luttes et d'entraides, selon le processus mental défini par G. Bateson comme émergence de l'interaction entre différents éléments d'un *système vivant-social* dont le produit est le résultat d'événements qui s'organisent dans les réseaux de communication qui relient l'homme à son environnement.

Système, on la place sous le signe du lien social, qui est le symbole d'une histoire naturelle de la reliance au sens où B. Cyrulnick (1989) interroge tous ces liens de la condition humaine qui se tissent au quotidien en allant de l'attachement à l'autonomie. On la voit évoluer sous la forme d'actes individuels (croyances, jugements, valeurs, décisions, comportements, etc.), qui se jouent dans la potentialité des relations interpersonnelles qui impactent « l'échosystème » dont elles font partie (*biocénèse*) au sein de l'environnement où elles puisent leurs énergies vitales (*biotope*). Aidante et prévenante, elle est facteur de *résilience*, comme la résilience est facteur d'éthique. En favorisant l'épanouissement harmonieux des individus et de la société, elle participe à la vie affective des groupes, qui est elle-même facteur de socialisation et d'intégration en fonction des normes de *conformité* (coercitive, rationnelle et affective) et de *solidarité* (stratégique, opératoire, psychologique, organisationnelle et culturelle). Dans leur *Dialogue sur la nature humaine* B. Cyrulnick et Edgar Morin (2018) rejoignent, sur ce plan du lien social, la pensée de Max Pagès posant les bases d'une théorie unifiée de la relation humaine dans son ouvrage *La vie affective des groupes* (1968). Théorie qui transcende l'action individuelle quelles que soient « les incertitudes de la réciprocité », en expliquant l'importance de la personnalité dans l'interaction des phénomènes psychiques et sociaux.

Outil, l'éthique est cette partie du système qui assure les médiations internes et externes en opérant les transformations des flux d'informations (sens des situations, représentations mentales, affects, stratégies, décisions), de matières (conditions et objets matériels de l'existence, besoins psychologiques et sociaux, capacités à être autonome, sociable et responsable) et d'énergies (instincts égoïstes et altruistes mêlés, pulsions, désirs, projets, intentions, conscience, volonté, émotions, imagination…), qui créent l'être humain en nous, c'est-à-dire l'espérance d'une vie physique et morale droite et épanouie.

Mais l'éthique, hélas est capricieuse. Et, miroir de nos comportements, elle n'est pas toujours « chanceuse ». Comme dirait Gaston Pineau, elle fonctionne à « temps et contretemps »[217]. Elle joue sur le clavier des continuités et discontinuités temporelles pour trouver

---

217 Pineau G. : *Temps et contretemps en formation permanente*. Maurecourt, Ed. Universitaires (Mésologie-Altérologie), 1986.

ses horizons et renaître par la racine. Avec Gaston Pineau le philosophe, penseur de l'éducation permanente, je pense à la « schizochronie » qu'il évoque dans son livre : « Ne pas réussir à vivre la dynamique constituée par l'interaction dialectique du présent, passé et futur ainsi que par celle de la synchronisation avec d'autres temps environnementaux est une forme sinon la forme fondamentale de la schizo-chronie, de l'aliénation, de la réification de l'existence et de la conscience malheureuse. » (*op. cit.,* p. 37). Dans le macrocosme social, la lutte contre Khronos semble devenue inégale et sans espoir. Trop de voyages, trop de communication ne finissent-ils pas par envahir le microcosme cérébral de l'homme « réseau-nable », au point de provoquer cette « crise d'épilepsie » qui déborde ses neurones lorsque, selon l'analogie du « voyage immobile » décrit par L. Naccache, la goutte d'eau fait déborder le vase ? Sur le plan psychologique, la crise d'épilepsie correspond à « un appauvrissement soudain du comportement, de la vie mentale et de la conscience de l'individu, tandis que sur le plan cérébral, elle se traduit par une augmentation massive et brutale des voyages neuronaux. » (L. Naccache, 2015*)*. Tout va trop vite pour nos cerveaux désormais assaillis d'informations non hiérarchisées, qui agressent nos consciences, nos désirs, nos besoins, au risque de rendre fou, sans savoir ce qui oriente nos pensées, ni à qui vraiment elles appartiennent.

En rapprochant le néologisme de G. Pineau et l'analogie de L. Naccache, on en vient à se *re-présenter* l'éthique comme un rempart à tout événement susceptible de provoquer la coupure des liens synchronisateurs reliant les macro-temps physiques et métaphysiques aux micro-temps biologiques, et aux méso-temps personnels, qui rythment ensemble l'énergétique du vivant-social et en assurent le tempo. En les lisant l'un et l'autre, je me remets à penser au jeu initiatique de la marelle avec ses joyeux équilibres tâtonnants, ses jaillissements de sens au présent, sa place dans l'espace du temps qui passe, son alternance et sa *partition* entre l'action et la réflexion de l'enfant qui apprend et celle de l'adulte qu'il est devenu, conscient d'exister et d'espérer à l'aune de son jugement moral. C'est là toute une histoire de vie dont l'éthique est un synchroniseur à l'affût des contraintes à domestiquer, que sont les espaces matériels et temporels dans l'entre-deux des choses de la vie qui passe, avec le juste et l'injuste, la santé et la maladie, la bienfaisance et la malfaisance, la tristesse et la joie, la chance et la malchance, le bonheur et la guerre… La barbarie et la civilisation.

« Les hommes meurent parce qu'ils ne sont pas capables de joindre le commencement à la fin » jugeait Alcméon de Crotone chez les Crecs[218]. Et G. Pineau a bien raison : « Assez de temps perdu, à la conquête des temps ! la course contre la montre n'est pas la danse de la vie. » La vie, la vraie vie, sans faire de morale – ou en en faisant, on ne sait plus ! – c'est l'homme dans son humanité. C'est l'homme dans son « humanitude », au sens où Albert Jacquart pense aux cadeaux qu'elle nous offre et à cet enrichissement sans limites que constitue « l'ensemble des caractéristiques dont, à bon droit, nous sommes si fiers, marcher sur deux jambes ou parler, transformer le monde ou nous interroger sur notre avenir » [219].

Expression de vie, l'éthique rapproche, l'éthique rassemble. Elle accompagne. Dans et par l'éthique, les hommes sont semblables et différents. Mais il est plus facile pour l'artiste, le philosophe ou le poète de penser l'éthique et de la méditer, que pour le politique et le juriste de la dire et la faire appliquer. L'éthique n'est pas un objet matériel que le savant apprend à connaître comme le physicien, qui observe la chute des corps pour analyser les lois de la gravité.

Ainsi, quand Pierre Soulages[220], le « peintre du Noir et de la Lumière » exprime son art : « Celui qui regarde ma peinture est dans ma peinture », il est dans le vrai de son art. Et l'on peut dire avec lui que, comme sa peinture, l'éthique est une présence quasi physique et métaphysique, tactile et sensuelle. Comme l'art de Soulages, que Françoise Jaunin définit comme « une peinture de matérialité sourde et violente, et, tout à la fois, d' "immatière" changeante et vibrante qui ne cesse de se transformer selon l'angle par lequel on l'aborde »[221],

---

[218] Cité par J.P. Vernant : Mythe et pensée chez les Grecs, Maspéro, 1965, p. 97).

[219] *Les scientifiques parlent* (collectif), Hachette, coll. « La force des idées », 1987. Et : *Cinq milliards d'hommes dans un vaisseau*, éditions du Seuil, 1987.

[220] « Ma peinture est riche d'une foule de possibilités, dont une seule apparaît au moment où on la regarde, selon la place où l'on se trouve. Elle est multiple, ce qui est fondamentalement différent de ce que l'on appelle la peinture » Pierre Soulages, *La dispute*, « Art et création », entretien avec Arnaud Laporte, 2019).

[221] « Pierre Soulages, *Noir lumière* » : Entretiens avec Françoise Jaunin , Lausanne, Editions La Bibliothèque des arts, 2002.

l'éthique dégage une profonde énergie en forçant à la méditation et à l'intériorisation. Mais, « entre l'ange et la bête »[222], la peinture est toujours belle, quand elle est morale et que les ombres donnent du relief au tableau.

Au cœur de la grande question de l'humanité et de la sauvagerie, David Diop fait dire à son héros : « Par la vérité de Dieu, je te le jure qu'à l'instant où je nous pense, désormais lui est moi et moi suis lui. » (*Frère d'âme*. Seuil, 2019, p. 143).

Aujourd'hui, la Ministre de la transition écologique, Élisabeth Borne, intervient au sujet du « désastre » du *Black Friday* : « On ne peut pas à la fois baisser les émissions de gaz à effet de serre et appeler à une frénésie de consommation. Il faut surtout consommer mieux. » (*Sud-Ouest*, 26 novembre 2019). Morale… éthique : où est la différence, face au risque majeur ?

Il faut « être » éthique ! Mais pour être éthique, il faut « avoir » de la morale. L'éthique est précieuse. Elle veille et on la veille. On la voudrait moins rare. On la voudrait moins rare, surtout quand le débat politique et l'opinion vacillent sous les assauts conjugués de la société du spectacle et de l'âge identitaire, quand la violence phagocyte l'argumentation et que la démocratie, que nous croyons inébranlable, est en train de s'effondrer.

Aussi, quand le poète rêve à perdre la raison dans sa quête de vérités, l'éthique n'est déjà plus que cette ligne éternelle d'un horizon toujours plus beau, qui semble fuir à mesure qu'on l'approche :

> « De tout, il resta trois choses :
> La certitude que tout était en train de commencer,
> la certitude qu'il fallait continuer,
> la certitude que cela serait interrompu

[222] Allusion à toute problématique où l'éthique intervient dans les situations de la vie quotidienne où les grands débats de société sont fondamentaux. Le monde des personnes en situation de handicap physique et ou mental est en première ligne dans ce type de réflexion où les métaphores parlent avec force, telle celle des recherches scientifiques intitulées : *L'ange et la bête : Représentations de la sexualité des handicapés mentaux chez les parents et les éducateurs* (A. Giami, Ch. Humbert, D. Laval. Archive pluridisciplinaire HAL Id : inserm-00518277 https://www.hal.inserm.fr/inserm-00518277).

avant que d'être terminé.
Faire de l'interruption, un nouveau chemin,
faire de la chute, un pas de danse,
faire de la peur, un escalier,
du rêve, un pont,
de la recherche…
une rencontre. »

Fernando Pessoa (1888-1935),
Le livre de l'intranquil

BIBLIOGRAPHIE

- AGYAL, A. : *Foundations for a science of personnality.* Cambridge, Harvard University Press, 1941.

- ALAIN (Émile CHARTIER) : *Spinoza*, Paris, Librairie Paul Delaplanne éditeur (Les philosophes), 4e édition, 1901. Gallimard, 1972.

- ARENDT Annah : *Condition de l'homme moderne (The Human Condition,* 1958). trad. G. Fradier, préface de P. Ricœur, Paris, Calmann-Lévy, 1983.

- ASHBY William Ross : *An introduction to cybernetics,* 1ère éd. Londres, Chapman &Hall ltd, 1956.

- ATIAS Christian, LE MOIGNE Jean-Louis : *Science et conscience de la complexité : échanges avec Edgar Morin.* Librairie de l'Université (Coll. Cheminements interdisciplinaires), Paris, 1984.

- ATLAN Henri : « On a formal definition of organization », Journal of Theorical Biologie, 45, 1974.

- ATLAN Henri : *Entre le cristal et la fumée*. Paris, Seuil, 1986.

- BADIOU, Alain : *L'éthique, essai sur la conscience du mal.* Caen, NOUS, 2003, 2019.

- BAICHÈRE Didier et SÉJOURNÉ Stéphane : « Pour une reconnaissance faciale éthique », *Le Monde*, Idées, 25 octobre 2019, p. 25.

- BAJOIT Guy : *Pour une sociologie relationnelle*, Paris, PUF, 1992.

- BATESON Gregory : *Steps to an Ecology of Mind: Collected Essays in Anthropology, Psychiatry, Evolution, and Epistemology*, University of Chicago Press, 1972. Traduit sous le titre (fr) *Vers une écologie de l'esprit*. Paris, Seuil, T. I : 1977 ; T. II : 1980.

- BENOIT Jean-Claude et al. : *Dictionnaire clinique des thérapies familiales systémiques*. Paris, ESF,1988.

- BERTALANFFY Ludwig Von : *General system theory. Trad. fr. : Théorie général des systèmes,* Paris, Dunod, 1973.

- BERNSTEIN Basil : *Langage et classes sociales. Codes socio-linguistiques et contrôle social. Paris,* Les Éditions de Minuit, *1975.*

- BLANQUER Jean-Michel et MORIN Edgar : Quelle école voulons-nous ? La passion du savoir. Paris, Odile Jacob, 2020.

- BRONNER Gérald : *Déchéance de rationalité*. Paris, Grasset, 2019.

- BRONNER Gérald : « Le manuel anti-charlatanisme ». *Le Point*, n° 2428, 14 mars 2019, pp. 58-62.

- BOLLE de Bal Marcel : *La tentation communautaire, les paradoxes de la reliance et de la contre-culture*, Ed. de l'Université, Bruxelles, 1985.

- BOLLE de Bal Marcel : *Voyage au cœur des sciences humaines, De la reliance.* Tome 1. *Reliance et théories*. Préface de Jean Maisonneuve. L'Harmattan (Logiques sociales), Paris, 1996.

- CAVERNI Jean-Paul : *L'éthique dans les sciences du comportement.* Paris, PUF, Que sais-je, 1998.

- CHARTIER Émile : *Spinoza*, Paris, Librairie Paul Delaplanne (Les philosophes), 4e édition, 1901.

- COPPENS Yves : « L'homme », in Reeves Hubert et al. : La plus belle histoire du monde. Paris, Seuil, 1996.

- CROZIER Michel et FRIEBERG Erhard : *L'acteur et le système*, Paris, Seuil, 1977.

- COCCIA Emanuele : « Tératologie de la morale, ou de l'éthique au Moyen Âge », *Médiévales*, 63, 2012.

- CYRULNICK Boris : Sous le signe du lien. Paris, Hachette Littératures (Pluriel), 1989.

- CYRULNICK Boris : *Un merveilleux malheur*, Paris, Odile Jacob, 1999.

- CYRULNICK Boris : *Dialogue sur la nature humaine*, avec Edgar Morin, Éditions de l'Aube, 2000.

- DAOUD Kamel : « La fable du lapin chasseur », *Le Point*, 30 mai 2019.

- DAWKINS Richard : *The Selfish Gene*. Oxford, Oxford University Press, 1976.

- DEBRU Claude et Isoz Frédéric-Pierre : *Pourquoi croyons-nous* ? Paris, Odile Jacob, 2020.

- DE LA FOURNIÈRE (F.), PEYRÉ (P.), R. BARTHET : "La nouvelle gouvernance Hôpital 2007. Réflexion et perspectives à partir du cas de la gérontologie hospitalière (L'attitude transdisciplinaire en gériatrie)", Revue NPG (Neurologie-Psychiatrie-Gériatrie), Paris, Elsevier Masson, N° 35, octobre 2006, pp. 36-40.

- DE LA FOURNIÈRE (F.), PEYRÉ (P.), R. BARTHET : "Governance and geriatrics ", Elderly care, *Hospital*, The Official Journal of the European Association of Hospital Managers, 28, rue de la Loi, B-1040 Brussels, février 2008.

- DONNADIEU Gérard : « Un nouveau regard sur l'entreprise », *Entreprise et personne*, N° 286, mai 1987.
- DONNADIEU Gérard : *Manager avec le social. L'approche systémique appliquée à l'entreprise (Un guide de management pour tous les cadres)*. Paris, Editions Liaisons, 2000.
- DUPUY Jean-Pierre et ROBERT Jean, *La trahison de l'opulence*. Paris, PUF, 1976.
- DURAND Gilbert : *Les structures anthropologiques de l'imaginaire*. Paris, Bordas (Études supérieures),1969.
- FERRY Luc : *Dictionnaire amoureux de la philosophie*. Paris, Plon, 2018.
- FLORÈS César : *La mémoire*. Paris, PUF (Que Sais-je ?), 1972.
- FOURNIÈRE François (De La) : *Hosto Blues, Récit d'un praticien hospitalier*. Préface de Pascal Hamel, Postface de P. Peyré, L'Harmattan, (Histoire de vie et formation), 2014.
- FREYNET Marie-France : Les médiations du travail social. Contre l'exclusion, (re)construire les liens. Lyon, Chronique Sociale (Comprendre la société), 1995.
- GATTARI Félix : *Les trois écologies*. Paris, Ed. La Découverte, 1989.
- GOFFMAN Erving : *Les rites d'interaction.* Trad. Paris, Les Editions de Minuit (Le sens commun), 1974.
- GOMEZ Jean-François : *Handicap, éthique et institution.* Paris, Dunod, 2005.
- HEGEL G.W. Friedrich, *Principes de la philosophie du droit.* Berlin, Librairie Nicolai, 1821.
- HINTERMEYER P. : "Penser le lien social", *Actions et recherches sociales*, Créteil, 1989.
- HOFSTADTER Douglas : *Gödel, Escher, Bach : les brins d'une guirlande éternelle*, Paris, Interéditions, 1985.

- ILLICH Yvan : *La convivialité*. Paris, Seuil, 1973.

- JANKÉLÉVITCH Vladimir : *Le Je-ne-sais-quoi et le presque rien*. Nouv. éd. remaniée, Paris, Seuil, 1980.

- JANKÉLÉVITCH Vladimir : *Le Paradoxe de la morale*. Paris, Seuil, 1981.

- JONAS Hans : *Le principe responsabilité. Une éthique pour la civilisation technologique,* Flammarion, 1990.

- KARDINER Abram et LINTON Ralph : *The individual and his society*. Columbia Université Press, 1939.

- LAGARRIGUE Jacques, LEBE Guy : « Ethique ou morale ? », INRP, Revue *Recherche et Formation,* Conscience éthique et pratiques professionnelles,1997, pp. 121-130.

- LAPIE Paul : *Logique de la volonté.* Paris, Félix Alcan Ed., 1902.

- LEGRAND L. : « Enseigner la morale aujourd'hui ? », *Revue française de pédagogie*, 1991, n° 97, pp. 53-64.

- LEGROUX Jacques : *De l'information à la connaissance*. Maurecourt, Mésonnance, 1981.

- LE MOIGNE Jean-Louis : *La Théorie du Système Général, Théorie de la modélisation*. Paris, PUF, 1977, 1984.

- LE MOIGNE Jean-Louis : *La modélisation des systèmes complexes*. Paris, Dunod (Afcet Systèmes), 1990.

- LE MOIGNE Jean-Louis : *Le Constructivisme, tome II : des épistémologies, Jean-Louis Le Moigne. Paris, ESF (Communication et Complexité), 2003.*

- LE MOUËL Jacques : *Critique de l'efficacité*. Seuil, Paris, 1991.

- LENOIR Frédérique : *Le miracle Spinoza, Une philosophie pour éclairer notre vie*. Paris, Fayard (Poche), 2017.

- LERBET Georges *: Une nouvelle voie personnaliste : le système – personne. Mésonnance, 1981.*

- LERBET Georges : *L'Ecole du dedans*. Préface d'Andre de Peretti, Hachette (Education), 1992.

- LESNE Marcel : *Travail pédagogique et formation d'adultes*. Paris, PUF (L'éducateur), 1977.

- LION Antoine et MACLOUF Pierre (sld) : *L'insécurité sociale, paupérisation et solidarité.* Éd. De l'Atelier, 1982.

- LINTON (R.) : *Le fondement culturel de la personnalité*. Paris, Dunod, 1959.

- MAFFESOLI Michel : *Le temps des tribus. Le déclin de l'individualisme dans les sociétés de masse*. Paris, Méridien-Klincksiek, 1988.

- MAFFESOLI Michel : *La transfiguration du politique, La tribalisation du monde*, Paris, Grasset, 1992, p. 41.

- MAFFESOLI Michel : « Notre monde politique a glissé du modèle rationnel de la conviction à celui de la séduction », *Le Figaro Magazine*, Idées, 23 juin 2007.

- MAISONNEUVE Jean : *La psychologie sociale*. Paris, PUF (Que sais-je ?), 1950, 2004.

- MARGNES Eric : *L'intention didactique dans l'enseignement du judo, Des choix culturels d'ordre éthique et technique. Etude de cas de situations didactiques - leurs mises en scène pour les débutants dans la formation initiale en STAPS*. Thèse de doctorat, Toulouse, déc. 2002.

- MARZANO Michela : *L'éthique appliquée*. Paris, PUF, Que sais-je ?, 2018.

- MEAD (M.) « Adolescence à Samoa », in *Mœurs et sexualité en Océanie*, trad. Paris, Plon, 1963.

- MÉLÈSE Jacques : *L'analyse modulaire des systèmes de gestion, AMS*. Paris, Ed. Hommes et techniques, 1972.

- MÉLÈSE Jacques : *Approche systémique des organisations. Vers l'entreprise à complexité humaine*. Paris, Ed. Hommes et Techniques, 1979, 1985.

- MIERMONT Jacques : *Ecologie des liens, essai*. Paris, ESF (Communication et complexité), 1993.

- MORIN Edgar : *La Méthode 1. La Nature de la Nature*, 1981. Paris, Seuil (Points), 1977, 1980.

- MORIN Edgar : *La Méthode 2. La vie de la vie*. Paris, Seuil (Points), 1980.

- MORIN Edgar : *Le paradigme perdu, La Nature humaine*. Paris, Seuil, 1973.

- MORIN Edgar : *La Méthode 4. Les Idées, leur habitat, leur vie, leurs mœurs, leur organisation*. Paris, Seuil, 1991.

- MORIN Edgar : *Introduction à la pensée complexe*. Paris, ESF (Communication et complexité), 1990, 1992.

- MORIN Edgar : *Amour, poésie et sagesse*. Paris, Seuil, 1999.

- MORIN Edgar , LE MOIGNE Jean-Louis : *L'intelligence de la complexité*. Paris, L'Harmattan (Cognition et formation), 1999.

- MORIN Edgar : *La Méthode 6. Éthique*. Seuil, 2004.

- MOSCOVICI Serge : *Psychologie sociale des relations à autrui*, sous la dir. de Nathan Université, 1994.

- MOUSSAT E. : *Etre chic ! De la morale du sport à une morale sportive*, Paris, Messein, 1937.

- MUCCHIELLI Roger : *L'observation psychologique et psychosociologique*, ESF, 1996.

- NACCACHE Lionel : *L'homme réseau-nable, Du microcosme cérébral au macrocosme social*. Paris, Odile-Jacob (Sciences), 2015.

- NACCACHE Lionel : *Le Nouvel inconscient. Freud, Christophe Colomb*, Paris, Odile Jacob, 2006

- NACCACHE Lionel : *Le Chant du signe. Aventures et mésaventures de nos interprétations quotidiennes*. Paris, Odile Jacob, 2017.

- NEWCOMB T.M., TURNER R.H., CONVERSE, P.E. : *Manuel de psychologie sociale*. Paris, PUF (Bibliothèque scientifique internationale), 1970.

- NICOLESCU Basarab : *La transdisciplinarité, Manifeste*. Eitions du Rocher, Monaco, 1996.

- OBIN Jean Pierre : « Pour les professions de l'éducation nationale : morale, éthique ou déontologie ? » *Education et devenir*, n° 33, 1994.

- PAGÈS Max : ***La vie affective des groupes***. *Esquisse d'une théorie de la relation humaine*. Paris, Dunod, 1968.

- PAUGAM Serge : *Le lien social*. Paris, PUF, Que-sais-je ? 2018.

- PEYRÉ Pierre : « Vers une conceptualisation de la notion d'accompagnement. Penser globalement, agir localement ». *In* Avenier Marie-José (sld) : *Ingénierie des pratiques collectives, La cordée et le quatuor*, L'Harmattan (Coll. Ingenium), 2000, 462 pages, pp. 134-145.

- PEYRÉ Pierre : “Compétences sociales et fonction de direction”, Entreprise Santé (Dossier : “Le métier de directeur d’hôpital”), N° 34, juillet-Août 2001, pp. 32-34.

- PEYRÉ Pierre : “Du sanitaire au social : un complexe de liens enchevêtrés, ou l’inclusion du tiers éducatif à travers l’émergence du concept de “qualité de vie”, Colloque, Université François-Rabelais de Tours, les 22 et 23 juin 2001. (Actes : *Actualité des nouvelles ingénieries de la formation et du social*, L’Harmattan, 2002).

- PEYRÉ Pierre et COUTTON Vincent : « La prise en charge de la dépendance des personnes âgées en France : entre modèles théoriques et invention tâtonnante de la socialité », Communication, Colloque de CERISY, 23-30 juin 2005 : *Intelligence de la complexité : Épistémologie et pragmatique,* Direction Edgar Morin, Magali Roux-Rouquié et Jean-Louis LE MOIGNE. www.mcxapc.org

- PEYRÉ (P.), DE LA FOURNIÈRE (F.) : « Entre déliance et reliance au sein de la famille : la complexité du travail d’accompagnement des parents âgés dépendants psychiques face au paradoxe du changement », Revue NPG (Neurologie-Psychiatrie-Gériatrie), Paris, Elsevier Masson, N° 22, Juillet 2004, pp. 44-48

- PEYRÉ Pierre : « Les équipes de santé mentale en crise : d’une pluridisciplinarité en miettes à une gouvernance en actes ». 6ème Congrès européen de sciences des systèmes. AFSCET, École Nationale Supérieure des Arts et Métiers, Paris, 19-22 septembre 2005.

http://www.afscet.asso.fr/resSystemica/Paris05/peyre.pdf

- PEYRÉ Pierre : « La fonction de représentation au crible... des représentations. Le cas de l’expertise psychiatrique ». Journées AFSCET : *Les représentations au crible de l'approche systémique.* Moulin d’Andé, 13 et 14 mai 2006. www.*afscet.asso.fr/resSystemica/*

- PEYRÉ Pierre : « D’une pluridisciplinarité en miettes à une transdisciplinarité en actes, le problème des valeurs », in : *L’institution : vecteur de chance pour la personne vieillissante*. Actes du colloque du CIAPA 64, Pau, Mars 2007, Paris, Editions M.F., 2007, pp. 75-89.

- PIAGET Jean : *Le structuralisme. Paris,* PUF (Que sais-je ?), 1968.

- PIAGET Jean : *L'épistémologie génétique*, (1ère édition : 1970) ; Que sais-je ? n° 1399, PUF, (22e éd.), 2005.

- PINEAU Gaston : *Temps et contretemps en formation permanente*. Maurecourt, Editions Universitaires (Mésologie-Altérologie), 1986.

- PINEAU Gaston : « Un éclaireur pour apprendre aux frontières du possible », *in* BOUCHARD Nancy (coordinatrice) *: Pour une éthique ouverte à l'inattendu.* Montréal, Presses de l'Université Laval, 2019.

- POPPER Karl : *La connaissance objective*. Bruxelles, Ed. Complexe, 1978.

- RICŒUR Paul : « Fondements de l'éthique », *Autre temps*, 1984.

- RICŒUR Paul : *Soi-même comme un autre*. Paris, Seuil, 1990.

- RICŒUR Paul : *Lectures 2. La contrée des philosophes*. Paris, Seuil, 1992,

- RICŒUR Paul : *La Critique et la Conviction*. Éd. Calmann-Levy, 1995.

- ROSNAY J. de : *Le macroscope, Vers une vision globale*. Paris, Seuil, 1975.

- RUSS J., Legueil Clotilde : *La pensée éthique contemporaine.* Paris, PUF (Que Sais-je ?), 2015

- SÈVE Lucien : *Pour une critique de la raison bioéthique.* Paris, Éd. Odile Jacob, 1994.

- SÈVE Lucien et al. : *Émergence, complexité et dialectique*, *sur les systèmes dynamiques non linéaires*. Paris, Éd. Odile Jacob, 2005 ;

- SÈVE Lucien : Qu'est-ce *que la personne humaine?: bioéthique et démocratie*, Paris : Paris, Éd. La Dispute, 2006.

- SIMONET FRANÇOIS : « Peut-on envisager l'existence sans produire de valeurs ? » Revue *Gestions Hospitalières*, n° 588, Août-Sept. 2019, pp. 408-411.

- SPINOZA Baruch : *Éthique*, Introduction, trad. et notes de Robert Misrahi, PUF, 1990. Réédition en Livre de Poche en 2011.

- TOULOUSE Gérard : *Regards sur l'éthique des sciences.* Hachette-Littératures, 1998.

- SILVERMAN David : *La théorie des organisations*. Paris, Dunod (Organisation et sciences humaines), 1973.

- VALÉRY Paul : Introduction à la méthode de Léonard de Vinci. Paris, Gallimard, Folio essais, 1957.

- VALÉRY Paul : *Cahiers, Tome 1*, Essai, Paris, Gallimard, La Pléiade, 1973.

- VARELA Francisco : L'inscription corporelle de l'esprit. Sciences cognitives et expérience humaine. Paris, Seuil, 1993.

- WALLISER B : *Systèmes et modèles. Introduction critique à l'analyse de systèmes*, Paris, Seuil, 1977.

- WILDEN A : *System and structure, essays in communication and exchange*. Londres, Tavistock Publications, 1972, p. 363.

- WATZLAWICK Paul et al. : *Une logique de la communication.* Paris, Seuil, 1972.

- WITTORSKI Georges : « De la fabrication des compétences », in : *La Compétence au travail*, Revue *Education Permanente*, n° 135, pp. 57-69.

- WORMS Frédéric : *Pour un humanisme vital.* Paris, Odile jacob, 2019.

- WORMS Frédéric : « Qui en veut à la bioéthique ? », *Le monde*, 29 janv. 2020.

TABLE DES MATIÈRES

PROLÉGOMÈNES SYSTÉMIQUES 7
I. Le sujet et l'objet 8
II. Une question universelle 11
III. Peut-on modéliser l'éthique ? 13
IV. La méthode pour connaître 15
V. Le systéme et l'outil 23
VI. Au bout du bout, de l'identité à l'altérité 27

CHAPITRE I. L'ÉTHIQUE, UN VIEUX CONCEPT NEUF 31
I. Esquisse d'une problématique 31
II. L'histoire de l'éthique, un trajet de la reliance 33
III. Le jeu des signifiants 38
IV. L'enjeu des signifiés 41
V. Un problème de choix sémantique 50

CHAPITRE II. LA MORALE ET L'ÉTHIQUE 55
I. Les fondements comparés de la morale et de l'éthique 56
II. Du flou aux incertitudes des définitions : la part de la reliance 63
III. Un problème d'identité : les mots de la morale, la morale des mots 67
IV. La complexite de l'éthique 73
V. De la sémantique à la pratique : quelle posture pour l'éthique ? 77

CHAPITRE III. DE LA STRUCTURE AU SYSTÈME 81
I. La structure, un passage obligé 81
II. L'éthique : un modèle quaternaire de la reliance 88
III. L'éthique suivant le modèle inclusif des compétences sociales 102
IV. En résumé 113

CHAPITRE IV. L'ÉTHIQUE-SYSTÈME 115
I. Le système et l'outil, une dialectique annoncée 116
II. L'éthique est un *système vivant-social* 118
III. L'éthique conçue et représentée comme un système 124
IV. Nature et culture du lien social dans et par l'éthique 138
V. La gouvernance du système 145
Conclusion : Vers une notion d'éthique réelle et efficace 148

CHAPITRE V. L'ÉTHIQUE-OUTIL 151
I. Le système et l'outil 151
II. Le champ opérationnel de l'éthique 160
III. Le projet, outil de l'éthique 165
IV. Des finalités aux objectifs de l'éthique 173
V. Les modes d'action de l'éthique (MAE) 181
En guise d'épilogue 187

CHAPITRE VI. LA DIALECTIQUE DU SYSTÈME ET DE L'OUTIL 189
I. Liens, reliance et complexité 190
II. Les facteurs de la reliance 204
III. Une dialectique vertueuse 208
IV. Sous le sceau de la reliance 213
V. Éthique et efficacité 221

CHAPITRE VII. MOTS-CLÉS COMMENTÉS. 227

CONCLUSION 265
BIBIOGRAPHIE 273

Structures éditoriales du groupe L'Harmattan

L'Harmattan Italie
Via degli Artisti, 15
10124 Torino
harmattan.italia@gmail.com

L'Harmattan Hongrie
Kossuth l. u. 14-16.
1053 Budapest
harmattan@harmattan.hu

L'Harmattan Sénégal
10 VDN en face Mermoz
BP 45034 Dakar-Fann
senharmattan@gmail.com

L'Harmattan Cameroun
TSINGA/FECAFOOT
BP 11486 Yaoundé
inkoukam@gmail.com

L'Harmattan Burkina Faso
Achille Somé – tengnule@hotmail.fr

L'Harmattan Guinée
Almamya, rue KA 028 OKB Agency
BP 3470 Conakry
harmattanguinee@yahoo.fr

L'Harmattan RDC
185, avenue Nyangwe
Commune de Lingwala – Kinshasa
matangilamusadila@yahoo.fr

L'Harmattan Congo
67, boulevard Denis-Sassou-N'Guesso
BP 2874 Brazzaville
harmattan.congo@yahoo.fr

L'Harmattan Mali
ACI 2000 - Immeuble Mgr Jean Marie Cisse
Bureau 10
BP 145 Bamako-Mali
mali@harmattan.fr

L'Harmattan Togo
Djidjole – Lomé
Maison Amela
face EPP BATOME
ddamela@aol.com

L'Harmattan Côte d'Ivoire
Résidence Karl – Cité des Arts
Abidjan-Cocody
03 BP 1588 Abidjan
espace_harmattan.ci@hotmail.fr

Nos librairies en France

Librairie internationale
16, rue des Écoles
75005 Paris
librairie.internationale@harmattan.fr
01 40 46 79 11
www.librairieharmattan.com

Librairie des savoirs
21, rue des Écoles
75005 Paris
librairie.sh@harmattan.fr
01 46 34 13 71
www.librairieharmattansh.com

Librairie Le Lucernaire
53, rue Notre-Dame-des-Champs
75006 Paris
librairie@lucernaire.fr
01 42 22 67 13

www.ingramcontent.com/pod-product-compliance
Lightning Source LLC
LaVergne TN
LVHW011949220826
846092LV00001B/132

9782343206073